境界を生きるシングルたち

シングルの人類学 1

椎野若菜 編

シングルの人類学1・もくじ

序論　日本の「シングル」から世界をみる　椎野若菜　5

Ⅰ　孤独の意味

ひとりから見るイタリアの町——町への帰属意識の再考に向けて　宇田川妙子　23
孤独への道程——フィンランドの独居高齢者の社会生活と在宅介護　髙橋絵里香　45
性的欲望・性行動・性的アイデンティティのずれと「孤立」——日本における同性愛の事例から　新ヶ江章友　63
パプアニューギニアのシングル単位論序説——ワンピスの可能性／不可能性をめぐって　馬場　淳　85

Ⅱ　制度の隙間で

「もてない」と「もて社会」——ニューギニア男性の民族誌から　田所聖志　109
サウディアラビアにおける社会の紐帯と個の遊離——結婚、ミスヤール、そしてシングル　辻上奈美江　127

江戸時代農民社会のシングル——その生存可能性　岡田あおい　145

Ⅲ　異分子としてのシングル

「独身者」批判の論理と心理——明治から戦時期の出版物をとおして　阪井裕一郎　165

現代インドにおける女性に対する暴力　田中雅一　187

独身／既婚兵士の男性性
——一九世紀の植民地インドにおける英国人兵士を事例として　上杉妙子　207

Ⅳ　シングルの選択

移動するシングル女性——コモロ諸島における越境と出産の選択　花渕馨也　227

ケニアの新憲法とキプシギスのシングルマザーの現在　小馬　徹　253

おわりに

執筆者紹介

序　日本の「シングル」から世界をみる

椎野若菜

1　ベストセラーから見る日本の「シングル」事情

成人して独りでいる人のことを「職業婦人」、「独身貴族」、などにかわって「シングル」と呼ぶようになったのはいつごろからだろうか。近年はそれにくわえ、「アラサー」「アラフォー」、さらには応用編で「アラフィフ」「アラカン」などといったカタカナ語もよく用いられるようになった。

ことの始まりは一九八〇年代であろうか。海老坂武『シングルライフ――女と男の解放学』（一九八六年）は、結婚しない、独身男性のスタイリッシュな生きかたが一種の憧れをもって受け容れられ、ベストセラーとなった。それに端を発し、「シングル」は徐々に日常会話のなかの語彙として普及したと思われる。当時日本は、国連が採択した女子差別撤廃条約批准にむけて、一九八五（昭和六〇）年に改正された男女雇用機会均等法[1]が施行された（一九八六年四月）ばかりであった。「キャリアウーマン」もしくは「キャリア女性」も増え始めていたことは、女性のシングルライフの可能性をも後押しすることとなった。

ところが一九九〇年代後半からは、結婚をしない「シングル」はひとつの社会問題として捉えられるようになってくる。山田昌弘の『パラサイト・シングルの時代』（一九九九年）は、経済的に自立せず親元で「寄生（パラサイト）」し、自分の稼ぎは自分のためにだけ使うという若者を景気下降やモラルの低下の一因だと指摘した。「パラサイト・シングル」がバブル崩壊後の就職氷河期（一九九三年から二〇〇五年）といわれた時代の若者に関する問題の代名詞となった。

当然のことながら、小泉政権による規制緩和、それにともなう二〇〇一年からの非正規雇用の非正規雇用の増加と給与額の減少、こうした社会経済的背景も、「シングル」の現象に大きく影響していることはいうまでもない。定職がもてない、給与が低い、といった理由で自らの住まいを確保できず、やむを得ず親の家に暮らす未婚者も多くなったのは周知のとおりである。

他方、二〇〇〇年に入ってからは、シングルのなかでも女性にスポットが当たり続けることになる。経済的に自立した個をもった女性は自分を楽しませる時間と余裕を持とう、という岩下久美子による『おひとりさま』(二〇〇一年)の登場。彼女自身による「おひとりさま」の英訳が Japanese Individual であるところが興味深い。わざわざ Japanese とつけるのも、とりわけさまざまな役割を一手に引き受けさせられ、また一人の個として人生を楽しむ権利を主張することに気づかぬ、あるいはそのような精神的、時間的余裕のない日本女性への解放メッセージかのようだ。おって、「三〇代の未婚、子ナシ女性は負け犬である」、というある意味ニヒルで、コミカルにシングル女性を描いた酒井順子『負け犬の遠吠え』(二〇〇三年)が世に出た。現代日本が生む女性への社会的プレッシャーと自己充実のはざまで、女性が自分の生きかたを考えるひとつの指標とする話題作となった。

ファッション雑誌、また夜に放映されるトレンディドラマが社会に、三〇代から四〇代の女性たちにもたらす影響も大きい。三〇代前後の女性をあらわす語がある女性雑誌に用いられたのをきっかけに、二〇〇六年ごろに「Around 30」から「アラサー」という造語がうまれた。おって「Around 40」から生まれた「アラフォー」は、『金曜ドラマ・Around 40 ～注文の多いオンナたち～』(二〇〇八年)に由来し多くの女性の心をつかんだ。キャリアと結婚と、妊娠出産可能年齢の限界に直面した女性の切実なる選択の迷いを描いたところが共感を呼んだ。同時にこれは、日本女性のおかれた状況は、こうした人生の大事業をすべて選択しなければならないという現実を表すことにもなった。

いっぽう「団塊」の世代を中心に、熟年、老年になってからのシングルライフの模索も始まった。「独身」に代わる「シングル」という語の流行の火付け役ともいえる海老坂武は、一九八六年のベストセラーから一四年後に『新・シングルライフ』(二〇〇〇年)を出版した。自身も六〇代半ばになり、孤独、老い、そして死にどう対してシングルで生きていくか、を問うた。大きく流れを変えたのは、二〇〇七年の年金制度改正である。二〇〇五年のドラマ『熟年離婚』

が高視聴率をマークしたところ、「離婚時の厚生年金の分割制度」が導入されるようになり、サラリーマンを支える妻の役割を果たしてきた女性たちが、夫の定年を機に離婚を申し出る、まさに「熟年離婚」が増加した。大宅壮一文庫データベースで検索すると、当時の多くの雑誌には男性側からの視点で、「妻に逃げられたら、あなたはどうする」という趣旨の記事も多く掲載された。その熟年世代にむけて上野千鶴子がわかりやすく解く『おひとりさまの老後』(二〇〇七年)もベストセラーとなり、おって男性のための『男おひとりさま道』(二〇〇九年)も出版された。

いっぽう結婚していないシングルの三、四〇代にたいし、二〇〇七年の一一月に一般雑誌『AERA』で、結婚するには結婚活動が必要である、すなわち「婚活」なる言葉が登場し、またたく間に普及した(山田・白河 二〇〇八)。二〇一一年三月一一日の東日本大震災以降、一人でいることに不安を持ち始めた人も多く、家族、親族、地域の人々との「絆」の必要性が大きくうたわれ、結婚相談所への登録も増加した。一方で離婚率も高くなり、次なる出発にむけて結婚指輪を人前でハンマーで叩く「離婚式」なるものを行う人びともでてきた。だからといって一人で暮らすには不安もあり、また経済的な魅力もあり、「シェアハウス」で他人とともに暮らすことを選ぶ人たちも世代を問わず少しずつ増えてきた。

2 「孤独死/孤立死」、晩婚化、未婚化という「問題」

少子高齢化が加速する現代日本社会のかかえる「問題」は、おおざっぱに言ってしまえば、ほとんど「シングル」にかかわる問題だろう。

阪神・淡路大震災以降、独り暮らしの老人が独りで死んでしばらく発見されない状態が続き「孤立死」という言葉が用いられ始め、さらに高齢化社会の単身世帯の増加という社会問題として「孤独死」や「孤立死」がその代名詞のようになった。「孤立死/孤独死」の判断は難しく統計はないが、誰にも看取られないで死ぬことについて、それが事件としてしばしば扱われる。

他方で毎年、またさまざまなメディアの集計により強調して発表されるのが、未婚の男女に関する統計の数字である。

内閣府『平成二五年版少子化社会対策白書』は、二〇一〇（平成二二）年の総務省「国勢調査」をもとに、つぎのような未婚男女についてのデータの変化を示している。すなわち、二五〜三九歳の未婚率は男女ともに引き続き上昇しており、男性では二五〜二九歳で七一・八％、三〇〜三四歳で四七・三％、三五歳〜三九歳で三五・六％、女性では二五〜二九歳で六〇・三％、三〇〜三四歳で三四・五％、三五〜三九歳で二三・一％となっているという。また生涯未婚率（五〇歳になったときの未婚率）を三〇年前と比較すると、男性は『シングルライフ』（海老坂武）がベストセラーになった一九八〇年には二・六〇％だったところ、二〇一〇年には二〇・一四％に、女性は四・四五％（一九八〇年）から一〇・六一％（二〇一〇年）と、大幅に増加したという[2]（内閣府 二〇一三：一―四）。

こういった数字は、少子化、晩婚化、晩産化、といった文脈で社会問題として毎年語られる。もちろん、社会問題であることは間違いなかろう。だが人類学者の立場からすると、ある事象について特定の人びとをあるカテゴリーにはめこむことで言説が生まれ、それによって社会を分析したり、統計的数字、単身世帯数、世帯ごとの経済、アンケート結果の数字に大きくよって世の中の傾向を読もうとしたりする社会学、経済学的方法にときとして不安感、またもの足りなさを感じてしまう。もちろん社会を分析する手法として有効であることは確かだが、その過程において生きた人びとのさまざまな意思や葛藤、曖昧性、生みだした生きるための戦術、などが隠されてしまうことを恐れるからだ。また、日本において問題とされることが、世界の他の地域では異なる位置づけ、意味が異なって捉えられていることも多い。たとえば先にふれた老人の孤独死／孤立死問題は、その扱い方自体が極めて日本的であるといえる。本書のまえに編んだ『「シングル」で生きる』のなかで、本書にも論文を寄せている髙橋は、フィンランドの福祉制度には、人間が死に至るまでの個の尊重、最期まで自分の家でひとりで暮らせるように手助けする体制があり、もし自宅で独りで死んだ場合は、「最後まで自宅で過ごすことができてよかったわ」とされると言われると報告している（髙橋 二〇一〇：一一〇）。

「シングル」にまつわる事象を、私たち人類学者は初めから解決すべき「問題」として観察し扱うのではなく、それが人間の生みだす多様な、もしくは新しい事象であるとして、日本を軸に世界の事例から「シングル」のありかたを考えたい。「シングル」の捉え方をよりひろく設定し、「社会」の中のさまざまな形の「シングル」のありかたへと広げていく。とりわけ、ある社会／地域において独りとはどういうことか、という問いに向かうことになろう。

3 人類学的に「シングル」を考えていく方向

「寡婦」から「シングル」へ

人類学や社会学という、人間とは何か、社会とはなにか、という大テーマから成り立ってきた学問が、その始まりから主に焦点を当ててきたのは、社会を構成し存続させる基本的構成単位とされる家族、親族であった。そのため、人類学・社会学の調査研究において、社会のなかで「ひとり」でいる人についての注目度は、やはり低かった。私は一九九五年にケニア西部で人類学のフィールドワークを開始したのだが、それはたまたま、夫を亡くした女性、すなわち寡婦《かふ》に「娘」として受け入れてもらうことで始まった。彼女らの子どもたち、また夫を共有していた僚妻（一夫多妻であるので、同僚であるほかの妻）とその子どもたちと同居することになった。その寡婦を「母」と呼び共に生活しながら、寡婦と亡夫にかわる代理夫とその家族の関係など、そのくらしそのものが、調査となった（椎野 二〇〇八）。

フィールドワークという手法が採用された二〇世紀初頭の、いわゆる古典人類学の時代は、当該社会が再生産、持続していくためにどのようなシステムをもっているか、といった視点で分析がされていた。また当時は調査者が男性であることが多く、さらに多数派である父系社会の場合は表にでるのは男性であることから、男性中心の民族誌が多くなった。私が描こうとした寡婦という存在そのものも、過去の民族誌においては、葬式の項目に少々、また社会集団の持続のために寡婦を生家に戻さず死んだ男の名のもとに子どもをつくるための「レヴィレート」、あるいは類似した「寡婦相続」という制度とともに出現するのみであった。

たとえば、「レヴィレート」とは、夫を亡くした女性が、夫の類別的兄弟にあたる男性と関係をもち、男性は代理の夫として社会経済的援助、彼女の子どもたちへの父としての役割を果たす制度、ともよびうる慣行である。二人の間に子どもができれば、それは亡夫の子としての社会的地位、相続権等が与えられる。寡婦と代理夫はいっけんあたかも夫婦のような生活をしているが、男はもっぱら亡夫の「代理」である。とりわけ寡婦がまだ若い場合は、亡夫の親族たちは死んだ男の名前をつぎ家系を継続させるべく、子どもの誕生を期待する。彼女の労働力確保、という考え方もあった。これはあくまでも親族集団からの視点である。夫を亡くした彼女らがどのように新しい「代理夫」を選ぶのか、その関係はどうか、父の違う子どもたちのいる家庭環境はどうか等々、寡婦が夫亡きあと家族生活をどのように維持しているのか、といった詳しい状況を描いた民族誌そのものがほとんど存在しなかった。

実際のところ、私がともに暮らしたケニア、ルオ社会の寡婦たちは、自分たちの意志で代理夫を選択し、代理夫の妻や子どもたちとも付き合いがあった。葬式の手伝いに行ったり、代理夫の息子が写真をとってくれ、と寡婦の家に来たりした。だが関係が冷えると別の人を選択し、その新しい男性の家族との付き合いが始まった。すると新しい僚妻（代理夫の本妻）が一緒に畑仕事をしよう、と訪ねてきた。寡婦の子どもたちもそうした、自分の母をめぐる人間関係の変化に対応して暮らしていた。彼女たちの限られた条件下でのアクティブな生き方は、既存の民族誌に登場する、言葉を発さない、姿がよく見えなかった寡婦たちとはまるで違うイメージであった。

自分の調査したケニア、ルオの寡婦とほかの社会の寡婦の状況を比較したいと編んだのが『やもめぐらし――寡婦の文化人類学』（明石書店、二〇〇六年）である。しかし、この執筆者を選ぶのも簡単ではなかった。つまり、寡婦、について調査したことがある、考えたことがある、という人類学者はそう多くなかったからである。とりわけ、イスラーム地域からの寡婦のフィールド事例は残念ながら得られなかった。

いったん結婚をすると、女性は妻となり夫方の集団に組み込まれる場合が多い。その妻が夫を亡くして寡婦となった場合、寡婦であることを衣装や装飾品で示し他人との付き合いを狭められる社会、その存在自体が表だってでてこない社会、夫なしでひとりで居続けることがよしとされる社会、ひとりでいることは「身持ちがよくないので」代理の夫をもつことがよしとされる社会、寡婦は離婚者と同じカテゴリーにいれられる社会、さまざまであった。

結婚後、配偶者を亡くした場合にやもめぐらしになるか、あるいは新たにだれかとともになるか、という女性の処遇の問題であった。もともと、「やも」とは独りの意である。結婚していても、未婚でも、配偶者を亡くしていても、ひとりで暮らしていれば「やもめぐらし」である。この独りである状態、をしめす語としては「シングル」も同意といってもいいかもしれない。

4　「シングル」とは、基本的に「ひとり」の意

多くの場合、「シングル」とは未婚・非婚・離婚・死別等で現在一人の、独身状態の人をさす。結婚によって子孫を育み社会集団を存続させる再生産に寄与すること、それが多くの社会の成人男女に期待されることだが、そうした真っ当な道を逸脱している者、という位置づけをされることも多々ある。しかし、この「シングル」とは、単純に結婚状態にない人のみをさすのではない。法的には既婚であるが、出稼ぎや留学等なんらかの理由で別居してひとりの場合もある。

また、注目したいのは近年の日本でなぜ、「独身（者）」にかわって「シングル」、という語がほとんどとって代わられ、また「シングル」にまつわるカタカナ造語が多く生産され、受け入れられてきたのか、ということである。英語のsingleから「シングル」とカタカナで表しはじめた慣例が、あとにつづく豊かな、さまざまなシングルのありかたを和製英語で示す慣行へとつながっているようにも思える。これまでの型にはまった結婚、家族をつくるレールにはすんなりのれなくなった、いままでの典型から少々はずれた場合に、その境界的なポジションにカタカナ表記の居場所を名づけ、意味づけし、私たちは安心もしくは心地よさを感じるようになったのだろうか。人類学者としても、「シングル」という語をどのように解釈し、使用すればよいのかという考慮すべき問題が自然と生じてくる。だが興味深いことに、この現象は日本だけでなくほかの非英語圏、たとえばイタリアでも英語の single から「シングレ」という言葉が生まれて使用されているという（宇田川 二〇一〇、本書二五―二六頁）。

「シングル」の起源を探る

そもそも、英語圏において、「single／シングル」の概念はどのように出てくるのだろうか。

人類学者ジョージ・ピーター・マードックらが通文化研究のために民族誌をトピックごとに整理し、ファイル化を試みて作ったヒューマン・リレーションズ・エリアファイルズ（ＨＲＡＦ）の索引集をみてみた（Murdock 1982）。single

という項目はなく、類語である bachelor（独身）という項目もみられなかった。宗教的理由による独身、という意で用いられることの多い celibacy という項目、また widow/widower（寡婦／寡夫）は存在した（椎野 二〇〇八）。

次にかつては親族論の多くの議論の場となった定評のある『アメリカン・アンソロポロジスト（*American Anthropologist*）』の半世紀（一九七一〜二〇一二年）を論文タイトル等の索引でみてみたが、single がでてくるのは「ひとつの、ひとりの」の意で一九五二年にホーウェルズ（Howells）の「人類学の研究」という文章のなかが初出である。結婚していない人（未婚、非婚）、あるいは単独者としての意ではでてこなかった。

そのほかの雑誌にみる single についてもよりくわしくおっていく必要があるが、いわゆる「シングル」の意がみえるのは、single mother という語である。『アメリカ社会学評論（*American Sociological Review*）』誌に掲載されたシングル・マザーの福祉 - 経済問題を扱う論文（Edin, Kathy and Laura Lei 1996）や、『実践人類学（*Practicing Anthropology*）』誌にはシングル・マザーの賃金問題を扱う論文のタイトルがあり（Redfern-Vance 2000）、それぞれ一九九七年、二〇〇〇年とごく最近であることが改めて明らかになった。

以上の概観から、「ひとり」親というこれまで社会にあまりなかった存在の出現によって、シングルマザー、のちにシングル・ファザー、シングル・ペアレント、という語が single という語の「ひとりの」という意をくみあわせて論文タイトルに用いられだしたのは、ごく最近であることも分かった。

たとえば、英語圏の事例で興味深い、次のような single に関する新聞記事がある。ケニアの二大新聞のひとつ、『デイリーネイション』のライフスタイル欄に掲載された「結婚しているけれど…シングルだ」（Thatiah 2011）というタイトルで、結婚したカップルの危機的状況についてである。この内容はある意味、文字通りの「ひとり、ひとつの」の意だけではない、「シングル」が意味するところについてどう扱うべきかを想起させるものである。法的に結婚し、ともに暮らしている人が、「シングル」であると感じさせられるという感覚。これこそ、シングルであるともいえる。

このケニアの事例のように、結婚していてもシングルであると感じる場合、また老人が多くの家族と同居していてもひとりである、と感じることもある。また一見、社会の規範にもとづく一定の地位、カテゴリーにいる人でも、人間関係の諸相をいくつかの視点でみれば、外れている人と同様に孤立した人もいる。あるいは、そのようになりたいから、なじみのあるすべてをわざわざ捨てて、典型的な人生の路線を避けて、独りになる、シングルになる人もいるのだ。

これまでの社会学的、経済学的視点では、法的に(民法であれ慣習法であれ事実婚であれ)婚姻関係があるか、また独立した世帯であるか、という要件がシングルか否かという判定の大きな鍵であった。しかし、他社会と比較を試みる際、結婚のありかたが社会、文化によって多様であること、またどのように人が孤/個であるとみなすのか、という解釈が社会構造、社会組織、当該文化によって異なってくる。したがって上記のような規定を設定しシングルという存在をみても、その姿がうまく浮かびあがらないこともある。まず重要なのは、この「シングル」という概念のあいまいな面白さを、当該社会において独りとはなにか、孤/個とは何かいう問いから始め、社会のありかたをみる視座とすることである。ローカルなコンテクストをみていくことになるが、狙いは、この「シングル」概念自体を明らかにするだけでなく、シングルに注目するからこそ見えてくる社会の特徴を明らかにすることでもある。さきのケニアの事例からも、英語圏内外における、single が秘めた社会的・物理的状況に呼応した流動的な使用法もあわせて今後、人類学の視点をもった英語での使用や説明をする必要がありそうだ。

5　本書の構成

各論考において、筆者が「シングル」の意味するところを提示し、当該社会の事例を分析していく。

孤独の意味

I部においては、各社会における孤独のあり方、を異なる視点からみていく。イタリアにおける事例(宇田川)、フィンランドの独居老齢者について(髙橋)、日本社会における性的自認と性的欲望、性行動のずれからくる孤立について(新ヶ江)、パプアニューギニアにおける独りの概念、「ワンピス」をめぐる論考(馬場)となっている。

イタリアではそもそも、多様な社会関係から孤立する、孤独になること自体が難しいという。いわゆる未婚の母、犯罪者、心を病んだ人など、社会の規範や標準から外れた人も周縁者・逸脱者どころか、積極的に町のほかの人びとと関わっている。ただやはり、これは各人が緊密な社会関係のなかに居ることをよしとしているからで、ゆえに彼らはひとりでいることを非常に不安に思う。またそうした個人を支えるのは、個々にこの町の者であるという帰属意識とその町への主体的コミットメントそのものである。本章はローカルな主体、ローカリティについて考える大きな契機となっている。

フィンランドという福祉国家における、ひとりで老いて独りで死ぬという個人主義の在り方は先にもふれたが、本稿はさらに、誰がどのように「孤独」と判断するのか、そうみなされた人はどう反応するのか、という点に注目されている。老いていくというその道程そのものが、他者との相互行為としての孤独によって形作られているという。

新ヶ江は、日本社会において、性的自認と性的欲望、性行動にズレがある人びとが、ズレのない人と自分は違うというストレス、孤立感をどのように自分なりに納得、解釈しようとしているのか、ズレのない三位一体になれない自分との葛藤、孤立感とどう向きあい、その不安定さを解消すべく新たな方法を模索しているのか分析している。

パプアニューギニアにおける個人とは、西洋近代の個人（individual）とは異なり、婚姻とは関わりなく親族に頼れる人がいない場合などたった一人になることである。ピジン語で「ワンピス」とは、英語の one piece に由来する。「独身者」と異なり親族関係から疎外された身寄りのない状態だ。こうした語があるものの、そうした状態はそもそも不可能な社会関係で成り立っている。ただ、とりわけ法制度をはじめとし西洋近代から入ってきた個人の思考の影響から、裁判という場においてワンピスが出現している。今後の変化も見逃せない。

制度の隙間で

いわゆる伝統的人類学の方法では、社会の構造、集団としての再生産を考える基本は家族・親族組織であった。所与としての親族組織から逸脱する者については、注目されてこなかった。また、逸脱することをどう避けて対処していたか、という視点では考えられてこなかった。ここでは、そうした逸脱者や逸脱を避ける手法、あるいは、必ずしも「逸脱」でなく当該社会と別の社会との境界のようなポジションで、当該社会のメインストリームを補完するような役割の人びとに注目する。

Ⅱ部においては、そういった事例を、時代と地域を超えてみていくことになる。皆婚社会であった江戸時代の農民社会について（岡田）、日本の「もて」議論からみたニューギニアの事例（田所）、また辻上は近年のサウジアラビアにおける結婚とシングル事情を扱う。

江戸時代、皆婚社会であった農民社会について、岡田はその内実を宗門改帳から、人類学にそった個人のライフコースを追跡する方法で分析している。シングルとして一人で暮らす、生きることはさまざまな意味で不可能な社会であった。その背景には、親の取り決めにより女性は早く結婚するがすぐに離婚し、しかも迅速に再婚する道が開けていること、また配偶者を亡くしても養子をとるなどの戦略を用いて一人暮らしを避けていたことが明らかにされた。

田所は、「もてる」「もてない」という日本社会における議論を皮切りに、パプアニューギニア、テワーダ社会の男のシングルの在り方に注目する。そもそも西洋近代由来のロマンティック・ラブも存在しないテワーダでは、結婚せずにシングル（ひとり）でいることは彼自身の選択で「もてない男」ではない。「シングル」の視点とは、結婚しているか否か、という単純な条件でみるのではなく、彼らが社会のなかに生まれた構造的隙間にどう接して生きているか、という点に注目することを喚起する。

サウディアラビア女性にとって結婚とは、必ず経験する重要な通過儀礼であった。経済的社会的な安心を得て、そして妻として、母として社会的な地位を得ることができた。だが近年は離婚率が大幅に上昇、死別の事例とあわせると、圧倒的に女性のシングルが多くなっている。複婚、また新たなミスヤールという日中のみの結婚という制度が生まれた背景が関連していると思われる。高学歴で専門職につく女性のあいだでシングル化が進み、いままさに大きな変化のときである。

異分子としてのシングル

Ⅲ部は、文字通り、シングルが社会における異分子として位置づけられるゆえの事例を集めている。

阪井は日本の明治から戦時期の出版物をつうじ、「独身者」がどのように批判的に語られてきたのか、その変遷を詳細に明らかにしている。そこには対置する家族主義、男女平等や女性教育の必要性を掲げつつ矛盾した独身女性への批判、また戦時下は「非国民」として独身者が位置づけられていた事実もあらわされる。現代においても、独身者＝シングルに対する独特のスティグマが残存し生きづらさが存在するのは確かであり、それを取り除くには必ずしも家族を基点にしないケアの社会政策が整ってこそである、と説く。

田中は、現代インドにおける女性への暴力の事例から、シングルであることを許さない結婚という制度の批判を展開している。すなわち、結婚は西洋に由来する自由恋愛によらずほとんどが親による取り決めでなされ、妻は夫の男子を産み育てる、つまりセックスを男の管理下におくことが期待される。それに反する西洋の知を身に付けた高学歴の自立したシングル女性は欧米の女性と同様で、性的にふしだらな売春婦のようであり、社会の異分子として位置づけられ、それゆえ暴力の対象にもなりうるという解釈がなされる。男性の領域へ女性が侵入した苛立ちの暴力的表現とも考えられる。シングルという視点からこのインドの女性への暴力をみるということは、結婚をめぐる言説、女性の性を管理する制度の暴力的性格にたいして異議申し立てをすることにつながることに大きな意味があろう。

上杉は、一九世紀の植民地インドにおける、英国人兵士の社会を舞台に「シングル」を考察した。そもそも、軍隊という社会は男性で構成されることが基本で、女性兵士は忌避されてきた。軍隊は独身の兵士を好み、結婚が許可される兵士は厳しく制限された。同時に、愛人をもつことが奨励され、また公娼制度が実施されるようになった。ところが一九世紀後半になると、既婚者の「品位」が評価されることになった。このように軍の内部における男性性の評価の変化が軍人の生き方を大きく左右し、結果的には結婚した士官と結婚許可のおりない下級兵士とで大きな違いがみられた。

シングルたちの選択

ある社会から様々な理由で脱出、移動する、あるいは空間を変えることで新たな生きる場を構築し、人間関係をつくっていく場合もあった。Ⅳ部では、東アフリカ・コモロ諸島におけるシングル女性が移動し空間をこえて生きるという選択をする事例（花渕）、ケニアの国家憲法の改正のもとで慣習的世界を脱出するべく権利を行使するシングル・マザーとその対応に戸惑う人々を扱う（小馬）。

グローバル化の影響によるひとつの事象として、花渕が調査するコモロ諸島では九〇年代後半から、家族もあとに命からがらひとりで諸島内の仏領の島に渡るシングル女性が増えた。その仏領の島から本国に移り、フランス本国へ行き、移民としてフランスの国家による社会保障をうけつつ異郷の地で家族を呼び、新たな生活を始める。父系的なイスラーム社会でありながら、もともとは母系である故郷において離婚したシングル・マザーという「未婚のシングル女性」だった女性が、移動という行為で家族親族関係から離脱しひとり、シングルとなる。また移動先の社会においては「よそ者の未婚のシングル女性」とカテゴライズされるその多重的なシングルのあり方を彼女らのタフな戦術とともに描く。後編は本巻に続く『シングルの人類学2』に掲載される。

小馬が三〇年以上フィールドにしてきたケニアは、一九六三年にイギリスから独立以来、初めての新憲法が男女平等の相続権という項目を含み、二〇一〇年に制定された。もともとキプシギス社会は父系の一夫多妻を実施し、結婚しない女性をうまない社会であったが、八〇年代ごろから未婚の母が増加しその対処に動揺していた。そこにこの新憲法により、これまでの慣習的所作を破り権利を主張するシングルマザーが登場してきた。今後、こうしたシングルマザーが増えることで、キプシギス社会の構造そのものが大きく変わる可能性を示している。

以上が、本書の構成である。時代、地域をこえ、ひとりの人間が自らが生まれおちた社会、もしくは地球上でどのように場所を得、みつけて生きていくか。社会はどのように個人を制度や法、慣習等で規定しようしてきたか。そうした取り囲まれた社会経済的、文化的環境のなかで、はみ出た人びと、ある環境に閉じ込められた人びと、自分から脱した、いわゆるある社会から飛び出た「境界」において、人びとはどのように生きているか、生きてきたか。社会変動のなかでどのように対応し生きているのか。社会構造に規定される個人から外れた、その逸脱者はその呼び方にどのように反応し、その役割をどのように取得するのか。集団や社会の成員としての資格や地位の変化、逸脱者としての役割に自己認識をどの程度、再調整するのか。こうした多くの問いが具体的な事例で示されていると思う。「境界」、「シングル」、という視座からこれまで見えなかった人間社会をみていただきたい。

注

（1）「雇用の分野における男女の均等な機会及び待遇の確保等女子労働者の福祉の増進に関する法律」

（2）国勢調査の婚姻に関する調査は、届けのいかんによらず自己申告であり、事実婚も含まれる。しかし、この件がどれだけ周知されているかは不明。

参考文献

岩下久美子　二〇〇一　『おひとりさま』中央公論新社。

上野千鶴子　二〇〇七　『おひとりさまの老後』法研。

――――　二〇〇八　『男おひとりさま道』法研。

海老坂武　一九八六　『シングルライフ――女と男の解放学』中央公論社。

――――　二〇〇〇　『新・シングルライフ』集英社。

酒井順子　二〇〇三　『負け犬の遠吠え』講談社。

椎野若菜　二〇〇三　「『寡婦相続』再考――夫亡きあとの社会制度をめぐる人類学的用語」『社会人類学年報』二九号、一〇七―一三四頁。

――――（編）　二〇〇六　『やもめぐらし――寡婦の文化人類学』明石書店。

――――　二〇〇八　『結婚と死をめぐる女の民族誌――ケニア・ルオ社会の寡婦が男をえらぶとき』世界思想社。

――――（編）　二〇一〇　『「シングル」で生きる――人類学者のフィールドから』御茶の水書房。

髙橋絵里香　二〇一〇　「ひとりで暮らし、ひとりで老いる――北欧型福祉国家の支える「個人」的生活」、椎野若菜編『「シングル」で生きる――人類学者のフィールドから』九九―一一二頁、御茶の水書房。

内閣府　二〇一三　『平成二五年版少子化社会対策白書』。

宇田川妙子　二〇一〇　「イタリアの「『シングレ』たちのもう一つの顔」、椎野若菜編『「シングル」で生きる――人類学者のフィールドから』六六―八八頁、御茶の水書房。

山田昌弘　一九九九　『パラサイト・シングルの時代』筑摩書房。

山田昌弘、白河桃子　二〇〇八『「婚活」時代』ディスカヴァー・トゥエンティワン。

Edin, Kathy and Laura Lei. 1996. "Work, Welfare, and Single Mothers' Economic Survival Strategies." *American Sociological Review* 61: 253-266.

Howells, W. W. 1952. "The Study of Anthropology" American Anthropologist.

Murdock, George Peter. 1982. *Outline of Cultural Materials*, 5th Revised Edition. New Haven: Human Relations Area Files, Inc.

Redfern-Vance, Nancy. 2000. "'Can't Win for Losing': The Impact of Wages on Single Mothers in a North Tampa Community." *Practicing Anthropology* 22(1): 20-26.

Thatiah, Joan. 2011. "Married… but Single." *Daily Nation*, 9 September.

I　孤独の意味

ひとりから見るイタリアの町
――町への帰属意識の再考に向けて

宇田川妙子

1　多様なひとり

シングル（ひとり）は、私たち日本社会では、ある世相を背景に近年普及し始めている言葉だが、いまだ学術的な用語とはいえない。ゆえにそれを用いて研究を進めようとする際、とりあえず研究者側が仮定した定義にしたがって、世界各地のシングルたちの事例を考察するという方法もあるだろうし、その齟齬にこそ注目して、世相や社会文化的な相違を探ろうとする立場もあるだろう。また、シングルをある種の人のカテゴリーとみなすか、人の状態を示す用語とするかという問題もある。後者は、たとえば孤独のように、たとえ社会的には「ひとり」と言えない者でも誰もが感じうる状態のことである。そして、シングルを社会問題と見なして、ネガティブな側面に着目するか、逆にポジティブな側面を積極的に評価するかによっても論調は異なってくる。

このようにシングルという語のもつ射程は依然として広大で茫漠だが、それは逆に言えば、多様な喚起力につながる。本章は、筆者が調査を行っているイタリアを対象とするものだが、そうしたシングルという語の特性を生かして、イタリア社会における孤独感の一つ、各自の出身地・居住地から切り離されることによって生ずる不安や寄る辺のなさのような感情に注目してみたい。

イタリア社会における人びとの出身地・居住地に対する愛着の強さは、実はこれまでもよく指摘されてきた。イタリアは、都市国家の歴史が長かったせいか、国家としてのまとまりが弱い一方、各地域の独自性が高く、人びともそれぞれの出身地・居住地への帰属意識が強いと言われている。イタリア人自身も「イタリアにはイタリア人はいない。いるのは、ローマ人、ミラノ人、フィレンツェ人などだ」と語る。しかもこの出身地は、ローマやミラノのような大都市や地方を単位とするものではなく、日本で言えば市町村に相当するパエーゼ（*paese*）というローカル・コミュニティの次元のものである。本稿ではこのパエーゼに、以降、「町」という訳語を当てるが、この町への愛郷精神を彼らはカンパニリズモ（*campanilismo*）と呼んでいる。この語は、どの町でもその中央に建てられ、その町の象徴とされている教会の鐘（カンパニーレ、*campanile*）に由来するものである。筆者が長年調査を続けているローマ近郊のR町（仮称）でも、人びとは、仕事などで久しぶりに町に戻ってくる途上で、遠くから教会の鐘楼が見えてくるとホッとすると語っている。(1)

ただしこうした愛郷精神は、従来、町やイタリア国家などにとっての意味や機能という、マクロな視点からの議論に終始し、個々人の視点から考察されることはほとんどなかった。各人にとって町は、どんな重要性や意義をもっているのか――この問いは、近年グローバル化などの影響によって社会全体が大きく変化し再編されているからこそ、あらためて考察していく必要があると思われる。ローカル・コミュニティは、イタリアだけでなく一般的に、現在その機能を失くしつつあると言われるが、そう単純には言い切れない。本章ではこの問題を、町民の中でもあえて、出身地から切り離され、それゆえ孤立・孤独という意味でのひとりになりやすい移住民に注目しながら考察していくことによって、イタリアの町が、人びとの主体の形成にも関わる重要な意味をもっていることを浮かびあがらせていく。これもまた、シングル・ひとりという視点の効能の一つと言えるだろう。

2 イタリアのひとり者たち

ひとりは、実際にもひとりか

ところで本論に入る前に、イタリアはそもそも、人びとが様々な社会関係から切り離された孤立・孤独という意味でのシングル・ひとり（以下、本章ではシングル・ひとりという語をこの意味で用いる）にはなりにくい社会とも言えることについて述べておきたい。

一般的に、シングル・ひとりと見なされ、実際にもそうなりがちな者とは、社会の規範や標準から外れた周縁者・逸脱者たちである。しかし筆者はR町で調査をしている際、たとえば心身に障害のある者、犯罪歴のある者、婚外出産をした者、同性愛者たちなどが、町社会のなかで他の人びとと積極的に関わっていることに強い印象を受けた。たしかに彼らに対する偏見や差別がないわけではない。R町でも差別に起因する暴力的な事件が起こっていたし、彼らの生活は他の人びとよりも困難を抱える傾向にある。しかしその一方で、家族・親族のみならず周囲の住民たちも、彼らを無視しているというよりは、常に気にかけ、衣食住の面倒をみるなどの手助けをしていた。イタリアでは様々な社会関係が、社会的に孤立しがちな周縁的な人びとをも巻きこんで、緊密に展開されているのである。このことを、近年シングレと呼ばれはじめるようになった独身者たちの事例を通して見てみよう。

すでに拙稿で指摘したことがあるが（宇田川 二〇一〇）イタリアでは数十年ほど前から、英語のシングルをイタリア語読みしたシングレ（*single*）という言葉が、やはり独身者を意味する語として用いられはじめている。そこには、一度も結婚経験のない未婚者だけでなく、死別や離婚などによって配偶者をもたない者全般が含まれるが、こうした独身者たちは、イタリアでも従来から一人前扱いされず、貧困などの諸問題にさらされやすかった。とくに女性の場合は、夫が彼女の庇護者と見なされてきたため、より深刻な境遇になることが多かった。しかし近年では、家族や婚姻に関する意識の変化にともなって、その数が単純に増えてきただけでなく、その社会的な位置づけや当事者たちの意識も変化してきた。独身者たちはこれまで、未婚者は男女それぞれにスカーポロ（*scaporo*）とジテッラ（*zitella*）、寡夫・寡婦はヴェドヴォ・ヴェドヴァ（*vedovo/vedova*）、離婚者はディヴォルツィアート・ディヴォルツィアータ（*divorziato/divorziata*）と呼ばれ、その言葉にはいずれも差別的なニュアンスが含まれていた。そうした差別意識を払拭し、新たな独身者像を提示しようとしたのが、このシングレという（男女の性別や未婚・離婚・死別などの区別もな

写真1　R町の広場で、友人たちと談笑する男性たち

く用いることのできる）語だったのである。

ところでこうした独身者たちは、今でもその周縁性は払拭されていないものの、けっして、他との関係をもたない社会的な孤立者という意味での「ひとり」ではない。むしろ彼らは、しばしば既婚者以上に多くの人びとと関わって日々を送っている。

たとえば、未婚で自分の子供をもたなくとも、自分のキョウダイの子供たち、つまりオイやメイの面倒を積極的にみることによって、親子関係に近い関係を醸成することは多々ある（宇田川 二〇一一）。またR町では、独身者たちの多くは、とくに男性の場合、居住は独立していても、食事にかんしては、近くに住む母や姉妹たちの家で一緒に食事をしていた。さらにイタリアでは、未婚・既婚を問わず、暇さえあれば家の外に出て、広場（男性の場合）や路地（女性の場合）などで友人や知人とおしゃべりをしてすごす習慣がある（宇田川 二〇〇四）が、とくに未婚者の場合、他の人びとよりも長い時間を戸外で過ごし、友人関係を重視する傾向がある。それは、配偶者や子供がいない未婚者には比較的時間的余裕があるというだけでなく、この社交の場における評価が、こうした彼らの家族関係でのいわば不足分をカバーする意味合いがあるせいかもしれない。筆者はすでに拙稿で、寡婦と未婚女性の事例を基にしながら、イタリアにおける独身者たちがこれら様々な社会関係の中に組みこまれているとともに、彼ら自身もそれを巧みに利用しながら生活をしている様子を描写したことがある（宇田川 二〇〇七、二〇一〇）。

もちろん、ひとりと見なされがちな人びとが実際にはそうではないことは、他の文化社会にも当てはまるだろう。そもそも、社会的にひとりと見なされていることと、実際にひとりであることとは原理的に異なる問題である。しかしそのことをふまえても、イタリアの場合、周縁的位置にある人びとが社会から孤立することなく生活をしている様子はとりわけ目につく。つまり、イタリア社会をシングル・ひとりというキーワードで見ていこうとすると、実は、彼らの社会関係の緊密さが逆に浮かび上がってくるのであり(2)、独身者をはじめとする様々な周縁者たちも、その緊密な関係のなかで様々な役割を果たしながら生活していると考えられるのである。

ひとり（ソーロ／ソーラ）でいることの不安

しかしこのことから、イタリアでは社会からの孤立という事態や孤独感はきわめて稀か、あるいは、せいぜい当人の性格などによる個人的な問題であると見なしてしまうことも、あまりにも早計である。

たとえば筆者は、彼ら自身が、自分たちイタリア人に最も効果的な罰は独房に入れることだと、笑いながら話しているのを何度も聞いた。独房で誰とも話せない、誰とも会えないことは、自分たちには身体的な拷問よりもずっと効き目があると、彼らは言う。またR町では、徴兵（現在は廃止）により一年半親元を離れる息子が、出発時に親と抱き合って泣いている姿を目撃した。町民たちはそれほど珍しくないと言いながら、自身も徴兵によって家族や町を離れた時はさびしかった等々の経験を語りだす者もいた。

そして筆者自身も、ある町民から知り合いの事務所で仕事をしないかと誘われた際、似たような言説の当事者になったことがある。この誘いに対して筆者は、留学中ゆえ仕事はできないと断ったが、相手側はなかなかあきらめなかった。筆者のイタリア語力を考えても、なぜ外国人の筆者にこだわるのかと、[3] あらためて尋ねると、この仕事にはミラノなどへの長距離出張がしばしばあるため皆嫌がるのだと、その知り合いは言った。しかし筆者は、日本に帰らずひとりで《ダ・ソーラ》（*da sola*）イタリアに住んでいるのだから、ひとりで出張することも平気だろう、とにかくひとりで動ける者を見つけるのは難しいので、是非引き受けてもらいたいという答えだったのである。

さて、このようにイタリアでは、しばしばソーロ（*solo*、女性形はソーラ、*sola*）という語とともに、ひとりでいることの不安や忌避を表現する言説は多い。このことは、孤独・孤立という問題が単なる個人の主観によるものではなく、社会的な問題であることを意味しており、そこからはやはり、彼らの生活が緊密な社会関係の存在を前提としている様子が見えてくる。緊密な社会関係に取り巻かれていることが普通だからこそ、そこから外れることに、彼らは敏感な反応を示すとも考えられるのである。

それゆえ、これら孤独言説の具体的な内容は、各自を取り巻く社会関係に応じて多様となる。その一つはもちろん、徴兵の事例のように家族・親族から離れることを主題とするものだが、誰とも話せない・会えないという独房の話からは、社交関係の重要性も浮かび上がってくる。イタリア社会には日常的な外出習慣があることはすでに述べたが、それは、すでに別稿で考察したように、彼らにとっては各自の社会的な承認や評価を得るための重要な機会でもある（宇田川一九九三）。実は彼ら自身も、毎日仕事からの帰宅した後に外出するのは面倒であり、ときには家でゆっくり休みたいと愚痴る。それでも頻繁に外出するのは、さもないと町の情報が分からなくなるためだと彼らは言うが、それだけではない。戸外で住民たちに自分の姿を見せ、会ってしゃべったりしていないと、他の住民たちから十分に承認・評価されず、忘れさられてしまう危険があるからである。拙稿では、そうした彼らの社会的な人格のあり方を対面的という言葉で表現したが、いずれにせよ友人や知人たちも、家族・親族とはまた違った意味で、彼らにとっては欠かすことのできない存在なのである。

そしてもう一つ、目につくのが、各自の出身または居住している土地から離れるという主題である。たとえば、上記の筆者の経験はその典型だが、徴兵の事例にも、家族・親族だけでなく自分の町から遠ざかることへの不安が含まれているだろう。兵期を終えて帰ってきた者たちからは、兵期中は自分の町が懐かしく、何度も帰りたいと思った等々の語りを数多く聞いた。また、しばらく町を留守にした後、帰宅の途上で町の姿が見えてくるとホッとすると話す人が多いこともすでに述べたとおりである。

もちろん町は、彼らにとって、家族と共に生活し、友人たちとの社交関係が展開されている場所である。この二つの社会関係は、これまでの記述からも分かるように彼らの生活の枢要な部分を占めており、その意味では、孤独にかかわる言説が町との関連を含んでいるのは当然かもしれない。

しかし筆者は、とくに、ひとりでR町にいた筆者に対する住民たちの反応を何度か経験しているうちに、町には、そうした諸社会関係の総和としての意味以上のものがあるのではないかと考えるようになった。彼らは、筆者が日本を離れてひとりでいることに関して、帰りたいとは思わないのかと何度も不思議そうに質問した。筆者がいないところでは、筆者は何故いつもひとりなのか、よくひとりでいられるものだと皆で噂をしていたと、筆者が長期調査を終えて帰国するときに話してくれた町民もいる。そして、筆者の日本における出身町の名前などを尋ねる者も少なくなかったが、それは、筆者にも出身町があることを確認しているようにも感じた(4)。これらの経験から、彼らにとって町から離れるということは、ただ様々な社会関係からだけでなく、各自にとっての根源的なよりどころ、主体の源泉とも言えるようなものから離れることを意味しているように思えてきたのである。
とするならばこの感覚は、冒頭で触れたイタリア社会における町の意義という問題につながってくる。町とのつながりは、果たして他の社会関係とは別次元の問題なのだろうか。ここで、先述の徴兵や留学のように一時的な移住の事例ではなく、婚姻などによっていわば恒常的に移住した事例に注目してさらに考察を進めていきたい。

3　町のよそ者たち

R町の有名人エルネスト

これまであまり注目されてこなかったことだが、どの社会でも出身地から離れて暮らしている者は少なくない。たしかにイタリアでは町への愛着が強く、仕事などの理由で移住したとしても、そこに永住するよりも出身地に帰ろうとする傾向が強いと言われる。婚姻相手もなるべく近くで探そうとする傾向もある。(5) ただし当然、どの町にもそこを出身とする者以外の人びとはおり、そうした外からやってきた「よそ者」は、フォレスティエロ（*forestiero*、女性形はフォレスティエラ）と呼ばれる。まずはR町のフォレスティエロの一人、エルネストという元パン職人の事例を紹介しよう。なお以下、本章で登場する人物はすべて仮名である。

エルネストは現在七〇歳代半ばだが、近くのP町で生まれ、一〇歳の時、R町のパン屋で働きはじめて以来、R町の住民になった男性である。両親を幼い頃に亡くし、兄弟姉妹もなく、親戚の家を転々としていたが、働き手を探していたこのパン屋に住みこんだという。その後、このパン屋の娘と結婚して店の経営を引き継いだ。この店は小さなもので、エルネストも商売っ気のある方ではなかった。しかし石釜で焼くパンの評判はよく、次第に石釜をもつ店が少なくなってきたこともあって、R町の外から買いに来る客もいた。ただし子供がパン屋を引き継がなかったため、数年前に店を売りに出し、今は年金暮らしをしている。

ところでエルネストは、R町ではいわゆる有名人の一人でもある。そもそもパン屋とは、イタリアではどの町でも人びとの食生活の担い手であるだけでなく、とくに買い物をする女性たちのたまり場にもなっており、エルネストの店も例外ではなかった。ただし彼には、もう一つ、聖アントニオ祭の復興の立役者という顔もある。R町ではかつて羊の牧畜が生業の一つだった。このため牧夫を中心に、動物の守護聖人とされる聖人アントニオを奉ずる信徒会が一九世紀に作られ、祭りも行われていた。しかし次第に牧夫が少なくなり、戦後しばらくすると信徒会の活動もほぼ停止してしまった。そのことを遺憾に思ったエルネストが、一九七五年、友人たちにも声をかけて信徒会に入会し、祭りを再開させたのである。

この聖アントニオ祭の経緯や組織についてはすでに別稿で記述したことがあるが（宇田川 一九九四）、エルネストによれば、牧夫でない彼が信徒会に関わることにかんしては、別の政治的意図があるのではないかと陰口をたたく者も多かったという。しかし彼は、町の伝統を守りたい一心で、住民たちに祭りへの参加や寄付などの協力を熱心に呼びかけ、その甲斐もあって、祭りの規模はほどなく以前に増して大きくなった。現在、エルネストは信徒会会長を辞し、実質的な活動もほとんど行っていないが、聖アントニオ祭はR町を代表する祭りの一つになっている。

エルネストはよそ者か、「R人」か

さてこうしてみると、エルネストは他の町の出身者とはいえ、六〇年以上R町に住み、家庭をもち、さらには町でも有名なパン屋かつ聖アントニオ信徒会会長として、R町にすっかり根を下ろしているように見えるだろう。実際、筆者がはじめてR町で調査をした一九八六年当時は彼の信徒会活動が定着していた時期だったが、彼は毎日、パン焼きの仕事を終えると店は妻に任せてすぐに広場に出かけていき、多くの住民たちと盛んに社交を繰り広げていた。その幅広い彼の交友が祭りの運営に生かされていたことは言うまでもない。

ところがエルネストは、R町では現在でも「よそ者」と見なされている。たしかに彼をフォレスティエロと呼ぶことには躊躇する者もいるが、だからといって「R人」とも呼びにくいと語る者は多い。

この「R人」という言葉は、Rの形容詞形であり、R町の住民を意味する。このように町の名の形容詞形を用いて町民の呼称とする語法は、イタリアでは一般的であり、たとえばローマ人・ミラノ人は、それぞれローマ（Roma）とミラノ（Milano）の形容詞形であるロマーノ（*romano*、女性形はロマーナ、*romana*）とミラネーゼ（*milanese*、男女同形）と

呼ばれる。こうした町民名は、どんなに小さな町についても存在している。

ただしこの語が、とくに町の内部で用いられる場合には、ただそこに住んでいる者というだけでなく、その町民と認められている者、たいていはそこで生まれ育った者を指す。もちろんその町で生まれたことだけで自動的に町民とみなされるわけではない。しかし様々な事例を総合すると、生まれとともに、とくに子供時代をその町で過ごしたか否かが、町民か否かの重要な目安の一つになっていると言える。エルネストについても、町の人びとは、たしかに彼はR町で幼いころから生活してきたが、生まれが違うため「R人」とみなすには若干の抵抗があると説明していた。しかも、今でも、時々エルネストを「P人」と呼ぶことさえあった。

そしてこの問題は、もう一つ、彼を指し示す際に用いられる「アンナのエルネスト（*Ernesto di Anna*）」という表現にも関係している。これは、彼の妻の名前であるアンナにちなんだものであり、意訳すれば「アンナの夫のエルネスト」となる。

このように各自の近親などの名前（またはあだ名）を用いて本人を同定する方法も、イタリアでは日常的に見られる。R町ではこの方法がきわめて普及しており、町で知らない者を見かけると「誰の（親族）だ？（*Di chi è?*）」という質問を交わし、その親族関係を探り、その網の目に位置づけようとしていた。もっとも、当の親族関係が非常に遠かったりして、彼らもその詳細を説明できないことは多く、このことを考えると、ここでいう親族関係とは、実際上のものというよりも、両者がとにかくつながっていることのメタファーと見なしたほうが適切かもしれない。しかし、いずれにせよこの表現からは、彼らが町をこうした関係の集積や連鎖として認識していることが浮かび上がってくる。

とするならば、「R人」になることとは、この集積のなかに位置づけられることであると考えられるのだが、エルネストの場合、たしかに「アンナの（夫の）エルネスト」としてそこに組みこまれてはいるものの、たとえば「エルネストの（妻の）アンナ」のように、逆に、彼がその連鎖の起点となる表現はほとんど見当たらないのである。実は、彼の妻は「エルネストの（妻の）アンナ」ではなく、彼女の父フランコにちなんだ「フランコの（娘の）アンナ」と呼ばれている。彼の子供たちも、通常、母アンナまたは祖父フランコの名前を用いて指示されており、父エルネストの名が付されて呼ばれることはほとんどない。

エルネストは、既述のようにいわば孤児である。出身町Pに遠い親族はいるが付き合いはなく、互いに親族という認識もない。彼にとっての親族関係とは、R町での婚姻を通して醸成されたものである。しかしそれは、彼が自分の親などを通じてR町でもともと有していたものではない。したがって他の町民からは、あくまでも妻をとおしてR町の末端に付け加わっただけと見なされ、その意味でも十分な「R人」とは見なされていないことが、この表現にも示唆されているのである。

よそ者たちにとっての町

では、その一方で、エルネスト自身はこうした状況をどう考えているのだろうか。

筆者は何度か彼に自分を「R人」と見なしているか、それとも「P人」か、という質問をしたことがある。その答えは簡単に言ってしまえば、「自分としては、R町で育ったからR人だし、自分の町はRである。でも生まれは違うので、そう認めてくれない町民がいることも知っている。聖アントニオ祭に関わることを快く思っていない者がいたのもそのせいだ」というものだった。つまり彼自身は、明らかにR町への帰属意識を強くもっており、他の町民から十分な承認を得られていないことに忸怩《じくじ》たる思いを抱えていた。彼は、「町の外ではR人と名乗るが、内部ではそうは言わない」とも述べていた。

ところでその際、さらに興味深かったのは、出身のP町に対する彼の考えであった。エルネストは、自分が「P人」でないことも強く主張し、「自分はたしかにPで生まれたがP人ではない。Pには知り合いもいないし記憶もほとんどない。それにPの町民たちも自分を知っているとは思わない」と言う。筆者がそこで、「P人」と呼ぶ住人もいることを指摘すると、少し機嫌を損ねた調子で、「それは単なるあだ名だ。[6] 彼ら（R町の住民）だって自分をP人と見ているわけではない」と付け加えたのである。

ここからは、彼の「R人である」という意識が、「P人ではない」という意識に裏打ちされたものであることが浮かび上がってくるに違いない。このことは、R町の他のフォレスティエロたちと比較するとより鮮明になる。

たとえば、エルネストと同世代のバルバラは、北部イタリアのT町から約五〇年前に婚姻によってR町に居住するようになった女性である。彼女も、R町の夫の親族たちや近所の女性たちなどと広く付き合っているが、夫マリオの名前によって「マリオの（妻の）バルバラ」と呼ばれ、やはりR町ではよそ者として周縁的な位置づけにある。しかしエルネストとは異なり、彼女は出身町との関係を積極的に続けていた。電話等の間接的な手段だけでなく、子供や夫の夏期休暇などを利用して頻繁にT町に戻り、T在住の親族や友人たちと直接的な接触も維持していた。このため彼女は自らを「T人」と見なしており、R町住民も彼女を「T人」またはフォレスティエラと呼んでいた。筆者は彼女に、「R人」と見なされないことは嫌ではないかと質問したことがある。彼女は、「もちろん、よそ者として扱いが違うときには嫌な感じになる。しかし、それぞれが自分の町をもっているのは当然のことだ。私はT人だからR人になる必要はない」と返答し、続けて、彼女の出身町Tがいかに素晴らしい町であるかを、その歴史ある教会や見どころなどを含めて詳細に筆者に語ってくれたのである。

このバルバラの事例は、R町の他のよそ者たちにもほぼあてはまる。[7] また、婚姻等によってR町を離れた者たちも同様である。彼らは移住先でいかに社会関係を蓄積していても、たいていはR町との関係を継続しており、自らを「R人」と見なしている。そしてR町の人びとも彼らを「R人」と呼び、移住後何十年たっても「何某の何某」という表現を用いてR町の中に位置づけている。

こうしてみるとイタリアでは、出身の町を離れた者も、多くの場合、町との関係を何らかの形で維持しており、この出身町こそが彼らの帰属意識の対象となっていると言えるだろう。ただしエルネストのように出身町との関係がほぼ切れている場合には困難になることが予想される。エルネストの場合、出身町Pとの関係は記憶の上でもほとんどなく、「P人」であることに何の実感ももっていないことはすでに述べた。ゆえにエルネストにとっては、それに代わるものとして「R人」であることが重要な課題となり、そこに町民たちの見方との齟齬が起きていたと推察されるのである。

とするならば、このエルネストの事例は、そもそも彼らが町との関係を非常に重視し、必須とも考えていることを端的に示していると言えるのではないだろうか。バルバラの言葉を借りるなら、「みなそれぞれが自分の町をもっている」のであり、本書の趣旨に沿って言い換えれば、それゆえ彼らにとって町から離れることは、ともすれば、「ひとり」になりかねないほどの問題なのである。

もちろんエルネスト自身は、自分を「ひとり」とは認識していないだろう。しかし、R町でいかに関係を積み重ねても「R人」になれないことは、「P人」という実感のない彼にとっては、いかなる町からも切れてしまうことを意味する。だからこそ彼はR町にこだわり、聖アントニオ祭のようなR町の伝統に積極的に関わったのかもしれない。町の住民たちも、エルネストが「R人」でないから、「R人」なら見向きもしない町の伝統に目を付けたのだと語る。

そして、よそ者たちが一般的に出身町に強い愛着をもち続けていることも、ただ彼らの出身地における家族・親族などとの絆の強さゆえではなく、彼らの町に対する特別な意識の問題としてあらためて考察すべきではないだろうか。たとえば彼らは、出身町に関して語る場合、バルバラのように、親族や家族についてだけでなく、その景観などの町そのものに関わる思い出をしばしば語る。「T人」や「R人」であることとは、そうした町そのものに対する思いとも密接に絡み合っているのである。では、こうした「ある町の人間である」という意識とは何なのだろうか。それは、これまでは（本章でも）しばしば帰属意識という言葉で表現されてきたが、それだけで十分なのか、さらに考えてみたい。

4　ローカル・コミュニティへの帰属意識

イタリアの町研究

本章のはじめでも触れたように、イタリアの町の重要性や彼らの町への帰属意識の強さを指摘する議論は決して新しいものではない。

イタリアの町は、しばしば丘の上に密集した形で作られており、物理的にその境界線がはっきりしている。歴史的に見ても、中世、領主同士の争いのために築かれた城壁にいまだ囲まれている町が多い(8)。このため、一九五〇年代後半頃から本格化したイタリアに関する人類学的研究では、当初から町を単位とした民族誌が数多く発表されてきた（Davis 1977）。そしてその過程で、町は社会的にも一つの単位と見なせることがすぐに指摘され定着した（宇田川　一九八七）。たしかに町と外部社会との関係は、かつてから活発だった。しかしそれは、往々にして富裕層などに限定されていたし、冒頭でも述べたような町全体を象徴する教会や祭りなどに着目するならば、少なくとも象徴的な次元では町にまとまりを見出すことは容易であるとされた。ゆえに、町民たちが自分たちの町に強い帰属意識を抱いていることも当然とされ、ことさら問題にされることはなかったのである。

しかし人類学一般では、当時すでにコミュニティ・スタディへの批判が始まっていた。それは周知のとおり、この手法がローカル・コミュニティをあまりにも閉鎖的で静態的な社会と見なしてきたことに対する批判である。そこにはいわゆる「未開」社会に対するコロニアルな視線が関与していることも次第に浮かび上がってきた（Goddard, Llobera and Shore 1994）。そしてイタリアに関しても、その調査が農村地域の町に特化していた背景には、イタリアを後進社会と見なすアングロサクソンの視線があったことが暴かれるとともに、[9] 研究者の関心は町から離れ、都市などに移行した（Banfield 1976; Kertzer 1983）。同時期、急激な近代化によって町と外部社会との関係がますます活性化し、町の社会単位としての機能が低下した影響も見逃せない。

写真２　イタリアでよく見られる丘上の町

ところがこうした批判や変化は、町研究の衰退をもたらしただけで、新たな観点から町社会や帰属意識を再考しようとする議論にはつながらなかったことに注意する必要がある。

たとえば、たしかにそれまでの研究は町の単位性を過度に強調してきたが、すでに述べたように、現在でもイタリアでは町への愛着が強く、人びとは町の名前にちなんだ呼称を用いている。また昨今、イタリアに関してもナショナリズム論が盛んになっているが、そこでは依然としてカンパニリズモの強さがイタリアの特徴の一つとして指摘されており、北部同盟[10]などの地域主義の動きをその延長線と見なす議論も多い（Della Loggia 1998）。さらにコーエンが指摘するように（Cohen 1985）、一般的に見ても、外部との接触がそのままコミュニティの衰退につながるとは言えず、むしろ、コミュニティの境界やアイデンティティが外部との接触によって差異化されることによって認識・強化されることも少なくない。実際、近年のイタリア研究では、人びとの町への注目が、グローバル化や商業化にともない、観光や町おこしなどという形で再び高まっているという報告もある（Grasseni 2007）。とするならば、彼らの帰属意識は、町の実体的な変化にかかわらず変わりなく続いていたのか、それとも、近年のそれは性格が違っていると見るべきなのか、イタリアの町研究は、その蓄積にもかかわらず多くの課題を残しているのである。

ローカルな主体

さてこうしてみると、その問題点としてはまず、これまでの研究が町社会全体からの視点に終始し、町への帰属意識を個々人の視点から考察しようとはしなかったことに気づくに違いない。この両者の視点の違いは、従来イタリアの町の単位性があまりに強調されてきたせいか、ほとんど認知されてこなかった。あったとしても、せいぜいエルネストの場合のように例外的・周縁的と見なされてきただけだった。しかしその周縁的な彼らが、にもかかわらず町にこだわり、町とつながろうとしていることは第3節で述べてきたとおりである。では、この個々人の意識の次元に我々はどう迫っていくことができるのか、ここで若干目を転じて、アパデュライの「ローカルな主体」という議論に注目してみたい。

実は、イタリア研究に限らず人類学全般でも、これまでローカル・コミュニティやローカリティをめぐっては十分な議論がなされてきたわけではない（Gupta and Ferguson 1997: 15）。ローカル・コミュニティは、コミュニティ・スタディ批判の後も、研究者側のコロニアルな想像の産物あるいは所与と見なされてきただけで、近代化やグローバル化のなかでいずれ衰退・消滅していくだろうと漠然と考えられていた。しかし近年、グローカルなどの言葉が出てきているように、果たしてローカルなものは今やほとんど意味をもたなくなっているのかという疑問が出てくると、ナショナリズム論の泰斗《たいと》の一人でもあるアパデュライは、そもそも従来の研究がローカリティを「図でなく地と受け止め、社会生活の属性として認識してこなかった」と批判したのである（アパデュライ 二〇〇四：三二四）。

アパデュライは、この問題に取り組むために、ローカリティをこれまで想定されてきたようなスケールや空間に関わるものとは切り離し、あらためて、「複雑な現象学的属性であり、社会的直接性＝非媒介性の感覚、相互行為の技法、コンテクストの相対性が連続的に結びつくことによって構成されている」ものと見なした（同書：三一八）。そして、研究者がこれまでローカル・コミュニティと見なしてきたものは、こうしたローカリティの空間的な現実化（彼はそれを近接［neighborhood］と呼ぶ）であるとした。つまり、ローカリティは所与ではなく、常に達成されるべき属性であり、我々は自分が生活する時空間をローカル化して「近接」を作りだしているという見方である。そしてさらに興味深いのは、このローカリティを生産する主体もまた、自らが作りだした「近接」のなかでローカル化されているという指摘である。アパデュライはそうした主体を「ローカルな主体」と呼んだ。すなわち、我々の生活の中には、ローカリティという属性・価値をめぐって、それを具現化していくとともに、それによって自らもローカル化されていくという主体のあり方があるというのである。

このローカルな主体は、これまで帰属やメンバーシップなどという言葉で想定されてきたものとは明らかに異なる位相の問題である。従来、ローカル・コミュニティへの帰属意識は、そこに属すか否かというメンバーシップの問題として論じられてきたと言える。それは、既述のようにコミュニティの全体性を議論の前提とするものであり、その代表例が、あるコミュニティに属する者はみな同じ「われわれ」であり、それ以外は「かれら」と見なす同質的なコミュニティ観である[11]。

この考え方に沿えば、たとえば「R人」とは、他の「P人」や「T人」などとは違うある特徴を共有している者たちということになる。たしかに、こうした「われわれ」的な意識はイタリアの町意識にもある。たとえば、エルネストに対するR町住民の扱いからは、生まれを同じくする者たちという意味での「われわれ」観が見てとれる。また近年では、観光や町おこしなどの文脈において他町との差異をことさら強調するような言説が目立っているが、それも同質的なコミュニティ観の高まりと言うことができるかもしれない。

しかし既述のように、生まれは町の帰属にとって重要ではあるものの、それだけで決まるとされているわけではない。しかも「何某の何某」という表現を思い出すならば、彼らの町の「われわれ」意識の基底にあるのは、互いの同質性や共通性ではなく、互いのつながりという認識であると言ったほうが適当だろう。そもそも、異同を指標とする「われわれ」的なコミュニティ意識は、一般的に、アンダーソンの「想像の共同体」論に触発されたものと考えられる。彼が国民国家のモデルとして提示した同質的な「われわれ」意識は、その後、それ以外のコミュニティを考える上でも支配的なモデルとなっていったが、アンダーソン自身が指摘するように（アンダーソン　一九八七：一八）、コミュニティという意識のあり方・作り方はそれだけではない。

そしてさらに注意すべきは、これまでの議論が、この問題も含めて、あくまでも「われわれ」というコミュニティの側から見たもの、すなわち、「われわれ」を作り上げている権力や想像力の側にとっての帰属意識を対象としてきたという点である。これに対して、本章で見てきたエルネストやバルバラの「R人」や「T人」へのこだわりとは、ただ町の住民たちと同じ「R人」や「T人」の一員になれるか否かでなく、それ以上に、自分がR町あるいはT町に根付いている（か否か）という意識に支えられているものであると言えるだろう。エルネストの場合はたしかに「R人」の一員になれるか否かにも強い関心を抱いていたが、それも、すでに述べたように、とにかくどこかの町に根づきたいという思いが強いためであった。

とするならば、こうした彼ら個々人の町へのこだわりこそ、アパデュライのいうローカルな主体の位相なのではないだろうか。彼の議論を援用するならば、イタリア社会では各自が生活の中で周囲の時空間をローカル化して町を作り上げているとともに、自らもその過程で町の中でローカル化されていくという営為が繰り返されていると考えられる。つまり人々は、町に生まれ暮らしながら、ローカルな主体という、自らの主体の少なくとも重要な一部分を作っているのであり、そうした主体のあり方が「R人」や「T人」であることの根幹にあると推察されるのである。

5　ローカリティのゆくえ

以上、イタリア社会におけるシングル・ひとりという感覚から出発し、そうした孤独感にもつながっていく彼らの町に対するこだわりの源泉がどこにあるかを、ローカルな主体という概念を用いて論じてきた。今や、彼らにとって町から離れることが、なぜ強い不安をもたらすのかについても明らかになってきたであろう。それはただ町の様々な社会関係から離れるだけでなく、それまで各自が生活しながらローカル化してきた町と、その町によってローカル化されてきた各自の主体との相互行為の連鎖が中断されることを意味するからである。その結果、「R人」や「T人」などのローカルな主体意識の再生産が困難になっていく。あるいは、そうした危機感とともに、それまで当然視してきた「R人」

や「T人」であるという意識が、あらためて表面化すると言ったほうがよいかもしれない。また、バルバラの事例のように、移住者たちが移住先にいかに根付いたとしても、帰属意識は生まれ育った出身地に向けられがちなことも、彼らのローカルな主体の形成が、ある町に生まれた時から始まり蓄積されていくという不断の営為であるためではないだろうか。[12]移住先では、その過程を最初から十全に繰り返すことは難しい。いずれにせよ、本章で見てきた彼らの町に関する孤独言説とは、そうした主体の形成や維持にかかわる彼らの不安や危機感に裏づけられた町への郷愁であると考えられるのである。

ところでこの議論は、コミュニティや帰属意識には、これまで想定されていた「われわれ」意識以外の側面があることを示唆することによって、イタリアの町研究全般に根本的な再検討をもたらすと期待される。ただしその具体的な議論は本章の主旨を超えるので、今後の課題としたい。

また、こうしたローカルな主体という概念は、もちろんどの社会文化にも適用できるものである。ただしイタリアにおいては、その不安が孤独に結びつくほど、町をめぐるローカルな主体の重要性が非常に高いとするならば、そこには、やはり都市国家の歴史が長いなどの歴史的要因が関与していると言えるかもしれない。しかし、そう単純ではないことも付け加えておく。

そもそも町（パエーゼ）という言葉自体が人びとの関心を引きつけ、それへの思いが流布するようになったのは、イタリア統一運動が始まった一九世紀のことであった（Clemente 1997）。この時期、この言葉が、町の景観の美しさや歴史への誇り、そこを離れることの寂しさや郷愁などというモチーフとともに、イタリア統一を望む愛国主義的な詩人たちの作品に目立つようになってきたという。つまり、町へのこだわりは、現在ではイタリア人自身もイタリアというナショナリズムと相互排除的な関係にあると見なしているが、両者は実は、密接に連動しているのである。

このようにローカリティが国家と複雑な関係にあることは、国家のみならずグローバル化の影響がますます大きくなっている現在、いっそう注目していく必要がある。すでに述べたようにローカリティは、現代社会においてはその具現化が難しくなっていると思われがちだが、無意味になっているわけではない。たしかにR町でも、より若い世代の者たちのあいだでは、R町を離れることの孤独やR町への郷愁があからさまに語られることは少なくなっている。しかし、彼らも「R人」であるという意識は強いし、観光や町おこしなどの場面ではローカルなるものが積極的に利用されている。むしろ、ローカリティやローカルな主体という問題は不安定さを増し見えづらくなっているからこそ、より重大な関心事になっていると考えることもできる。とするならば今後、そうしたローカリティの意味を十分に把握するためには、それが置かれているコンテクストの複雑さにいっそう細心の注意を払っていく必要があるだろうし、その分析は、イタリアのみならず現代社会全般にとっても大きな意味をもつだろう。

さて、こうしてみると本章の議論はあらゆる面で途上である。しかし本章の目的は、シングル・ひとりという問題を切り口にしながら、イタリア社会における町と主体性の関連について指摘し、その議論の土台を作ることにあった。その点についてはある程度達成できたと考える。ゆえにこれらの課題は今後の議論に委《ゆだ》ねることとし、最後に、この事例は日本社会のローカリティについても対照的に考え直す契機になるという点に触れて、稿を終わりにしたい。

実は、R町で調査を始めてしばらくたった頃、筆者は町民から何度か「あなたはどのパエーゼの者か（*Di che paese sei?*）」という質問を受けたことがある。イタリアでは現在でも見知らぬ者同士が出会うと、この質問が交わされる。ただしパエーゼには「国」という意味もあるため、この質問が筆者のような外国人に向けられれば国籍を問うものとなる。ところがこのとき、筆者が日本人であることはすでに町中に知られていた。つまり彼らは、筆者の国籍ではなく、日本における出身町名を尋ねてきたのである。

筆者が、R町での最初の調査の約二年間、出身地や家族から離れている存在として町中から注目されていたことはすでに述べた。ひょっとしたら、R町で最も孤独な者の一人と思われていたのかもしれない。しかし、筆者自身はそうは思っておらず、その齟齬が最も如実に表れたのがこの場面だったとも言える。いずれにせよ筆者は、彼らなぜ筆者の町の名前を知りたいのか、なかなか分からなかった。しかも、筆者の出身町は神奈川県の寒川という町であり、日本ですら知られていない。このため、彼らのよく知っている地名である東京を引き合いに出して「トウキョウの近く」と答えたりしたのだが、彼らは引き下がらなかった。そこで、ようやく「サムカワだ」と筆者が答えると、彼らは妙に納得したような顔つきになったのである。なかには「では、お前はサムカワーナ（*samukawana*）だな」と言う者もいた。

このやり取りの背後には、両者のローカル・コミュニティに対する考え方の違いが存在していることは、これまでの議論を振り返れば明らかである。筆者のコミュニティ理解は、同質的な「われわれ」という感覚にもとづいていたと言える。つまり、町とは何らかの中身をもってこそ意味があるのであって、ゆえに寒川町について何のイメージももたない彼らにその名前を言っても無意味だと考えていた。しかし彼らにとって町とは、ローカルな主体という形で各自の主体に関わっているものであり、それゆえ、各自が町とつながっていること自体が重要であった。そして彼らは、そうした町との関係が筆者にもあることを、筆者の町の名前を通して確認したかったのではないかと考えられるのである。

では、ひるがえって、この彼らの論理が理解できなかった筆者にとって、ローカルな主体とはどのように、何との関連の中で感じられているのだろうか。そもそも、日本社会にあっては、彼らのように互いを出身町名を用いて呼び合う習慣はほぼないだろう。少なくとも筆者のこれまでの人生では、サムカワという語を口にすることは非常に少なかった。では、日本におけるローカリティはどこに、どのように現実化しているのだろうか。それとも現代の日本社会においては、その価値自体がほとんど消滅してしまっているのか。この問いも始まったばかりである。こうしたローカリティやそれにかかわる主体への注目は、民族誌という形でローカル・コミュニティに注目し続けてきた人類学の蓄積を生かしていくことでもある。今後、イタリアのみならず様々な社会文化についてもさらなる議論の進展を期待したい。

注

（1）　R町は、ローマから南にバスで一時間ほどのかかる丘陵地帯に位置する人口約一万人の小規模な町である。詳細は宇田川（一九八九）を参照。筆者の調査は、一九八六年から約二年間の最初の調査以降、断続的に現在まで続いている。

（2）　町社会における社会関係の緊密さについては、親族関係に関しては宇田川（一九八九、二〇一一）、友人などとの社交関係については宇田川（二〇〇四）を参照のこと。

（3）　筆者は、もう一つ、依頼者（男性）が女性である筆者に性的な興味があるのではないかという疑いも払しょくできなかったが、それとは別に、ひとりで動くことのできる働き手を探していることは事実であったことは明記しておきたい。

（4）　この経験については、本章の最後でもう一度検討する。

（5）なおR町での婚姻後の居住は、イタリアの多くの地域と同様、夫婦が新たに独立して住む独立居住だが、たいていは夫または妻どちらかの親の近くに住む。その際、夫方か妻方かの規則はなく、職場や財産などの個々の事情によって判断される。

（6）あだ名はイタリアの町では非常によく使われており、町外出身者の場合には出身地名があだ名になることが多い。あだ名の多くにはネガティブな意味合いがあり、直接的な呼称になることは少ない。ただし親しみを込めて呼称として用いられることもある。ここでEが言及しているのは、この後者の意味でのあだ名である。

（7）移住地との関係は、たしかにジェンダーによって多少の差がある。男性の場合は、仕事を通して知人が増え、移住地への包摂がより強くなる傾向がある。ただし帰属意識という点から見れば、ほとんどが出身地を自らの町と見なし、そこにジェンダーによる差異は見られない。

（8）現在、城壁の一部またはすべてが崩壊していたり、それを越えて居住地が広がっていたりするところが多い。ただしその場合でも、城壁外の居住地は同心円状になっており、城壁は依然として町の単位性の象徴となっている。

（9）たとえばイタリアに関する初期の民族誌として名高いバンフィールドの著作の題名は「ある後進社会の道徳基盤」（Banfield 1958）である。そのイタリア翻訳書（Banfield 1976）には、その題名および内容を様々な観点から再検討および批判する論文が同時に掲載された。

（10）イタリア北部の独立（現在は自治拡大に方針変更）を掲げて一九八〇年代後半より勢力を拡大してきた政党。

（11）先述のコーエンも、コミュニティとは何らかの共通性をもつ集まりであり、ゆえに「われわれ」と「かれら」を分ける境界に注目することが、いかなるコミュニティ研究でも重要であると主張した（Cohen 1985）。

（12）生まれ育ちの重視には、町民の同質的な「われわれ」観が含まれていないわけではないが、ローカルな主体という観点から見れば、誕生から子供時代にかけての時期はまさにそのローカルな主体が醸成される期間である。それゆえ、この観点からも、生まれ育ちが町への帰属の重要な指標になっていると考えられるのである。

参考文献

アンダーソン、ベネディクト　一九八七『想像の共同体』白石隆・白石さや訳、リブロ。

アパデュライ、アルジュン　二〇〇四『さまよえる近代』門田健一訳、平凡社。

宇田川妙子　一九八七　「*famiglia* と *furberia* ――南イタリア村落社会の非集団的分析の試み」『民族学研究』五一巻一号：五〇―七二。
――――一九八九　「イタリアの町社会における家族の社会・文化的意義」『民族学研究』五三巻四号：三四九―三七三。
――――一九九三　「なぜ彼等は喋るのか――イタリアの一町における言葉・主体・現実」『中部大学国際関係学紀要』一〇号：四三―六一。
――――一九九四　「『規則』のない社会？――もう一つのイタリア社会像に向けて」『中部大学国際関係学部』一三号：一―二一。
――――二〇〇四　「広場は政治に代われるか――イタリアの戸外生活再考」『国立民族学博物館研究報告』二八巻三号：三二九―三七六。
――――二〇〇七　「ヴェドヴァの『力』の背後にあるもの――イタリアの寡婦」、椎野若菜編『やもめぐらし――寡婦の文化人類学』明石書店。
――――二〇一〇　「イタリアの『シングレ』たちのもう一つの顔」、椎野若菜編『「シングル」で生きる――人類学者のフィールドから』六六―八三頁、御茶の水書房。
――――二〇一一　「親子関係の複数性という視点からの親族研究再考」『文化人類学』七五巻四号：五七四―六〇一。
Banfield, Edward C. 1958. *The Moral Basis of a Backward Society*. New York: Free Press.
――――. 1976. *Le Basi Morali di Una Società Arretrata. Nuova Edizione*. Bologna: Il Mulino.
Clemente, Pietro. 1997. “Paese/Paesi.” In *I Luoghi della Memoria: Strutture ed Eventi dell' Italia Unità*, edited by Mario Isnenghi. Bari: Laterza.
Cohen, Anthony P. 1985. *The Symbolic Construction of Community*. New York: Tavistock.
Davis, John. 1977. *People of the Mediterranean*. London: Routledge.
Della Loggia, Ernesto Galli. 1998. *L' identità Italiana*. Bologna: Il Mulino.
Goddard, Victoria A., Josep R. Llobera and Cris Shore. 1994. “Introduction.” In *The Anthropology of Europe*, edited by Victoria A. Goddard, Josep R. Llobera and Cris Shore. Oxford: Berg.
Grasseni, Cristina. 2007. *La Reinvenzione del Gusto: Culture e Formaggi fra Tradizione e Globalizzazione ai Piedi delle Alpi*.

Verona: Qui Edit.

Gupta, Akhil and James Ferguson. 1987. "Discipline and Practice: 'The Field' as Site, Method, and Location in Anthropology." In *Anthropological Locations,* edited by Akhil Gupta and James Ferguson. Berkeley: Universty of California Press.

Kertzer, David I. 1983. "Urban Research in Italy." In *Urban Life in Mediterranean Europe: Anthropological Perspectives,* edited by Michael Kenny and David I. Kertzer. Urbana: University of Illinoi Press.

孤独への道程

――フィンランドの独居高齢者の社会生活と在宅介護

髙橋絵里香

1　シングルと孤独

人類学は、社会的な生き物としての人間を研究する学問である。言い換えれば、スタンドアローンな存在としての人間ではなく、他者との関係において理解される人の特質に関心を向けてきた[1]。単純に考えれば、社会的な存在を研究するということは、人間の孤独よりも連帯に、人間の社交的な状態に注目するということでもある。

実際、人類学的シングル研究は、人はシングルであっても（つまり狭義には配偶者と共住していなくても）、社会関係の中に埋め込まれながら生活していることを証明してきた。シングルをテーマとするこの共同研究の成果として出版された一般書（椎野編　二〇一〇）において、例えば馬場淳は、パプアニューギニアのシングルマザーたちについて、相互扶助や柔軟な世帯構成が彼女たちの人生や生活を支えており、「一種の「軽やかさ」を与え、日本のシングルマザーのような重みや生活の切実さを感じさせない」（馬場　二〇一〇：一五一）と述べている。あるいは宇田川妙子は、イタリアの未婚者が友人関係や家族関係に埋め込まれて暮らしていることを描写したうえで、「『一人じゃ、人生楽しくないよ』『そうそう、一人（イタリア語ではソーラ sola）とシングレは違うんだよ』」（宇田川　二〇一〇：八二）という会話を紹介している。

こうした描写からは、人はシングル状態にあっても孤独であるとは限らない、という含意を見てとることができる。だが、社会関係の中に埋め込まれていれば、人間は孤独から逃れられるのだろうか。前述のようなシングル研究は、配偶者の不在は困難な状況であり、寂しいに違いないという世間的な推測を否定しようとしている。その試み自体は有益だろうが、他者との関係が結べてさえいれば孤独ではないという解釈は、孤独という表象の幅広さを考えればあまりにも単純である。

実際、人文社会科学的な研究は、孤独が単純で明確な孤立状態とは限らないこと、集団内の存在であってもむしろ強く孤独を感じているケースがあることを論じてきた。孤独の系譜をたどったロバート・セイヤーは、文学作品において表象される孤独が、人里を離れた物理的な孤立状態から社会内での人間の普遍的な孤立へと変遷してきた歴史を振り返っている（Sayre 1978）。これは、ルイ・デュモンの『個人主義論考』と軌を一にした論調である。デュモンは、出家という形で世俗を離れた場所においてのみ確立されていた個人主義が、近代以降は世俗の内部においても成立可能になったことを壮大に論じている（デュモン 一九九三）。彼のいう個人主義とは全体としての社会ではなく個人に価値を置く思想を意味しており、彼の論考は孤独を主題としているわけではないが、セイヤーの議論と重なる論調をとっていることは、個人主義と孤独が同じ現象の表裏であることを窺わせる。

あるいは、群衆のただ中にある人間が孤独感を持つことは、古くはゲオルグ・ジンメルが「孤独がその一義的な積極的意義をもつのは、社会の遠隔作用〔……〕なのである」（ジンメル 一九九四：八九）と指摘している通りである。リースマンが他人指向型と大別する性格類型、すなわち他者の視線を行動の規範とする現代の人びとを「孤独な群衆」と呼んだように（リースマン 一九七八）、孤独を成立させるためには、他者の存在が必須である。そこで逆説的に、人類学者のレオ・コールマンは、ニューデリーのセクシュアルマイノリティが集まるレストランの空間的特質についての考察から、社会的孤独（social solitude）という概念を提案し、人びとが共に一人であろうとするような空間や場所の可能性について肯定的に論じている（Coleman 2009）。

ただし、匿名性や無名性といった「都市的」な人間のありようだけが孤独なのではない。清水学は「当然視された意味が共有されないという〝二重性〟の経験」（清水 一九九九：二四六）こそが孤独の本質であると述べ、誰かと共にいることでかえって孤独を感じることがありうることを指摘した。清水はまた、「〝寂しさ〟を埋めあわせるための行動が、いつもよけいに寂しさを募らせる」（清水 一九九九：二五二）という社会関係の過剰としての孤独があるとも述べている。

　こうした孤独が発露する場面の多様性を、伝統的な人類学的研究対象である小規模な共同体の中には見出されないとみなして退けることは容易である。だが、特に清水の研究が示しているように、孤独とは単純に社会関係からの疎外ではないし、人里離れた場所や大都市といった極端な場所のみに発現するわけでもない。だとすれば、シングルという生活／居住／存在の様式を論じるにあたって、人間関係からの疎外としての孤独と、そうした状態への否定的感情としての発露としての「寂しさ」を自明とすることを留保すべきであろう。

　むろん、人はどのような場合に孤独であると感じるのかは、アプローチの難しい問題である。社会心理学では、質問紙調査を中心とした主体的な孤独感の研究が進んでいるが（cf. 小窪ほか 一九九八）、そこで用いられる尺度[2]は関係阻害以上の要素を捉えるには不向きである。かといって、清水のように文学作品の主題としての孤独を解釈することは、人類学の方法論から外れている。他者の感情を理解することの根本的な不可能性を鑑みれば、菅原和孝のように身体動作の共有という現象学的な次元に感情理解の可能性を求めるほかないようにも思われる（菅原 二〇〇二）。だが、もう少し平易な現象として、人々はどのような場合に他者を孤独であるとみなし、どのように対処しているのだろうかという問題に注目するならば、それは十分に観察可能な現象である。孤独であるとみなされた人もまた、そうした他者からの処遇に対して反応を返すだろう。そうした相互行為としての孤独を分析することで、シングルという現象を捉えなおすことができるのではないか。

写真１　群島町（夏の多島海の様子）

　そこで本稿は、以下のような問いにもとづき、相互行為としての孤独を考察する。すなわち、シングル（配偶者と共住していない／独居）状態にある者は、どのような理由で孤独であるとみなされているのだろうか。その判断は、どのような集合的行為に結実するのだろうか。孤独であるとみなされた人は、そうした行為にどのように反応するのだろうか。

これらの問いについて、フィンランドの高齢者福祉の事例、具体的には南西部の自治体「群島町」[3]（写真1）に暮らす独居高齢者たちの生活と、彼らを対象とした地域福祉の様態から考察していく。フィンランドは世界でも突出して独居者＝単身世帯の多い社会である。もちろん、独居状態にあるからといって、彼らを短絡的に孤独であるとみなせるわけではない。だが、独居は孤独と密接に関係する問題含みの状態であり、福祉国家の対処する問題であると一般的に理解されており、社会がその成員の独居／孤独をどのように対処しているのかを観察するのにうってつけである。そこでまず、フィンランドの世帯構造について概観したうえで、独居と社会福祉の関係について見てみたい。

2　独居と社会福祉

ＯＥＣＤ（経済協力開発機構）の世帯調査によれば、加盟三七カ国の中でもっとも単身世帯率が高いのがノルウェーの三七・七％、第二位がフィンランドの三七・三％である（OECD 2010: 3）[4]。特に都市部の単身世帯率は高く、特に群島町近郊の大都市であるトゥルク市の単身世帯率は二〇一一年時点で五一・四％と、全国で最も高い（SOTKAnet Statistics and Indicator Bank）。これは、人口一七万の町に総合大学が二つあり、街の規模と比べて若者が多いことが理由の一つであろう。

だが、独居は未婚の男女だけの問題ではない。単身世帯のボリュームゾーンは三五～六四歳である一方で、全単身世帯の三分の一以上が六五歳以上とされている（Statistics Finland 2012b）。高齢者の場合、既婚であっても配偶者が先だてば、残された者は単身世帯を営むこととなるからだ。フィンランドでは、二〇一一年時点での男性の平均寿命が七七・二歳、女性が八三・五歳と男女の平均寿命の差が大きく（Statistics Finland 2012a）、子世代との同居がまったく一般的ではないため、高齢世帯での独居が目立つ。

こうした単身世帯の多さは、社会福祉にも影響を与えている。フィンランドは社会民主主義型の福祉国家であり、行政だけではなく、多くの公的団体が市民の福祉に関わる活動を行っている[5]。特に、独居者に対する支援を増やし始めているのが、フィンランド福音ルーテル派教会である。ディアコニ（*diakoni*: fin 教会奉仕職）と呼ばれる職務につく人々が、「シングルの仕事（*Sinkku työ*: fin）」として独居生活者のサポートを行っている。例えば筆者の調査地に隣接するトゥルク大教区の場合、直轄するディアコニ事務所には、移民、高齢者、障害者などのそれぞれの専門領域を持つ人々が勤務しているが、二〇〇九年から「シングルの仕事」を行うディアコニが新たに採用された。

このシングルの仕事を行うディアコニのカイサ・ヤーティネンによれば、シングルは大きなリスクを抱えた集団であり、統計的にも家族を持っている場合よりも体調を崩しやすい上に、世帯収入も少ないという。こうした理解に基づき、シングルの教区民だけが参加する遠足、夏のバーベキュー、クリスマスパーティーなどの催しが企画されている。これは結婚斡旋所のように相手を斡旋しているわけではなく、独居者であっても寂しくないように、人びとが集まる場所を作ることが彼女の仕事だという。

カイサの仕事が様々な世代の配偶者を持たない（離婚・非婚・死別などが含まれる）独居生活者を対象としており、彼らが時間をともにすごす場を作ることで孤独を回避することが、社会福祉の一環であると考えられていることは、注目に値する。実際、「シングルの仕事」ほどあからさまでなくとも、特に独居者が多い高齢者福祉の領域では[6]、福祉サービスによる孤独の解消が問題となっているのである。

こうした高齢者福祉における孤独の問題を理解する前提として、まずは高齢者の平均的なライフコースについて解説しておこう。筆者が主な調査地としてきた群島町では、壮年期に暮らしていた一軒家から町の中心部に位置する高層住宅へと転居するという、地理的移動を伴う流れが存在する。これは、P丘とT丘という町の中心に位置する二つの丘陵地帯に高層住宅が集中していることが理由である。比較的交通の便がよく、商店に近いうえ、一軒家よりも安価なこれらの高層住宅群は、「老後」を過ごす格好の場所となっている。

しかし、この高層住宅に暮らす時期も永遠に続くわけではない。老年期は施設化された暮らしを経験する可能性の高い時期でもあるからだ。二四時間のホームケアが受けられるケア付き住宅群「白樺の郷」や町営の特別養護老人ホーム「マルムクッラ」は、独立した日常生活を送るのが困難な人のための施設である。入居者たちの多くが中心部（高層住宅）から引っ越してきており、転居時にすでに八〇歳を越える高齢であることが多い。

写真２　単身者の多く住む高層アパート

つまり、郊外の一軒家やフラットに暮らす人々の多くが、子供が自立し、仕事を退職した後のいずれかの時点において、町の中心部に転居する傾向にある。人々の地理的移動に合わせるように、群島町の福祉施設は中心部に集中している。また、訪問介護サービスも高層住宅に暮らす人々を主な対象としているため、高齢者の地理的移動は介護福祉の程度の高まりと連動していると解釈することもできる。[7]

　高層住宅に暮らす時期には、施設介護の前段階として、訪問介護サービスのみならず、多彩なケアが提供される。[8]これは施設ケアとくらべて軽度で安価な在宅ケアを提供する期間を少しでも引きのばそうという試みである。実際、高層住宅に暮らす人々の多くが独居状態にあるため、彼らの孤独を解消するという目的が在宅介護[9]に含まれてくる。具体的には、デイケア・デイサービスが独居高齢者に社交生活を提供する代表的なサービスであろう。[10]群島町の場合、デイサービスセンター「老人の家」がその役割を果たしている。この施設は、群島町役場の背後に控える丘を頂上まで登ったところに建っている。P丘の高層住宅群に囲まれており、この地区に暮らす人々にとって社交生活の小さな拠点となってきた。

　老人の家にはP地区を担当する訪問介護事務所が設置されており（ただし二〇一一年に移転）、老人の家のデイケア利用者は、全員がこの事務所の訪問介護サービスを利用している。デイサービス部門の利用者（老人の家へ自発的に通う人）のほとんども、P丘周辺に建つ計六軒の高層住宅に暮らしている。こうした比較的健康な、しかし遠方まで外出することは難しいような人々が気軽に訪れ、時間を過ごすことのできる場所として、老人の家は企画されたのである。

　こうして老人の家は高齢者が集まってともに時間をすごすための場所を提供している。まず、朝は八時過ぎから近隣の住人たちがコーヒーを飲みに訪れる。これはほぼ決まった六、七名のメンバーであり、互いに顔見知りの彼らは朝のコーヒーを飲み、スウェーデン語のラジオを聞き[11]、編み物をする。九時半ごろからは、「老人の家」のデイケア部門に登録する人々がタクシーで移送されてくる。デイケアの利用者は、一日に四〜五人である。彼らは「老人の家」で朝食・昼食・おやつを食べ、スタッフの管理の下に服薬する。彼らの多くは一人で外出することが危険とみなされる健康状態にあり、認知症を患っているために薬を飲み忘れてしまうからである。午前中に集まってきた自発的訪問者たちは、昼前にはそれぞれの家に戻って食事をとる。だが、午後の一時ごろになると再び人が集まり、カードゲームを行う。催し物のある日はその内容に興味のある人々が集まるし、「T丘タクシー」と呼ばれるT地区からの乗り合いタクシーでT地区の団地群に住む高齢者たちが訪問する日もある。

こうした老人の家を中心とした社交の形は、高齢者たちが一軒家に暮らしている時期とは明らかに異なる。一軒家に暮らす人々は、自分自身の移動手段を確保していることが一般的であるため、群島町の中心部で催されるアソシエーション活動にも参加できる。だが、高層住宅に暮らす時期には車を所有していない場合が多く、独居も多い。そのため、地区ごとに分かれた高齢者向けの社交の場が必要だと考えられているのである。実際、P丘周辺地域の訪問看護チームのディレクターを務めるディーサ・サンデルは独居高齢者の孤独について以下のように語っている。

訪問介護のスタッフにとって大切なのは資格ではなくて、顧客たちと話す・彼らの話に耳を傾けるという才能なの。(中略：専門資格についての会話) だって、彼らは本当に孤独なのよ。先週の土曜日、赤十字主催で冬至を祝うイベントがあったんだけど、訪問介護チームが担当のお年寄りたちを会場へ連れていったの。とてもささやかなイベントだったけど、彼らは本当に喜んでいたわ。(強調筆者。二〇一三年一二月一九日収録)

彼女の言において明らかであるように、独居高齢者に他者と出会う場所を意識的に提供していくことが重要であり、孤独の解消に意味を持つという理解が、社会福祉の現場において共有されているのである。ただし、社会サービスが社交の場を提供することで孤独の解消を企図するとしても、この目的が達成されるとは限らない。サービスの受け手が与え手の意図を無視することがあり得るからだ。

3　孤独を選択する

例えば前述の老人の家デイケア部門でも、利用者がサービスを拒否する場合がある。デイケア利用者のニコラスは、施設で過ごす時間が気に入らず、スタッフが見ていない隙に家へ帰ろうとして止められるということを何度も繰り返していた。

【事例1】ニコラスの脱走（二〇〇二～二〇〇三年分のフィールドノートより）

八〇歳のニコラスは、「老人の家」デイケア部門の最初の利用者である。「老人の家」から歩いて五分の距離にある古い木造の一軒家で独居生活を営んでいる。彼は週に三回、デイケアを利用している。利用日は筆者のようなボランティアかホームヘルパーが訪れ、彼を車椅子に乗せて「老人の家」まで押していく。ニコラスはアルツハイマーの症状を見せはじめており、自分の家の鍵をどこに閉まっているかも、「老人の家」スタッフの名前も、自分の娘がどこの町に住んでいるかも、覚えていられない。

デイケアとデイサービスの違いは、食事の有無や投薬管理だけであり、デイサービスの自由訪問者とニコラスは同じリビングルームで時間を過ごす。カードゲームに参加することもコーヒーを囲むお喋りに加わることもできるが、ニコラスはそうした輪に加わらない。これはニコラスが他の自由訪問者とは記憶や理解を共有していないためだろう。

実際、ニコラスはなぜ自分が「老人の家」を訪れているのか理解できない。そのため、すぐに周囲の目を盗んで家に帰ろうとする。いつの間にか立ち上がり、コートを着はじめる彼に気づくと、スタッフたちは彼を引きとめるべく、一緒にピンボールゲームをしたり、話しかけたりする。それでも彼が頑強に帰宅を主張する場合は、ボランティアとして老人の家を手伝っていた筆者が車椅子を押して自宅まで送り届ける。

自宅に帰ると、ニコラスはいつもキッチンのテーブルに向かって座る。その場所にはテレビも本もない。夕方にホームヘルパーとともに訪れると、彼は暗がりの中で同じ場所に座っている。それでも、筆者たちが訪れたことにニコラスは喜び、訪問介護の合間で良いから一緒にコーヒーを飲んでいけと薦めてくるのだった。

この事例に登場するニコラスのように、多くの独居高齢者たちは自宅で無為な時間を過ごしている。すなわち、読書・テレビ鑑賞・家事といった目に見える行動を取らず、じっと座っているのである。もちろん、彼らは過去の記憶を想起している、あるいは何か見えないものを見ている、といった説明をすることはできるだろう。一人きりに見える彼らは豊かな内面生活を送っているのであり、退屈でも孤独でもない、という解釈である。だが、それらはすべて憶測に過ぎない。認知症のニコラスが帰宅の動機を決して説明しなかった以上、彼の真意は永遠に解明不可能である。確実に言えることは、この事例において、ニコラスがそうした場所へ帰ることを強硬に主張しているという点である。行政のデイケアサービスが、そうした一人でいる場所から連れ出し、社交の場を提供することを目的としているとすれば、ニコラスはそれを拒否しているのである。

次に、もう少し動機が明確な事例を引用しよう。これは行政による社会福祉サービスではなく、フィンランド福音ルーテル派教会による社会福祉事業を利用している例である。ユリアは群島町の福音ルーテル派教会が主催する年金生活者の合宿へ前年度から参加するようになった。キャンプを企画した教会スタッフのベリットは、彼女の合宿での様子について、退屈していたのではないかという懸念を示した。ユリアは他の参加者たちとあまり会話していなかった。高学歴の女性なので、他の参加者たちの他愛のない会話が馬鹿馬鹿しく思えたのではないか、というのである。ところが、ベリットの懸念に反して、ユリアは合宿を非常に楽しんだと語る。

【事例2】 合宿の感想（インタビュー：二〇〇八年八月一日）

ユリア：「一人のときは、本当に時間が長い。誰かがまわりにいるのはとてもいいことだわ。それに、ディアコニの二人はとても素晴らしいし。私たちはずっとプログラムがあるし、参加したくないときは、何か他の事をできるのよ」

筆者：「じゃあ、あなたは気に入ったのね」

ユリア：「ええ。次は二回目だから、去年よりも何ができるかよく知ってるわ。本を持っていくこともできる。去年も本がないか訊いたんだけど、ベリットが教えてくれたの。あそこ（キャンプ・センター）に来るのはほとんど若い人だから、あまり本を読まないのだって。あの場所は本当に素敵なのに……本がないのよ！　理解はできるけど。ベリットは読むものを探してくれたけど、私向きじゃなかった。今回は自分の本を持っていくわ。でも、あそこにはたくさんのゲスト（講演をする人）が来るし、体操もあるし……ええ、いい時間を過ごせたわ」[12]

確かに、ユリアは合宿を肯定的に評価する一方で、読む本がなかったという不満も述べている。読書がユリアにとって大切な趣味であることはインタビュー中にも語られていたが、それを考慮しても、退屈していたのではないかというベリットの懸念は所以のないことではない。ユリアにとって、合宿の評価ポイントは盛りだくさんの催し、ゲスト、素晴らしいディアコニたちである。これらは、合宿を構成する主な内容でもあるが、それを楽しむだけでは「退屈」ではないかとベリットは考えているからだ。ベリットにとって、合宿の眼目は他の参加者との交流にあった。ところが、ユリアの説明からはその視点がいっさい抜け落ちている。ユリアにとって、年金生活者の合宿は、ここちよいサービスを一方的に受けとる場なのである。

ユリアはこのインタビューを行った二〇〇八年の時点で頑強な体を保持しており、キャンプへの参加を決意するなど、活動の幅は決して狭まっていない。毎日二〇分の距離を歩いて白樺の郷サービスハウスに赴き、施設で提供される高齢者向けの昼食をとっていた。だが、彼女は福祉サービスを受けるという点については積極的であるが、そこに同輩とのコミュニケーションを求める動機はない。

合宿やサービスハウスといった場所で共に時間を過ごす同年代の高齢者たちについて、彼女は「彼らも年をとっているわ。一緒に会話することはできない。彼らは年をとりすぎているもの。あの場所（白樺の郷）は、死ぬ前に立ち止まる最後の駅だと思う」と語っている。これは、彼女の出自やライフコースが影響しているのだろう。ユリアは、このインタビューの二年前に夫を亡くしている。彼女が献身的な介護でその晩年を支えた夫は、群島町に農地を多く所有する上流階級の出身であり、教区委員会のメンバーでもある有力者だった。彼女自身も退職前は県庁で働いており、海外での国際会議等に出席した経験もあるという。つまり、ユリアの場合、これまでのライフコースや階層が他の高齢者と異なっていること、そして彼女自身がサービス利用者（≒消費者）としての意識が強いことが、教会による社会福祉事業の本来の目的である社交を否定する結果に繋がっている。むろん、サービスの利用態度が元来の意図からずれているからと言って、ユリアのケースを社会福祉事業の失敗とみなす必要はないだろう。ユリアによる社交の否定もまた、社会サービスの〝サービス〟としての性質が招いたことである。

年金生活者の合宿を良いサービスを受けることのできる場所とみなすユリアのロジックは市場経済のそれであり、サービスを購入－受益することによって完了する交換である。行政や教会の提供する社会サービスは無償ではないのだから、彼女の理解は正しい。サービスの代価は教会税を含む税金、キャンプ参加料や社会サービス利用料として支払われる。ユリアは顧客として選択の自由を行使する権利を持っていることは確かだろう。高齢者の社会的世界の縮小を食い止め、社会生活を活性化するという社会サービスの目的とは明らかに矛盾しているが、これもまた社会サービスの効用である。連帯と孤立は共に社会サービスの根本的な性質であり、サービス受給者の生活環境やライフコースが対照的な態度のいずれかを（半ば無意識的に）選択させているのである。

4 道程としての孤独

前節で紹介した二つの事例では、独居高齢者自身が社会福祉事業による孤独の解消というサービスを拒否している。ただし、いずれのケースにおいても、彼らは積極的に孤独を選択しているようでありながら、まったく逆の解釈が成立する点には注意が必要である。

まず、ニコラスの場合、彼は自宅でホームヘルパーや筆者を迎える時は積極的に歓迎し、引きとめるそぶりを見せている。また、デイケアを拒否して帰宅を主張している点についても、結果としてニコラスはスタッフや筆者の関心を引き、コミュニケーションを喚起していることは無視できない(13)。

また、二〇〇八年当時はT丘の団地で独居生活を営んでいたユリアは、二〇一一年にオープンしたフォークヘルサンというNGOの運営する新しい高齢者向けの二四時間ケア付き高層住宅へ入居した。ここで、ユリアは他の入居者たちの中でもいつも同じメンバーと昼食を共にするようになった。「彼らは年をとりすぎているから、会話することはできない」というコメントは、彼女自身の行動によって否定されているのである。ユリアもまた年を重ねることで、他の入居者たちと並び立つことになったのか、それとも対等に会話できる相手を見つけたのか、それは分からない。ただ、彼女はもはや通常の独居とは異なる生活状態にあり、社会福祉による孤独の解消の対象ではなくなったのである。

ニコラスにしてもユリアにしても、彼らの選びとった孤独は他者との交流によっていつの間にか取って代わられている。そうした変化を周囲の人々はどのように受け止めているのか。それを推測させる事例を紹介しよう。九二歳のベンは、奥さんを数年前に亡くしている。医師によって余命いくばくもないと診断された彼は、自宅で終末期を過ごすことを選んだ。その選択を支持するP丘を担当する訪問介護チームは、「彼の容体が急変した場合は救急車ではなく訪問看護婦を呼ぶこと」という申し合わせをホワイトボードに書いている。

【事例3】ベン老人の最期（ディーサ・サンデルへのインタビューより：二〇一三年九月七日）

（前回の群島町訪問時に会った人々の近況について会話していたところ、ベン老人の名前が挙がった。筆者はディーサのチームメンバーとベンの自宅へ訪問介護に赴いているためである。）

彼は今年の初めに亡くなった、とディーサは語った。それは町営の老人ホームへ入居して数週間後のことだったという。ちょうど一年前の時点で、余命いくばくもないと判断され、自宅で死を迎えることを選択したはずのベンが、なぜ施設に引っ越したのか。彼はホームヘルパーたちの支えによって医師の診断よりもはるかに長い期間を生き延びていた。ところが年末のある夜、彼は突然自宅に孤独でいることが耐えられなくなり、錯乱しはじめたのだという。「急に一人でいることが怖くなり、泣き叫ぶようになったのよ。どうしてなのかは分からないけど。（中略）それでも彼は、予想よりずっと長く生きたし、その期間を自宅で過ごしたわ。私たちは良いケアをしたと思う」と、ディーサは語った。

この事例において、孤独は主体的に選択され、主体的に放棄されている。だが、ケアワーカーたちはサービスを利用する高齢者の選択の理由については、理解を放棄しているのである。これは、フィンランドの地域福祉において、サービス受給者の自己選択が重要視され、尊重されていることを考えれば奇妙でもある。(14) なぜなら、自立した人間としての近代的個人は、自己にとって有利な選択を合理的に行っていくはずだからだ。

だが、ここまで見てきたように、高齢者自身による「主体的」な選択は、必ずしも共有可能な合理的説明を伴っていない。事例3のベンが周囲の人間にとって「突然一人でいることが怖くなった」と受け止められているように、また事例1のニコラスが何の説明もなしにやおら立ち上がって身支度を始めたように、近代的な主体が前提とする合理性はそこに表出しない。事例2のユリアの場合、彼女は理路整然とした説明を行っているが、それは筆者がインタビューを行ったことで引きだされたものであり、周囲のスタッフは「彼女は合宿を楽しんでいなかったのだろう」と見当違いの推測をしていた。

なぜ、このように説明なしの選択が、行政やNGOといったケアワーカーによって受け入れられているのだろうか。もちろん、ケアテイカーである高齢者は多くの場合に認知症を患っており、合理性の欠如がその症状であるとみなされている部分もあるだろう。また、ケアがサービスである以上、顧客に説明義務はない。さらに、感情と合理は背反する現象であると一般に理解されている。孤独を積極的に求める気持ちも、孤独に対する否定としての寂しさも、感情の一種である以上、理由なしに盛り上がるものだと考えられている側面もあると考えられる。

しかし、独居高齢者たちの非合理的選択が受容される背景には、もう一つ重要な要素があるのではないか。それは、非合理的な生活状況は時間の流れと共にいずれ淘汰されていくだろう、という見込みである。

写真3　冬の多島海。写真1と同じ場所

冬の寒さが厳しく、夜が長いフィンランドでは、季節の変化が高齢者に大きく圧し掛かる。[15]季節が夏であれば独居状態で十分に乗り切ることができても、冬になれば難しくなる。逆に、暗い冬であれば鬱状態から抜け出せない人が、少しずつ昼間が伸びていくにつれて、明るく前向きになっていく。つまり、高齢者の生活状態は季節に応じて常に変化していく。そして、老いという過程自体もまた、変化を内包している。なぜなら、加齢は逆行することの難しい現象であり、体の衰えを食い止めることはできても、回復させることはほとんどの場合不可能であるからだ。ゆえに、昨日できていたことが明日にはできないかもしれない。この夏は一人で暮らすことができても、次の冬は無理かもしれない。いつか気候との戦いに負ける日が来るという見込みを、人びとは共有している。

だからこそ、ケアワーカーたちは、高齢者たちのどんなイレギュラーで非合理的な要求や願いについても、状況が許す限り沿おうとするのである。なぜなら、無理な状況は決して長く続けられず、やがては落ち着くべきところに落ち着くことを、彼らは経験的に知っているからだ。独居をめぐり、自己決定とリスクの間で揺れ動く状況は常に不確かである。だからこそ、合理性は選択をする主体としての高齢者ではなく、苛烈な気候と自然という群島町に固有の環境に埋め込まれていると理解されているのである。

さて、ここで冒頭の問いを振り返ろう。どのような理由で、シングル（配偶者と共住していない／独居）状態にある者が孤独であるとみなされているのだろうか。その判断は、どのような集合的行為に結実するのだろうか。孤独であるとみなされた人は、そうした行為にどのように反応するのだろうか。

これまで論じてきたように、福祉国家というマクロなレベルにおいて、独居生活に起因する孤独は、高齢者の健康を損なうリスク要因として理解されてきた。だからこそ、よりコストがかさむ重篤なケアを必要とする前の予防として、孤独を解消するような社交の場が社会福祉事業の一環として提供されてきた。これは、昨今のクオリティ・オブ・ライフを重視する視点によって補強されていると考えられる。

社会福祉サービスの現場というミクロな次元においても、ケアワーカーたちは独居高齢者を社交の場に連れ出そうとしている。本稿で描写してきたように、そうした配慮は的を射ている場合もあるが、時には高齢者自身によって拒否される場合もある。さらに、そうして孤独を選びとっていた人々がいつのまにか他者との交流を求めはじめる場合もある。

重要なのは、そうして孤独と連帯の間で揺れ動く高齢者に対し、ケアワーカーたちがブレや非合理性を許容し、説明を要求してない点である。彼らにとって、独居生活と社交生活の間で保たれる均衡は、時が解決する問題なのである。

高齢者の独居が社会福祉の対象とみなされ、社交生活がサービスとして提供されている状況は、独居が単純な人間関係からの疎外として理解されていることを示唆しているようにも思われる。福祉制度は、国家による孤独の対処という集合的行為の最たるものである。だが、高齢者たち自身は社会サービスの受容と拒否という形で、孤独と社交という二つの軸の間で揺れ動いている。つまり、孤独もまた他者によって許容された生活状態でしかなく、常に社交生活へと開かれる可能性を示している。本稿の民族誌的描写が示しているように、地域単位で展開される高齢者福祉制度とは様々なアクターによって織りなされるライフコースの集合であり、その老いていく道程そのものが、他者との相互行為としての孤独によって形作られているのである。

注

（1）ただし、「他者との関係」とは人間同士の直接的コミュニケーションだけを意味するのではない。例えば物質文化や人とモノの関係に注目するような研究は（cf. 床呂、河合編 二〇一一）、モノを介した人間の間接的コミュニケーションに注意を払っているからだ。

（2）社会心理学において、孤独感の指標としてはＵＣＬＡ孤独感尺度（ペプロー、パールマン 一九八八）が一般的に用いられている。

（3）本章では、調査地名に仮称を用いている。当該自治体の特徴を表す名称として、インフォーマントとなった人々から町名を募った結果として、群島町（*Skärgårdsstaden/Saalistokaupunki*: swe/fin）が採用された。

（4）ただし、ＯＥＣＤはフィンランドについて二〇〇〇年のデータを使用しており、二〇一一年時点での単身世帯率は四二％にまで上昇している（Statitics Finland 2012b）。

（5）フィンランドの社会民主主義型福祉国家としての特徴については、高橋（二〇一三）を参照のこと。特に第四章ではフィンランド福音ルーテル派教会の活動について詳しく分析している。

(6) 児童福祉、障害者福祉については、家族と同居する例が多いので、それほど独居が問題とならない。

(7) むろん、希望すれば遠隔地でも訪問介護サービスを受けることができる。だが、そうした生活を続けることは困難であり、数としては高層住宅や町の中心地への訪問が主体となっている。また、すべての人が一軒家→高層住宅→施設という三つの居住形態を経験するわけではなく、人口移動はあくまでも理念型としての流れでしかない。とはいえ、この流れを平均的なケースとして想定していることが、群島町の社会福祉サービスの地理的配置に帰結している。

(8) 訪問看護、配食サービス、救急通報システム、介護ベッドの貸与なども在宅介護サービスとして挙げられるだろう。

(9) 老人ホームにおける生活も基本的には個室であり、独居とみなすこともできよう。だが、社会福祉のサービスとして施設介護と在宅介護が区別されている点、施設生活において孤独の解消は問題として焦点化していない点を鑑みて、本稿では施設生活を独居とはみなしていない。

(10) デイサービス・デイケアという用語の日本とフィンランドにおける定義を確認しておこう。デイサービス（*päivätoiminta/dagverksamhet*: fin/swe）は、日本では通所介護とも呼ばれ、介護保険によって費用が負担されるサービスの一つとされている。老人の家の場合は、デイサービスの利用者は自発的に施設を訪れており、その意味ではコミュニティセンターのような機能を果しているといえるかもしれない。一方で、群島町行政と契約を交わし、週の決められた曜日に老人の家を訪れるサービスがデイケア（*päivähoito/dagvård*: fin/swe）。彼らは自由訪問者と比べて日常生活動作の程度が低い場合が多く、看護婦の資格をもつスタッフによって投薬管理されている。

(11) スウェーデン語のラジオを視聴する理由は、群島町がスウェーデン語を母語とするマイノリティが人口の半数以上を占める地域であるためである。フィンランドの国語はフィンランド語とスウェーデン語と定められており、スウェーデン系フィンランド人と呼ばれる少数派言語集団が約三〇万人存在している。こうした言語状況については、髙橋（二〇〇七）、あるいは髙橋（二〇一三）の第四章を参照されたい。

(12) 合宿所の利用者は主に堅信礼クラスの若者たちであることを意味していると思われる。

(13) ニコラスの行為の両義性については、髙橋（二〇〇八a）において詳しく解説している。

(14) フィンランドの社会福祉における自立という発想と近代的個人の概念の関係については、髙橋（二〇〇八b）において詳しく分析している。

(15) 気候や地理的条件が高齢者のライフコースに与える影響については、髙橋（二〇一三）の第六章で詳しく論じているので、そちらを参照されたい。

参考文献

宇田川妙子　二〇一〇「イタリアの『シングレ』たちのもう一つの顔」、椎野若菜編『「シングル」で生きる――人類学者のフィールドから』六六―八三頁、御茶の水書房。

小窪輝吉、高橋信行、田畑洋一　一九九八「過疎地における高齢者の孤独感と個人的、社会的特性との関連――健康状態、対人的ネットワーク、社会参加との関連を中心に」『季刊社会学部論集』一七巻三号：一―二〇。

椎野若菜（編）二〇一〇『「シングル」で生きる――人類学者のフィールドから』お茶の水書房。

清水学　一九九九『思想としての孤独――〝視線〟のパラドクス』講談社。

ジンメル、ゲオルグ　一九九四『社会学――社会化の諸形式についての研究（上）』居安正訳、白水社。

菅原和孝　二〇〇二『感情の猿＝人』弘文堂。

馬場淳　二〇一〇「シングルだってへっちゃらよ!?――パプアニューギニア・マヌス島のシングルマザー」、椎野若菜編『「シングル」で生きる――人類学者のフィールドから』一四二―一五四頁、御茶の水書房。

高橋絵里香　二〇〇七「幸せなマイノリティ――スウェーデン系フィンランド人をめぐる差異のポリティクス」『超域文化科学紀要』一二号：二三七―二五九。

――　二〇〇八a「在宅介護――家族／社会という幸福を求めて」、春日直樹編『人類学で世界をみる』三―一九頁、ミネルヴァ書房。

――　二〇〇八b「自立のストラテジー――フィンランドの独居高齢者と在宅介護システムにみる個人・社会・福祉」『文化人類学』七三巻二号：一三三―一五四。

――　二〇一三『老いを歩む人びと――高齢者の日常からみた福祉国家フィンランドの民族誌』勁草書房。

デュモン、ルイ　一九九三『個人主義論考――近代イデオロギーについての人類学的展望』渡辺公三、浅野房一訳、言叢社。

床呂郁哉、河合香吏編　二〇一一『ものの人類学』京都大学学術出版会
ペプロー、レシシアン・アン、ダニエル・パールマン編　一九八八『孤独感の心理学』加藤義明訳、誠心書房。

リースマン、ディヴィッド　一九七八『孤独な群衆』加藤秀俊訳、みすず書房。

Coleman, Leo. 2009. “Being Alone Together: From Solidarity to Solitude in Urban Anthropology.” *Anthropological Quarterly* 82 (3): 755–777.

OECD. 2010. *Family Database-SF1.1: Family Size and Household Composition*. OECD-Social Policy Division-Directorate of Employment, Labour and Social Affairs. <http://www.oecd.org/social/soc/41919509.pdf 2013/05/06> Accessed 10 May 2012.

Sayre, Robert. 1978. *Solitude in Society: A Sociological Study in French Literature*. Cambridge: Harvard University Press.

SOTKAnet Statistics and Indicator Bank. “Household dwelling-units with one person, as % of all household dwelling-units (id: 324)” <http://uusi.sotkanet.fi/taulukko/2F2/109,110,111,112,113/3/3A/0/324/> Accessed 10 May 2012.

Statistics Finland. 2012a. “Dwellings and Housing Conditions 2011.” Official Statistics of Finland. <http: //www. stat. fi/til/asas/2011/asas_2011_2012-05-22_en.pdf> Accessed 10 May 2012.

———. 2012b. “Death 2011.” Official Statistics of Finland. <http://tilastokeskus.fi/til/kuol/2011/kuol_2011_2012-04-13_en.pdf> Accessed 10 May 2012.

性的欲望・性行動・性的アイデンティティのずれと「孤立」

——日本における同性愛の事例から

新ヶ江章友

「男性と性行為を行う男性（Men who have Sex with Men、以下、ＭＳＭと記す）」は[1]、自らのことをいつも「同性愛者」だと認識するのだろうか。もし、性的欲望、性行動、性的アイデンティティの三つが必ずしも同時に経験されるのでなくずれることがあるとすれば、そこでどのようなことが起こっているのだろうか。その三つがずれる経験を持つ人は、どのような人間関係のなかに自らの主体性を位置づけようとするのだろうか。

一般的に、ある人が誰かに性的欲望を感じれば、その性的欲望は性行動として表れ、その性行動はその人の性的アイデンティティと結びつくと考えられている。例えば、同性愛者という主体は、同性に対して性的欲望を感じ、同性とセックスをし、同性愛者というアイデンティティをもつことによって成り立つと考えられている。また同様に、これら三つは一致する「べき」だという観念に支えられているとも言えるだろう。この「三位一体」こそ「あるべき姿」であり、三つの関係がずれればずれるほど、自己実現できていないと考えられるのである。

しかしながらその一方で、私たちはこのような三位一体を強制しようとする権力をこそ問題にしなければならないのかもしれない。本章では、この性的欲望、性行動、性的アイデンティティの三つがずれる事例について取り上げ、このような状況にいる人々が、同性愛者との関係からも異性愛者との関係からも疎外されていく状況について吟味し、この点を「孤立」という問題と絡めながら議論してみたい。

これまで、この性的欲望、性行動、性的アイデンティティの関係については、アメリカ合衆国の社会学者らの研究によって指摘されてきた。シカゴ大学のラーマンらは、全米で性行動調査を実施した（Laumann et al. 1994）。そこで明らかとなったことは、この三つの関係はいつもセットとなって結びついているわけではなく、ときとしてずれを生じ得るということである。例えば、同性に対して性的欲望をもっていたとしても、その欲望が行動にうつされるとはかぎらず、あるいは、同性に対して性的欲望をもち同性とセックスをしたとしても、自らを同性愛者だと自認しないということが起こり得るのである。

文化人類学者のギルバート・ハートは、性的欲望と性行動が同性に向かうにもかかわらず同性愛者だと自認しない人が存在する背景には、同性愛に対するスティグマが存在するからだと主張している（ハート 二〇〇七）。彼は、性的欲望、性行動、性的アイデンティティの三位一体を取り戻すには、同性愛に対するスティグマを除去する社会的努力が必要だという。また、文化人類学の立場からＨＩＶの問題に取り組むハートは、この三位一体を取り戻すことこそが、その人のセルフ・エスティームを高め、結果としてＨＩＶの予防を積極的に行う主体となることにつながるのだとも述べている。

本章では、このハートの主張を議論の俎上に載せることを目的とする。たしかに、性的欲望、性行動、性的アイデンティティの幸福な三位一体を取り戻すことが、人と人とのつながりを健全化させることになるのかもしれない。ある者がその三位一体に基づいて自らを同性愛者として主体化させることは、他の同性愛者との人間関係を構築するうえで有用ではあるだろう。だがそれが達成されない場合、そこでどのようなことが起こっているのだろうか。

1　調査の背景

「孤立」について

ここではまず、本章で「孤立」をいかに定義するのかについて触れたい。本章が特に着目したい点は、日本において同性愛者だと自認することのないＭＳＭが、人々とのつながりのなかでいかに「孤立」するかについてである。

本書がテーマとしている「シングル」について、同性愛者の場合、「婚姻」に対立する用語として扱うことは難しい。なぜならシングルという用語自体が、異性間の婚姻関係を前提としているからである。そもそも日本国憲法第二四条一項は「婚姻は、両性の合意のみに基いて成立し、夫婦が同等の権利を有することを基本として、相互の協力により、維持されなければならない」と規定している。日本国憲法における婚姻の定義では、同性間では婚姻関係を結ぶことができない。したがってこのような意味で捉える場合、すべての同性愛者はシングルであると言えなくもない。

しかしながら、日本において同性間で法律上の婚姻関係を結ぶことができないからといって、同性間でともに暮らすことが禁止されているわけではない。同性愛者のなかには、同性間で長期にわたるパートナーシップを築く者もいる（釜野 二〇〇八、二〇〇九；Levine 2008）。日本の同性愛の文脈で考える場合、以上のようなパートナーシップを築くことなくひとりでいることをシングルと名指すことも可能であろう。

だが本章では、シングルといっても同性間でのパートナーシップがあるか否かという狭い文脈ではなく、より広い文脈において、同性愛者のつながりのなかで孤立する人々に着目していく。彼らの性的欲望、性行動、性的アイデンティティの間にどのようなずれが生じているのだろうか、そのずれがどのように孤立を導いているのだろうか。

調査方法

筆者は一九九八年から二〇〇六年まで、関東地方を中心にＭＳＭの語りや性行動に関するフィールドワークを実施してきた。本章では特に、二〇〇三年から二〇〇四年までの二年間に行われたフールドワークのデータを使用し分析している。本章に登場する人物は、すべて関東地方に在住するＭＳＭで、インタビュー当時の年齢が二〇歳代前半から三〇歳代前半までであった。また筆者は、本章に登場する人々とフィールドワークを通して出会い、その際、インタビュー協力者の紹介も頼んだ。したがって、インタビュー協力者の選定方法としては機縁法を用いていることになる。本章において彼らの名前はすべて仮名とし、彼らの属性の概要については表１に示した。

出会いの場

ここでは、日本においてＭＳＭがいかにして他のＭＳＭと出会っているのか、そしてその出会いの場が時代とともにどのように変容してきたのかを概観する。

表1

名前	年齢	性自認	職業	居住形態	インタビュー日	インタビュー場所
A	20代前	ゲイ	学生	1人暮らし	2003年1月	ファミリーレストラン
B	30代前	バイ	フリーター	1人暮らし	2004年1月	調査者の自宅
C	20代前	バイ	学生	親と同居	2004年10月	ファミリーレストラン
D	20代前	バイ	学生	1人暮らし	2004年10月	調査者の自宅
E	30代前	ゲイ	公務員	親と同居	2004年12月	カフェ

表2

名前	他の「MSM」との出会いの場	パートナー	ゲイの友人	異性愛者へのカミングアウト	HIV
A	掲示板、野外「ハッテン場」	過去あり	数人	女友達	–
B	伝言ダイアル、掲示板、野外「ハッテン場」、ゲイバー	過去あり	多い	両親、会社の人	–
C	ゲイ雑誌の文通、掲示板、屋内＆野外「ハッテン場」	なし	なし	女友達	–
D	掲示板	なし	数人	誰にもしていない	不明
E	（まれに）ゲイバー、掲示板、屋内「ハッテン場」	過去あり	多い	母、会社の人、女友達	–

（1）ゲイ雑誌

日本におけるゲイ雑誌の誕生についての詳細な言及は別稿に譲ることとするが（Shingae 2002）、いわゆる同性愛に特化した雑誌が発行されるようになった一九七〇年代以降に着目したい。

一九七一年に『薔薇族』（第二書房）というゲイ雑誌が発刊されて以来、『ＡＤＯＮ』（砦出版）、『ＳＡＭＳＯＮ』（海鳴館）、『さぶ』（サン出版）、『Ｂａｄｉ』（テラ出版）、『Ｇ－ｍｅｎ』（ジープロジェクト）、『ファビュラス』（テラ出版）、『クィアジャパン』（勁草出版）などの雑誌が出版されている。これらの雑誌は、「同性愛者」の中でもそれぞれ異なった読者層が想定されており、例えば『ＳＡＭＳＯＮ』では太目の男性や中高年層の男性を、『さぶ』や『Ｇ－ｍｅｎ』では「がっちり」「マッチョ系」の男性を読者ターゲットとしている。また日本のゲイ雑誌は、性的なものに特化する傾向が強いとしばしば言われているが（McLelland 2000: 124）、その一方、同性愛者の政治問題や人権について特化して取り上げた『ＡＤＯＮ』や、アカデミズムを意識した『クィアジャ

写真１ 『Badi』2013年７月号

写真２ 『G-men』71号

パン』、ファッションに特化した『ファビュラス』なども存在していた。だが、その多くは現在廃刊となっており、二〇一三年現在では、『Ｂａｄｉ』や『Ｇ－ｍｅｎ』など数誌を残すのみとなっている。

出会いのツールとしてゲイ雑誌が重要な役割を果たしたのは、「通信欄」のコーナーがあったからである。出会いをもとめる男性が、居住地、身長、体重、年齢や好みのタイプなどの情報を送れば、文通希望者として雑誌に掲載され、それを見て文通を希望する読者との仲介を出版社が行う。このようなゲイ雑誌を媒体とした文通は、インターネットが広く普及する以前の一九九〇年代後半までさかんに行われ、同性愛者の交流のためのツールとして重要な機能を果たしていた。

（２）伝言ダイアル

ＭＳＭが利用している伝言ダイアルは、ＮＴＴの伝言ダイアルサービスで、通常の通話料金に伝言ダイアルサービス利用料が加算される。メッセージを録音する場合もそのメッセージを聞く場合にも暗証番号が必要となるが、その暗証番号はＭＳＭのあいだでのみ共有されている。暗証番号は、ＭＳＭからの口コミやトイレなどに書かれている落書きなどで知ることができた。この伝言ダイアルサービスも、インターネットが広く普及するまで利用されていたが、二〇〇〇年代以降はほとんど利用されなくなった。

（３）インターネットの出会い系掲示板

一九九五年の Windows'95 の登場以降、インターネットの爆発的普及にともない、ＭＳＭの出会いの場も大きく変容していくこととなった。本章でインタビューをおこなった二〇〇二年から二〇〇三年は、インターネット、パソコン、携帯電話が社会の中に急速に普及し始めた時代である[2]。

インターネットの出会い系掲示板は、伝言ダイアルに代わって一九九〇年代末から新たに登場したＭＳＭのための出会いのツールとなった。日本のＭＳＭが多く利用している全国版の出会い系サイト掲示板は主に三〜五種類ほどあるがすべて無料であり、地域によって人気のある掲示板は異なる。例えば九州や沖縄などでは、その地方のみで使用されている掲示板がある。掲示板では、自分の身長、体重、年齢、外見（髪型、体系等）、友達募集かセックス相手募集かなどの書き込みを行い、相手とメールのやり取りをしながら実際に出会うというかたちをとる。出会うまでの過程において、互いの顔や身体の写真交換を行う場合もある。

（4）ゲイバー

出会いの場として最も古くからあるものの一つが、ゲイバーである[3]。一九九八年三月の時点で、新宿二丁目二六三軒、上野四六軒、浅草二七軒、新橋一五軒、横浜二九軒のゲイバーが、ゲイ雑誌『Ｂａｄｉ』の「男のイエローページ」の中に記載されている[4]。これらの地域以外にも、小さなゲイバーが地方に点在しており、本調査の協力者には東京にわざわざ出向くことなく、彼らの住んでいる町のゲイバーを出入りしている人もいた。バーによっては、花見や海水浴、クリスマス会など季節のイベントを行っている[5]。知り合ったもの同士がセックスにいたる場合ももちろんあるが、次に述べる「ハッテン場」とは異なり、ゲイバーはあくまでもセックスを直接的な目的としない出会いの場である。調査協力者のＢやＥもゲイバーを利用することはあったが、セックスの相手を見つけるというより、恋人や友達を見つけるために利用することが多いと言う。彼らはセックスの相手を探す場合には、インターネットを使用すると言っていた。

（5）ハッテン場

「ハッテン場」とは、男性同士がセックスの相手を探すために利用する場所のことである。形態としては、①サウナ型、マンション型、ビデオボックス型、（ＭＳＭが多く集まる一般）銭湯などの屋内ハッテン場と、②夜の公園、駅のトイレなどの屋外ハッテン場という、二つのパターンに大きく分かれる。とりわけ屋内ハッテン場では、その施設内にセックスを行えるスペースがある。ハッテン場とは主に男性同士がセックスを行う場所であるが、必ずしもセックスをするためだけの施設というわけではない。なかには、カラオケやバーカウンターが併設されているところもある。屋内ハッテン場は一五〇〇円から二〇〇〇円前後で入場可能なところが多く、現在、東京都内だけでも約七〇軒近く存在している。屋内ハッテン場は、とりわけ一九八〇年代後半から急速に店舗を拡大し始めている。

ここまで、調査協力者が他のＭＳＭと出会った場所がどのようなものかをまとめた。時代とともに出会いのための媒体や空間も変わってきており、とりわけインターネットの普及は、ＭＳＭの出会いの形式を大きく変容させてきたと言える。

本章が取り扱う、性的欲望、性行動、性的アイデンティティの三者の関係について分析する場合、出会いの違いが人間関係の形成にどのように違いをもたらしているか、明らかにすることに意味がある。その点にも着目しながら、以下の分析を行っていく。

2　性的欲望・性行動・性的アイデンティティ

性的欲望、性行動、性的アイデンティティの三者が必ずしも一致しないという点については先ほど述べたが、「ＭＳＭ」に関しては、以下の七つのパターンが存在するものと考えられる（図1）。

図1の例で見ると、③の場合が性的欲望、性行動、性的アイデンティティが一致した三位一体のパターンである。一方、①のように、性的欲望は男性に向かうが実際に男性とはセックスを行わないパターンや、②のように、性的欲望は男性に向かいセックスも男性と行うが同性愛者とは自認しないパターンが、最もよく見られる三者のずれの例であると言える。

また⑦のように、性的欲望は男性に向かい性的アイデンティティも同性愛者であるが、男性とセックスを行っていない場合もある。このような例は、いまだに行動にはうつせない思春期の同性愛者に見られる現象であるかもしれない。ただし、④のように、男性とセックスを行うが、性的欲望は女性に向かい異性愛者だと自認する例や、⑤のように、セックスは男性と行い同性愛者と自認するが性的欲望が女性に向かうという例は、非常にまれなケースであると言えるだろう。④の場合だと、異性愛者でありながら男性同性間の性行為を強制されているレイプや売買春の例などが想定できるかもしれない。

　ところが図1では、性的欲望、性行動が両性に向かう場合が十分に考慮できない。この点に関しては、以下の事例に基づき随時言及していくこととしたい。

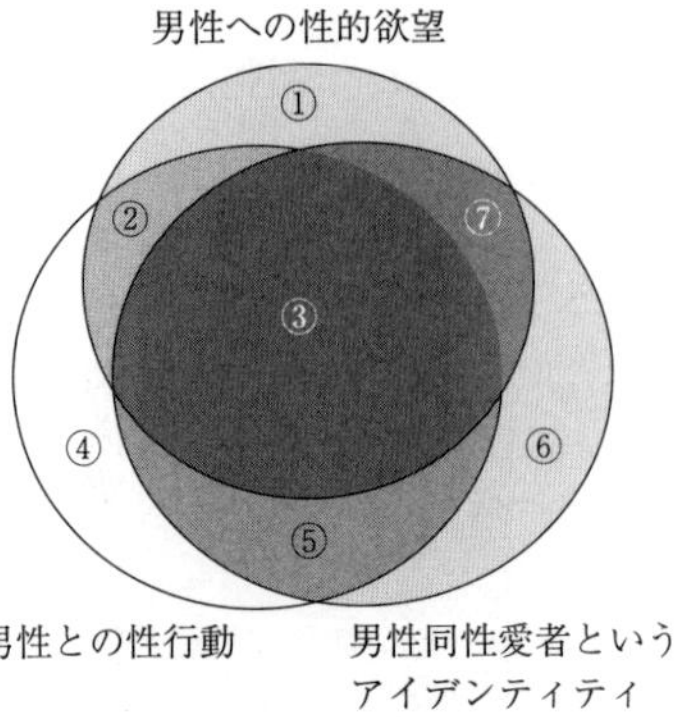

図1　男性への性的欲望

①性的欲望のみ男性に向かう。セックスを男性と行ったことはなく、性的アイデンティティも「異性愛者」。
②性的欲望は男性に向かい、セックスは男性と行う。しかし、性的アイデンティティは「異性愛者」。
③性的欲望は男性に向かい、セックスは男性と行い、性的アイデンティティは「同性愛者」。
④セックスのみ男性と行う。性的欲望は必ずしも男性には向かず、性的アイデンティティも「異性愛者」。
⑤セックスは男性と行い、性的アイデンティティは「同性愛者」。性的欲望は女性に向く。
⑥性的アイデンティティのみ「同性愛者」。性的欲望は男性には向かず、セックスも男性とは行わない。
⑦性的欲望は男性に向かい、性的アイデンティティは「同性愛者」。男性との性経験なし。

3　三位一体の事例

三位一体のEの場合

はじめに、図1における③の三位一体にあてはまるEの事例について見てみよう。Eは三〇歳代前半のゲイである。インタビューを行う数年前まで旅行会社に勤めていたが、その後、公務員となった。

Eは高校生の時までは、女性と三年間付き合っていた。当時は、「この子と結婚することになるのかな」とぼんやり思っていた。その女性には「本当に恋をしていた」と言う。また、肉体関係をもったのは、この女性が最初だった。しかし同時に、男性も気になっていた。その当時Eは、「ゲイ」という言葉すら知らなかったと言う。Eが男性と最初に性経験をもったのは、一八歳のときだった。駅のトイレに行ったとき、そこが同性愛の人たちが集まる場所だということを知り、二回目以降は男性と性行為をするという目的でそのトイレに行った。

高校を卒業してから付き合っていた彼女と離れ離れになり、その後、同性愛に関する情報を入手するようになった。Eは本屋でゲイ雑誌の存在を知って、すぐに新宿二丁目に行ったという。「ゲイ雑誌と出会っていなかったら、ゲイの世界には入らなかったかもしれない」。ゲイ雑誌を読んで、「女の子との付き合いじゃ足りない」と、Eははっきり認識した。その後、「女の子に恋愛感情を抱くことは、もうなかった」と言う。

Eは一八歳から二〇代の後半までは、ハッテン場に遊びに行ったり、複数の男性と同時に付き合ったりということを繰り返していた。新宿二丁目にもよく遊びに行き、いつも誰かにおごってもらっていた。「今考えるとどうしようもない時代だったが、そのときはそれで満たされていた」と言う。でも、セックスだけの関係にもだんだんむなしくなり、インタビューを行った当時、Eは彼氏がほしいと言っていた。

このように、Eは高校時代に女性と交際したこともあるが、自分をバイセクシュアルではなくゲイだと自認しており、一八歳以降は男性としか性行為を行っていない。つまり、性的欲望が男性に向かい、セックスも男性と行い、ゲイを自認している三位一体の事例であると言える。

では、Eは他者とどのような人間関係を築いているのだろうか。Eは自分がゲイだということを、一部の人たちにカミングアウトしている。その相手とは、女性の友達と母親（両親は、Eが中学生の時に離婚している）、あるいは会社で働いている年輩の女性である。カミングアウトの相手は主に女性であり、異性愛者の男性にカミングアウトしたことはなかった。

一方、Eは異性愛者よりもゲイの友達と一緒にいることのほうが多かった。特に五人のゲイ仲間とは一緒に飲みに行ったり、旅行をしたりしていた。老後はみんなで一緒に住みたいという話をしたこともあった。この五人は、特定の相手とは付き合っていない、いわゆる「シングルのゲイ」である。この五人といつも一緒にいるのは、自分のことを気兼ねなく話せるからだとEは言う。「やっぱり自分のことをゲイだと自覚すると、（ゲイに対する）社会的認知は低いし、そういう（ゲイの）友達がいることは自分にとって支えになると思う」。「ノンケ」の友達と一緒にいると、自分がカミングアウトできないことがストレスになることも多く、仮面をかぶっている自分を嫌い、本当の自分でありたいという欲求が強い。したがってEにとって、ゲイの友達と一緒にいるということは、ありのままの自分をさらけ出せるということを意味するのである。

Eのように、ゲイを自認し、ゲイ同士での人間関係を構築していく例は、筆者のフィールドワークを通してよく見られた。だが逆に言うと、「異性愛者」に本当の自分がさらけ出せない分、ゲイ同士で固まるという側面が往々にしてある。Eがゲイの友人同士でいることが楽だという裏には、同性愛者に対するスティグマをコントロールできることを意味している。

バイセクシュアルのBの場合

Eと似た例として、Bについても触れてみたい。Bは性的欲望が男性に向かいセックスも男性と行うのだが、Eとは異なり自分のことを「バイセクシュアル」だと認識している。インタビュー当時、Bは比較的最近まで女性とも付き合っていたと話していた。Bは、その前年の夏、会社の女性の同僚と二人で花火大会に行き性関係をもった。このように、Bは女性ともセックスを行うことはあったが、「やっぱり自分は、女より男が好きだ」と言っていた。

Bが最初に男性とセックスを行ったのは、野外ハッテン場である。Bの住む地域にもいくつかあり、そのうちの一つである夜の公園で出会った男性とアナル・セックスを行った。二二歳のときだった。その後、Bは仕事を転々としていたが、仕事がないときには「ウリ専」を行ったこともあった。ウリ専とは、いわゆる売春である。約二ヶ月間働いて、二時間コースのときは一七〇〇〇円のうちの一〇〇〇〇円を、宿泊コースのときは二九〇〇〇円のうちの二〇〇〇〇円を収入として得ていた。Bが働いていたウリ専の店では、Bが当時売上トップだった。二ヶ月で辞めようと思ったのは、客層に年輩の人が多く、仕事をするのが辛かったからである。ウリ専のほかには異性愛者向けのテレクラの事務もやったことがあり、そこで知り合った男性としばらく付き合ったりもした。

Bが仕事以外で男性とセックスを行う場合は、インターネットを利用していた。自分の家から約半径五〇キロの範囲内で、いろいろな男性と知り合い性関係を持っていた。インターネットで知り合う人とは一回限りの場合が多く、そこから友達や恋人関係に発展することはあまりなかった。

一方、性的関係によらないゲイの友人は多い。Bは、近所のゲイバーにもよく出入りをしており、ゲイバーで行われる花見や大晦日のカウントダウン行事にも参加していた。また、「ゲイ」の友人のつてをたどって、ゲイのお見合いパーティや合コンにもよく参加していた。それらのイベントは、参加者が自分の友人を連れてくるという形式が多く、Bはそのようなグループにいくつか参加していた。なかには、男性の代議士、医者、モデルなどの合コンもあり、そこで知り合った男性と付き合うこともあった。

ここまで見てきたEやBの事例を見ると、三位一体の事例では自らをゲイあるいはバイセクシュアルだと自認することで、いわゆるゲイ・ライフを楽しんでいるように見える。EやBの場合もゲイ同士の交際範囲が広く、友人の友人を通して新たな人間関係を構築している。だがその一方で、ゲイ同士で固定した人間関係を築き、「異性愛者」との関係が希薄になる状況も垣間見られる。もちろん、異性愛者の知り合いや友人がいる場合もある。だが、「異性愛者」は女性の友達である場合も多く、カミングアウトを行う場合にもその相手が女性の場合が多い。以上のように、良きにつけ悪しきにつけ、ゲイ同士の人間関係が濃く、逆に言えば異性愛者に対して排他的であるとも言える。しかしそれは、異性愛者が同性愛者をスティグマ化し排除しようとすることの裏返しでもあるのである。

4　主体の位置をめぐる葛藤

恋人のいないAの場合

以上のような三位一体の例においても、必ずしもゲイの友人関係が広いものばかりではない。次に、Aの例を見てみよう。Aは二〇歳代前半の学生で、性的欲望は男性、セックスも男性とのみ行い、ゲイを自認している。

Aは、自分が男性に性的に惹かれることに薄々気がついていたが、それをはっきりと認識したのは大学生になってからである。大学二年の夏、大学の図書館のトイレにゲイ雑誌を販売する一般書店の名前が落書きされているのを見つけた。それを見てそこの本屋に行き、ゲイ雑誌の存在をはじめて知った。最初に行ったときには人が多くて買えなかったが、次回、人がいないことを見はからって買った。ゲイ雑誌は、マスターベーションの道具として利用していた。

同じ年の秋に、はじめてインターネットの掲示板で出会った男性とセックスを経験した。その相手とは、結局その一回きりであった。同じ年の冬に、Aははじめてひとりで新宿二丁目に行き、屋内ハッテン場に行き、そこで男性と性関係をもった。その後、しばらくその男性とメールのやり取りを続けたが、しばらくしてメールが途絶えてしまった。それからというもの、Aは新宿二丁目に行くことは全くなくなり、男性とセックスを行うときには主にインターネットの出会い系掲示板を通して相手を探すようになった。しかし、それも三ヶ月に一回くらいの頻度で、「どうしようもなく性欲に駆られる」ときのみだったと言う。

その後、インターネットやゲイバーなどで知り合った数人の男性とメールのやり取りなどをしたが、どれも長くは続かなかった。大学四年のときに男性と付き合うこととなり、三ヶ月半同棲もしたが、その後別れることとなった。

A自身は、インターネットなどを通して他の男性と出会うことに対して、「良くないこと」だと言う。一つは、HIVなどの病気が怖いから、もう一つは、特定の恋人との付き合いをしたいからである。Aにインタビューを行った時、彼は将来に対して悲観していた。HIVなどの病気にならないだろうかと気をもむ一方、「死んだら死んだでいいかもしれない」とも言っていた。なぜなら、「自分のことがあんまり好きじゃないし、結婚して子供を生むというような人並みな幸せは得られないんじゃないかと思うから」だ。Aは自らのことをゲイだとはっきり認識しているが、将来「ゲイ」として生きていくとしても「人並みな幸せは得られない」と言い、ゲイとして生きていくことを悲観している。彼は大学を卒業したのち、公務員の職を得た。しかし仕事を得たとしても、ゲイとして生きていくことの希望をもてないでいるのである。

またこのインタビューを行った時、Aは後輩の女性から付き合いたいと告白されていた。しかし、彼女のことは精神的には好きでも、セックスはできないと言う。彼女を騙して結婚もできないとも言っていた。Aは、その彼女に自分が「ゲイ」だということをカミングアウトしたほうがいいかどうか迷っていた。「彼女を騙して結婚する」という発言からも分かるように、Aにとって結婚するということは、自分を異性愛者と見せかけて相手を「騙す」ことであり、逆に言うならば、偽りのない「本当の自分」とは、性的欲望、性行動、性的アイデンティティが一致した同性愛者の自分だということになる。

Aの場合、性的欲望、性行動、性的アイデンティティの三つが一致していたとしても、自らの主体性を社会のどこに位置付ければよいのか分からず悩んでいる例として見ることができるだろう。同性愛者とのつながりにも「異性愛者」とのつながりにも、自らを確固として位置づけることができず、他者との親密な関係を築くことに苦慮しているようだ。だがAの場合、特定の親密な同性の相手を見つけることによって、そこに自らの主体性を位置づけることができるのかもしれない。しかしこのインタビューの当時、そのような特定の恋人はAにはいなかった。

「ゲイ」になりきれないCの場合

さらに、三位一体の例からずれ孤立した状況に置かれているCの事例について見てみよう。Cは二〇歳代前半の学生で、自分のことをゲイではなくバイセクシュアルだと認識している。彼は、いずれは女性と結婚したいと話している。結婚し子供をもうけ普通の生活を送るということは、Cにとって達成しなければならない目標であった。もし結婚できなければ、社会の目があるし、自分の自尊心も傷つけられるとCは言う。「自分は失敗をもっとも恐れる」。例えばCは、子供の時から勉強でも部活動でも失敗することを恐れた。失敗しないように、いろいろなことに対し必死に努力した。

結婚についても同様である。Cは結婚も、自分の努力によって達成可能なものだと考えているのである。だが逆に、そのプレッシャーがCをうつ病に追い込んだ。インタビュー当時、彼はうつ病の治療を受けていた。

Cはゲイの友人については、必要ないと語っていた。ゲイとの出会いの場としては、ハッテン場の公園や出会い系サイトを利用することが多かった。出会い系サイトの相手とメールのやり取りをし、セックスをするときのみ相手の家に行く。Cの場合、ゲイとはセックスのみの関係を築いていた。本気で好きになる男性がいれば付き合うことがあるのかもしれないとは言うが、Cにとっての恋愛は、男女間のもののみが想定されている。つまり、Cにとって男同士の恋愛とは「偽物」なのである。

Cは自分が同性に性的に惹かれるということを、五歳くらいのときに気づいていた。生まれつき、同性愛者だったと思うと言う。初恋は高校のときで、サッカー部の人だった。一六歳のときに、地元の本屋ではじめてゲイ雑誌を見つけ実際に手にした。かなりの衝撃を受けたが、その後、ゲイ雑誌を毎月買うようになる。その雑誌の文通欄を通して、何回かゲイと知り合った。男性との初体験も、文通で知り合った人が相手だった。しかし、誰かと長期にわたり付き合うようなことはなかった。

Cには、特に仲良くしているゲイの友達はいない。「自分はゲイの友達はほしくないし、ゲイ同士の濃密な関係はいらない。男との恋愛関係はいらないし、ありえない。結局は体だけの関係になってしまい、このことは典型的な男の考え方だと思う」。このようにCは、「典型的な男の考え方」として、「体だけの関係」と『恋愛関係」を二つに分ける。そのうえで、「体だけの関係」は男性に、「恋愛関係」は女性に求めることにより、「男」としてのジェンダー規範を保持しようとするのである。

Cはわずかな女性の友人以外、自分のセクシュアリティについて誰にも明かしていない。なぜかと聞くと、「言ってもメリットがないから」だと言う。Cは、異性愛者の友達も同性愛者の友達もわずかしかおらず、孤立していた。ゲイの友達もいないのは、「自分の性格が悪いのが原因かもしれない」と語っている。自分の主体性をバイセクシュアルだと位置づけることによって、今は男とセックスをするが、いずれは女性と結婚するというライフストーリーを思い描くCだが、うつ病になったという語りからも分かるように、「本当の自分」とのずれをどうすることもできないのである。

Cの語りで特徴的なのは、「自分は精神的にとても弱い」という語りである。だから精神的に強い人を尊敬してしまう。自分の精神的な弱さが、（アナル）セックスの時の受身――ペニスを挿入される側――に表れているのかもしれないと語る。Cが今まで生きてきたなかで一番辛かったことは、いじめにあったことだった。中学・高校のときはまわりからからかわれたりした。だから、からかわれないようにしようといつも心がけていた。からかわれるのは、自分が精神的に弱いからだと思うと言う。自分は子供の時から負けず嫌いで、競争意識が特に勉強面に対して強くあった。でも、そういうことばかりしているとたまに疲れてきて、こういうことばっかりやっていて意味があるのかと思うときがあった。

ではCは、自らの主体性を社会の中でどのように位置づけているのだろうか。興味深かったのは、学歴に対する彼の語りである。Cは、大学に合格したことが自分の人生で一番うれしかったことだと語っている。所属大学が他の大学と比較しても一番いいということを強調する彼の主体性の位置は、大学にあったと言える。同様に、日本という国家への強い帰属意識も有していた。話の中では韓国や中国に対する差別的な発言を行い、インターネットの掲示板「2ちゃんねる」の書き込みについてもよく話をしていた。Cはゲイとしてではなく、（他の国に優越する、と彼が考える）日本人であり、大学生であるというところに自らの主体性を位置づけていたと言える。

「ゲイ」をおそれるDの場合

さて、本章最後の事例としてDについてもふれてみたい。Dも二〇歳代前半の大学生で、性的欲望は男性、性行為は男性とのみ行うが、自らをバイセクシュアルだと位置づける、三位一体からずれるケースである。

最初に同性に目が向くようになったのは、Dが中学生の時だった。だが当時、はっきりと自分が同性愛者だと自認していたわけではない。やがて同性に目が向く自分を徐々に受け入れていくが、そのことについて悩んだりしたことはなかった。大学生になってから、男性とセックスを行った。「男同士のほうが手っ取り早いし、性的に興奮するのも男」だと言う。DもCと同様、いずれ自分は結婚するということを強調する。女性とは、「気持ちもあって、人間的に尊敬できる人とだったら付き合うことができる」と言い、女性との恋愛のほうが「本当の恋愛」のように思うと語る。

一方、男性のゲイとはセックス目的で出会うことが多いが、「男として、そういう本能があるのは仕方がないこと」だと言う。男性と付き合おうとする場合、「まじめな関係が基本で、そこに外見と内面の両方が彼氏としての条件として必要」だが、「男はお互いに性欲が強いから精神面では付き合えないし、現実には難しいと思う」。Dに言わせれば、男同士で付き合ったとしてもいずれどちらかが浮気をするのは必然で、お互いに絶対浮気をしないということを条件として付き合うことは不可能なのだ。

CもDも、体だけの関係という「男の典型的な考え方」を受け入れることで男性同士で付き合うことを断念しており、その一方、いずれ自分は女性と精神的にも肉体的にも結ばれ、結婚し子どもを生み育てるという「普通の生き方」を受け入れようとしていた。

Dが最初に男性と性関係をもったのは、大学に入ってからである。相手は別の学部の同級生で、「なんとなくこの人はゲイだろうと思っていた」人、つまり異性愛者の男性のような「男らしい」タイプではなかった。彼とはあるサークルの新入生歓迎会で知り合い、その後二人で会って性関係をもったが、それ以後会うことはなかった（二人とも、そのサークルには結局入らなかった）。

D自身、インターネットのゲイ向け出会い系サイトの存在を知ったのは、高校に入ってからだった。しかし大学入学後にはじめて、携帯電話の出会い系掲示板を通して男性と会うようになった。ゲイ雑誌は、ほとんど読んだことがない。インターネットの掲示板では、大学生以外の人を探した。なぜなら、「大学で会ったりしたら気まずいし、その人が自分の知り合いとどうつながっているかも分からないから」である。

Dは、自分のセクシュアリティを知られることを極端に恐れている。例えば、大学にあるセクシュアル・マイノリティのサークルなどにも絶対に参加しない。なぜなら、サークルのメンバーは「（見た目にも性格的にも）ビミョウな人が多い」し、「開き直ってカミングアウトしている」ような人とは付き合えないからだと言う。Dは自分のセクシュアリティについて、誰にもカミングアウトしていなかった。「自分には普通の友達がいるから、（カミングアウトしているような）ゲイの友達はいらない」と言う。とはいえ、ゲイの友人がまったくいないわけではない。実際に会って、その後、メールのやり取りをしているゲイは何人かいた。その友人もDと同様に、自分のセクシュアリティを隠している人たちで、一緒に食事をしたりすることはあるが、セックスを行うことはない。

また、異性愛者の友達もいる。Dは男女混合の体育会系のサークルに所属しており、そのサークルの友人はいる。それらの男女の友人との距離の取り方も、ゲイに対する距離の取り方と同じだと言う。なかには親友と呼べるような友達もいるが、その友達にもカミングアウトはしていない。Dの異性愛者の友達は誰も異性と付き合ってはおらず、友人のあいだで恋愛や性の話はまったくしないので、話が深まらないと言う。彼自身は、自分のセクシュアリティについて悩みもないし、男性も女性も両方を好きになれるということは得だとさえ語るのだが、その一方で、自分のセクシュアリティが周りに知られることを極端に恐れている。以前、インターネットの掲示板にDの個人情報が書き込まれたことがあるらしく、それが原因で病院にカウンセリングに行ったことがある。

このように、Dはバイセクシュアルとしていずれは女性と結婚し、子供もほしいと思っている。結婚後も、男性との関係を断つことは難しいだろうとも言うが、ひとりっ子で、家族や親せきの期待も大きく、自分の遺伝子をこの世に残したいとも考えている。インタビューの端々にゲイに対する排他的、差別的な言動が垣間見られるが、それは、Dの主体的位置、つまり自分はゲイとは違うという自負の表れでもある。


本章で取り上げた五人のMSMの事例を見ると、いくつかの共通点と差異を見出すことができる。まず共通点としてあげられることは、何らかの媒体との出会いをきっかけとして自らのセクシュアリティに気づき、その欲望を行動へと移していくことである。その媒体とは、ゲイ雑誌やインターネットの出会い系掲示板などである。

だが、自らの欲望を解釈し行動に移した後、自分をどのように意味づけ、自らの主体性を社会のどのような場所に位置づけようとするのかという点で五人はそれぞれ違っている。本章に登場するMSMたちは、性的欲望が男性に向かうことを感じとったうえで、実際に男性と性行為を行う。だがその後、「自分が何者なのか」については、大きく異なった解釈をしていることが分かるだろう。では、なぜそのような解釈のずれが生じるのであろうか。

はじめに述べたように、同性愛に対するスティグマの強さが、性的欲望、性行動、性的アイデンティティの三位一体のずれを生じさせたのだというハートの指摘は、最も理にかなった説明だと言えるかもしれない。つまり、同性愛に対する社会の差別や偏見の感情が、同性愛者やゲイという自認を阻害していると考えるのである。

しかしながら本章でいくつか明らかとなったのは、性的アイデンティティをゲイやバイセクシュアルであると自認するという問題と、自らの主体性を社会のどこに位置づけるのかという問題との間には、若干のずれがあるように思われるということである。人はいつも、自らの性的アイデンティティ「のみ」に基づき自らを社会の中に位置づけているわけではない。つまり、男や女、異性愛者や同性愛者というアイデンティティのみにしがみついて生きているわけではないということである。

例えばCの事例に最もはっきりと表れているが、Cは、自らを「バイセクシュアル」だと言い、いずれ女性と結婚することを考えている。だが、Cにとって「バイセクシュアル」だという性的アイデンティティは、あまり重要ではない。彼はむしろ、良い大学の大学生であるということ、あるいは外国人差別を通して日本人であることを確認することで、自らを社会の中に位置づけようとしている。ここで問題としなければならないのは、性的アイデンティティと主体の位置との関係である。性的欲望、性行動、性的アイデンティティの間のずれが生じることと主体の社会における位置との間に、何らかの関連性があるとするのであれば、それがどのようなものなのかを分析する必要が今後あるだろう。Cは性的欲望、性行動、性的アイデンティティの間の不安定さを、別のもの――例えば、ナショナリティや階級など――によって解消しようとしているのではないのだろうか。

一方Dの場合、ゲイではない、というところに自らの主体性を認めようとしている。彼も自分はバイセクシュアルであり、いずれ女性と結婚すると言う。そこに、暗にゲイとの差異化を行おうとしていることが見て取れる。あるいはゲイに対する差別的な発言もみられるDは、同性愛嫌悪の感情をもっているとも言える。だからこそ、自分が他の男性と性関係をもっているかもしれないとインターネットの掲示板でうわさされれば、ひどく動揺する。Dの場合、ゲイを批判することで距離をとりゲイではない自分を確認することによって、自分を社会の中に位置づけようとしていると言える。

ここで再度、結婚制度との関係についても見てみたい。CもDも、バイセクシュアルだと自認しながら、いずれ女性と結婚すると言う。同性に性的欲望を感じ同性とセックスをする彼らは、女性と結婚することによって、社会のどこに自らの主体性を位置づけるのであろうか。

一般的に、結婚するということは、一人前の社会人として認められることであった。そして、家庭を築き子供を生み育てることは、社会に承認され明確な位置を与えられることでもある。CもDも、結婚によって自らの主体性を社会に位置づけようとしている。そして、結婚が国家によって保証されるものである以上、このことが、CとDの国家に対する感情と、どのように結びついているのかまでは本章の分析のみから明らかとはならないものの、何らかの関係があるとの予測はつくだろう。一方Aの場合、結婚するか、それともゲイとして自らを社会の中に位置づけて生きていくか、先の見通しが立たない状況にいたと言える。Aは、ゲイとして生きるか、それとも異性愛者というアイデンティティを纏って生きていくのかの葛藤の中にいる。

では結婚など視野にないBやEの場合について見てみよう。三位一体の事例である彼らは、CやDとは異なり、ゲイという性的アイデンティティにしがみつくことで、既存の社会にはなかった人間関係の構築に向かっている。しかしながら本章でも指摘したように、ゲイ同士の人間関係に固着することで、逆にゲイ以外の人々への排他性を生み出してしまうおそれもある。ゲイ同士の強いつながりの構築が閉鎖性につながりかねないのである。

「孤立」か「つながり」かという問題から見ると、性的欲望・性行動・性的アイデンティティのずれが顕著な場合のほうが、孤立する状況に置かれやすいということが分かるだろう。また、Dのように友達がいるから孤立していないのかと言えば、必ずしもそうではない。自分のことを誰にも理解してもらえないという心の孤立が、三位一体が崩れる場合には見られた。

本章の分析は、二〇歳代から三〇歳代前半までの地方都市に在住する「MSM」五人の事例に限られているため限界もある。また今後は、とくに性的欲望・性行動・性的アイデンティティの三者がずれる場合、その人が、どのようにして自らの主体性を社会の中に位置づけようとするのかを、国家や階級などの問題と絡めながら分析する必要がある。そうすることによって、「同性愛者」の排除や包摂の問題についてより深い議論ができるようになるかもしれない。

注

（1）「ＭＳＭ」という用語は、本来、ＨＩＶ／ＡＩＤＳ研究の中で医科学研究者によって一九八〇年代後半から使用されるようになった。ＭＳＭというカテゴリーの系譜学については、Boellstorff（2011）を参照。日本においてＭＳＭというカテゴリーが使用されるようになった背景については、新ヶ江（二〇一三）を参照。本章では、性行動と性的アイデンティティの関係を分けて分析するため、あえてＭＳＭという用語を使用することとした。

（2）総務省情報通信政策局「通信利用動向調査報告書世帯編」によると、パソコン世帯普及率においては一九九六年三月時点で二二・三％だったものが、二〇〇二年には七一・七％、二〇〇三年には七八・二％と、ほぼ飽和状態に達している。また、インターネット普及率においては、一九九六年時点で三・三％だったものが、二〇〇二年には八一・四％、二〇〇三年には八八・一％と、こちらも飽和状態に達している。同様に、携帯電話・ＰＨＳの普及率についても、一九九六年時点で二四・九％だったものが、二〇〇二年には八七・六％、二〇〇三年には九四・四％となっている。

（3）日本におけるゲイバーに関する社会学的研究としては、石田（二〇〇一、二〇〇四）などを参照。

（4）『Ｂａｄｉ』（テラ出版）一九九八年三月号より。

（5）また近年では、様々なゲイ・サークルが存在する。運動系サークルとしては、バレーボール、バトミントン、テニス、サッカー、水泳などがある。これらのチームは、ゲイバーの「ママ」が客を集めてスポーツチームを作る場合もあり、特にバレーボールやテニスなどは大きな大会が開催されている。これらの大会ではＨＩＶ／ＡＩＤＳの予防啓発活動も同時に行われることも多く、スポンサーとして地方自治体や厚生労働省のエイズ研究班が資金援助を行ったりする場合もある（新ヶ江　二〇一三）。また一九八〇年末から、大学ではゲイ・サークルも誕生している。大学生の中には、このようなサークルに参加し他のＭＳＭと出会う場合も見られるようになった。

参考文献

石田仁　二〇〇一　「ホモバーに従事する若者たち」、矢島正見・耳塚寛明編『変わる若者と職業世界』一六七―一八一頁、学文社。

――――　二〇〇四　「ジェンダーとセクシュアリティの真空圏――新宿二丁目ホモバーにおける商的相互行為実践」『紀要社会科学』一四巻：八一―九八。

釜野さおり　二〇〇八　「レズビアン家族とゲイ家族から『従来の家族』を問う可能性を探る」『家族社会学研究』二〇巻六号：一六―二七。
――　二〇〇九　「日本における家族研究――クィア・スタディーズの視点からのサーベイ」『家族社会学研究』二一巻二号：一八八―一九四。
新ヶ江章友　二〇一三　『日本の「ゲイ」とエイズ――コミュニティ・国家・アイデンティティ』青弓社。
ハート、ギルバート　二〇〇八　「男性同性愛者、男性性、エイズ――HIV予防のための文化的教訓」新ヶ江章友訳、新ヶ江章友・棚橋訓編『ワークショップ&国際シンポジウム「男性同性愛者」のセクシャリティから「男性」ジェンダーを見る――アジアにおけるHIV／AIDS問題の視点から』四七―六七頁、お茶の水女子大学二一世紀COEプログラム「ジェンダー研究のフロンティア」。
Boellstorff, Tom. 2011. “But Do Not Identify as Gay: A Proleptic Genealogy of the MSM Category.” *Cultural Anthropology* 26 (2)：287-312.
Laumann, Edward O., John H. Gagnon, Robert T. Michael and Stuart Michaels. 1994. *The Social Organization of Sexuality: Sexual Practices in the United States*. Chicago: The University of Chicago Press.
Levine, Nancy E. 2008. “Alternative Kinship, Marriage, and Reproduction.” *Annual Review of Anthropology* 37: 375-389.
McLelland, Mark J. 2001. *Male Homosexuality in Modern Japan: Cultural Myths and Social Realities*. Richmond: Curzon Press.
Shingae, Akitomo. 2002.“The Birth of Gay Magazines in Post-War Japan.” *SHARP (Society for the History of Authorship, Reading,and Publishing) NEWS* 11(2): 5-6.

パプアニューギニアのシングル単位論序説
——ワンピスの可能性／不可能性をめぐって

馬場　淨

「かつて、ナサニエルは孤独がどういうものかを知らなかった。官僚的な事務職という、厳格に管理された檻の中にぶち込まれながら、彼は孤独というものを理解し、それを生きている。とくにカミュをちょっと読んでからは、孤独感や疎外感に耐えるようになった。サルトルの小説を読んだ後、彼は永遠に自分自身に確信がもてないようになってしまったのだ。たまに、言い知れぬ信念から時間などどうでもよくなってしまうのだった。」

（Soava "*WANPIS*" 1977: 114）

1　シングル単位としてのワンピス

冒頭に掲げた文章は、パプアニューギニアの独立（一九七五年）直後に出版された小説の一部である。この物語には、首都ポートモレスビーを舞台に、高い社会経済的地位につき、都市的な生活を享受しながらも、存在への問いをちらつかせる主人公ナサニエルの日常が綴られている。物語はある老人が独立に伴う騒動のなかで亡くなるという出来事にはじまり、やがてその老人こそ、ナサニエルに上記のような実存的な目覚めのきっかけを与えた人だということが判明していく。

さて、この小説の題名である「ワンピス（*wanpis*）」とは、英語の one piece に由来するピジン語（パプアニューギニアの共通語）であり、独り者を意味する。まずもって注意を喚起しておきたいのは、この言葉には通常シングルという言葉で私たちが想定する「独身者」とは異なる意味が込められているという点である。「私／彼／彼女はワンピスだ」という表現は、婚姻状態とは関わりがなく、キョウダイやオジ・オバなど頼れる親族がいない場合や「たった一人」でいる場合に用いられる。(1) 試しに、ピジン語の辞書（岩佐 一九八八）を引くと「孤児」という日本語訳が当てられているが、それは身寄りのなさを端的に示すからなのだろう。小説の「老人」は、担ぎ込まれた病院で、身元不明の扱いを受け、引き取り手がいなかった。彼もまたワンピスなのである。ただ親族がいないという事態はむしろ非現実的なことであるから、生得的な人間関係やその相互行為とは無縁に生きる自律的な存在（のあり方）こそ、ワンピスの核心的な含意だと理解したほうがよいだろう。言い換えれば、ワンピスには、原義が肉の一片やジグソーパズルの断片を指すように、本来的に関係のなかに埋め込まれているはずの個人を一つの独立した単位とみなす発想が含まれているのである。この点は、パプアニューギニアで重視されるはずの出自・出身地が重視されていないことや登場人物たちの人間関係——生得的な関係から自由になった個人どうしが各々の生活史にもとづいて創り上げた関係——など、小説の随所でうかがうことができる。

そしてこうしたあり方の背後には、ワンピスが確固とした自己意識をもつ自律的な個人であるという前提が横たわっている。冒頭の引用が示すように、主人公はサルトルなど実存主義的文学に触れることで自己に目覚めた。そして都会の生活のなかで、ナサニエルは、自分の指の動きにさえ敏感であり、寂しさや疎外といった内面、そして人間（自分）の存在理由に随所で向き合う。つまりワンピスとは、自己という存在に対して徹底的に反省のまなざしをむける、明確な自己意識をもつ個人なのである。ここでは、自分とはいかなる者なのかという問いへの解答は、他者との関係や相互作用とは無関係である。ワンピスは、自己を、その行為によって遡及的に析出・構築されるところの自己への強烈なコミットメント——我思う、ゆえに我あり——のなかに見出すのである。

さて、個人が他者とは明確に区別された単位であり、確固とした自己意識をもち、意思や行為を一身に引き受ける（責任ある）自律的主体であるという人間観は、我々（先進国の人々）に馴染みのあるものだろう。そして日本に関していえば、こうした個人を単位に家族や社会——およびその制度設計——を考えるシングル単位論が提唱されてきた(2)（e.g. 伊田 一九九八a、一九九八b）。ワンピスは、まさにそのような個人およびシングル単位論を語るパプアニューギニアの言葉といえよう。にもかかわらず、パプアニューギニアでは、シングル単位論は不在なのである。それはなぜなのか。言葉はあっても、ワンピスにリアリティがないからだ。

実に、パプアニューギニアの伝統的人間観からすれば、ワンピスはありえない虚構といわざるをえない。後に述べていくように、パプアニューギニアの個人は、本来的関係（とくに親族関係）や他者との相互行為のなかではじめて存立するものだからだ。パプアニューギニアと近代西洋的な先進国では、人間観や個人の存在様式が異なるのである。その意味で、小説は、パプアニューギニアにおける新しい生き方や存在のあり方（存在様式）を描いたということになる。そのリアリティは、近代を象徴する都市や官僚的な職業という「設定」によってかろうじて保持されているといえる。

パプアニューギニアでシングル単位論は成立しうるのだろうか[3]。それは、ワンピスの存否にかかっている。そこで本章は、ワンピスの可能性と不可能性をそれぞれ検討していくことにしたい。ワンピスの不可能性はシングル単位論を前提から挫くが、筆者はワンピスの可能性にもできる限りこだわってみたいと思う。よって論述の流れは以下のようになる。続く2節ではパプアニューギニアの伝統的人間観からワンピスの不可能性を論じ、3節では近代的環境のなかにワンピスの可能性を見出す。最後に、この矛盾について整理・考察する（4節）。

2　ワンピスの不可能性——パプアニューギニアの伝統的人間観

本節では、我々に馴染みのある人間像——近代西洋社会が前提とする個人（individual）——がパプアニューギニアの伝統的社会では「ありえない」という点を、筆者の調査資料や人間観をめぐる先行研究を参照しながら考えてみたい。

まずパプアニューギニアで生を受けた人間は、生涯にわたって親族との生得的（ときに獲得的）な関係から自由にはなれない。具体的にいえば、彼／彼女はリネージやクランという（単系出自）集団の一員であり、広く双系的な親族との関わりのなかで生きていくからである。こうした（親族）関係への埋め込みは、個々人の生活そのものを生涯にわたって支えていく。人々がそれら諸関係を断ち切ることなく、むしろ積極的に維持しようとするのは、そのためだ。かくして、伝統的社会における個人は、本来的にジグソーパズルにはめ込まれている状態にある。そこでは、一片がジグソ

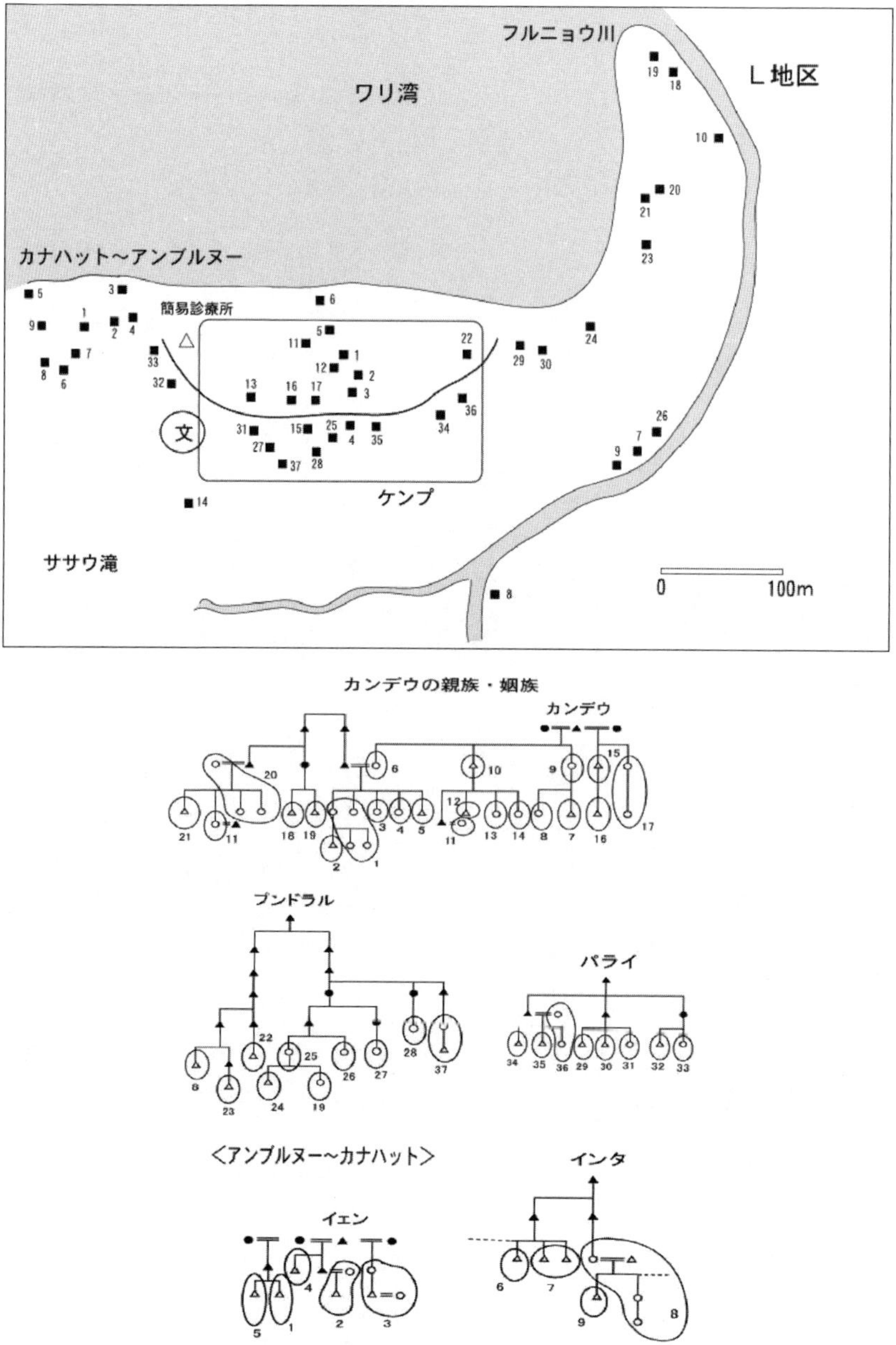

図　家屋の配置とその系譜関係（マヌス島クルティ社会のＤ地区）

ーパズルの平面を超越し、それ自体として存在するという想定はなされていない。

こうした埋め込みは、実際の生活空間に可視化される。試しに、筆者の調査地（マヌス島クルティ社会のD地区）[4]をみてみよう。図は、調査地における家屋と系譜関係を示したものである。D地区は、広大な海岸線から急峻な山岳地帯までを含むが、ほとんどの住民はワリ湾沿岸、とくにケンプと呼ばれる集住地帯に居を構えている[5]。一瞥《べつ》すれば、ケンプ内であれ、その周辺であれ、人々は親族（および姻族）とともに暮らしていることがわかるだろう。ケンプは、双系的親族が凝縮された空間といえる。ケンプの周辺では、リネージの空間的まとまりが顕著に見られる。例えば、ケンプの西側一帯に広がるアンブルヌーとその西隣のカナハットは、それぞれイェンとインタの子孫がまとまって暮らしている。

さて、人々が空間的にも、系譜的にも、他者との親密な関係のなかで生きていることはきわめて意義深い。というのも、通常の伝統的社会では、親族（や姻族）に対する「振る舞い」の作法ともいうべきものがあるからだ。再び上記のクルティ社会を例に挙げれば、キョウダイどうしは尊敬し合い、お互い助け合わねばならない。イトコは冗談関係で、かなり乱暴な振る舞いも許される。オジやオバは人生でさまざまなサポートをしてくれる貴重な存在である。姻族には最高の敬意をもって接し、要求には必ず応えなければならないという強い行為規範がある。そしてこれらの「振る舞い」は、互酬性の原理によって、個々人の人生／生活を他者との相互依存関係のなかにおく。実際、親族（や姻族）が近所に暮らす彼らの生活空間では、食べ物その他のモノ、労働の提供など、きわめて濃密な相互行為が日々繰り返されているのである。親族が個人の人生を生涯にわたって支えるといったのは、この理由による。とにかく個人は決して「孤」という状態に置かれることはない。空間的に孤立することがないのはもちろん、精神的な苦痛（孤独感）や生活上の困窮に陥ることはないのである[6]。

ここで特筆すべきは、このような世界で暮らす人間の自己定義がきわめて関係論的であるということだ。端的に言えば、「私とは何か」は、自己の内面や人格（personality）にもとづく判断でなく、彼／女の社会的属性と具体的な関係性を通じて思考され、定義されるのである。リーバーは、自己が他者との関係（例えば、女性／妻／姉妹／母／オバ／イトコといった社会的ペルソナ）の集合として捕捉されるような個のあり方を、集合的人間観（consocial personhood）と呼んでいる[7]（Lieber 1990: 72-73；レーナルト 一九九〇：二六八の図も参照）。これは、他者を排し、もっぱら自己の内面を重視する近代西洋社会の人間観とは異なる。

M・ストラザーンも、別の角度から、他者との関係や相互行為なくしては存立しえないパプアニューギニア人のあり方を論じている（Strathern 1988, 1999）。彼女によれば、パプアニューギニアの個人は、さまざまな他者[8]やモノを不可分に含む、ハイブリッドなミクロコスモスであるという（Strathern 1988: 275）。ここでは、ニューギニア高地の東部辺縁部のサンビア社会を例に[9]、紛うかたなき自己の身体が他者のモノと不即不離の関係で構成されることを確認してみよう[10]。

サンビア社会には、精液が男性の身体的成長や強さを構成するうえで欠かせないという信念（民俗生殖理論）があった。すなわち少年は、「自然に」第二次性徴を迎えることはないとされており、七歳から一〇歳あたりになると、男性小屋に組み入れられ[11]、そこでの儀礼的実践――フェラチオを通した精液の摂取――に従事しなければならなかった。少年が受け取る精液は、通常、自分とは異なるクランの年長男性のものである。また少年が乳児のとき飲んでいた母乳は、父親の精液からきたものとみなされる（夫へのフェラチオによって妻が得た精液は、彼女の出産時の「強さ」を準備するとともに、母乳そのものへと変形するからだ）。さらに、少年たちは儀礼階梯を上がるにつれ、精液に代わるもの（木の実や樹液、動物の肉脂）を摂取するようになる。なぜなら、一定の階梯（第三段階）を過ぎると、新参者に精液を与える側につかなければならないからだ。かくしてサンビア社会の個人（男性）の身体は、他者やモノによって多元的に構成されることがわかるだろう。言い換えれば、身体によって明確に他者と境界づけられているかにみえる単一で自己充足的な統合体（個人）は、その実、他者やモノを含むきわめてハイブリッドな組成をもっているのである。

ストラザーンは、こうした人間のあり方（存在様式）を、自己充足的な統一体として分割不可能な西洋近代の個人（インディヴィジュアル）と対比させて、ディヴィジュアル（分割可能な個人）と呼ぶ。以下の議論では、ここで述べた伝統的な人間のあり方を便宜的にディヴィジュアルと表記していくことにする。ここまでの議論からは、もはやワンピスという存在が「ありえない」ものであることがわかるだろう。

3　ワンピスの可能性

前節から一転して、本節では筆者がこれまで調査を行ってきた近代型裁判を舞台に、ワンピスの可能性を検討してみたい。裁判とは、村落住民の生活世界――ディヴィジュアルを存在様式とする伝統的世界――とは明らかに違うルールが支配する「異界」である。そこには、後述するように、ジグソーパズルから「断片」（＝ワンピス）を同定・分離し、それ自体を明確な単位として扱おうとするまなざしがある。

近代型裁判のなかに出現するワンピス

筆者は、これまで首都ポートモレスビーやマヌス州ロレンガウの家庭裁判所にて、家事事件（とくに生活費・養育費、DV）について調査してきた。[12] これらの事件処理では、通常、弁護士を雇わず、当事者たちが訴訟手続を行い、裁判所を訪れ、判事のまえで陳述を行い、審理のプロセスにじかに参与する、本人訴訟の形態をとることがほとんどである。確かに、当事者の多くは親族の誰かに付き添われて町の裁判所を訪れるが、裁判になると孤立無援の「闘い」を強いられる。訴訟は、当事者たちが「孤」になる機会である。なお原告になるのは、ほぼ女性である。

その孤独な「闘い」に関連して、ここで特筆しておくべきなのは、裁判闘争というプロセスのなかで、当事者（とくに原告女性）がディヴィジュアルではなく、自由意思をもち、行為責任を一身に引き受ける独立した単位（ワンピス）として立ち現れているという点である。意思や行為を引き受ける単一の（法）主体が存在しなければ、裁判が成り立たないわけであって、当事者がワンピスとして振る舞い、かつ裁判所が当事者をワンピスとして扱うのは当然といえば当然である。「私は他者である」とか「私の多くの部分は他者のものだ」とか「私は他者なくしては存在しない」などといったディヴィジュアル的な言明が裁判で通用しないことはいうまでもない。

では、問題になってくるのは、ディヴィジュアルが支配的な存在様式であるパプアニューギニアにあって、ワンピスがいかに生まれたのかという素朴な疑問であろう。そこで筆者が注目したいのは、訴訟手続きである。訴訟手続きには、裁判の書類を準備する以上の意味がある。そこには、身分証明をもたず法に馴染みのない住民を、裁判で立ち振る舞う法主体（ワンピス）に変えていく強力な権力作用——イデオロギー主体を生み出す「呼びかけ」（アルチュセール 一九九三）——が看取されるからである。以下でみていくように、当事者たちは、なんとかして問題を解決せんがために、自らを国家システム（司法制度）に登記し、自発的に「呼びかけ」に呼応し、明確な自己（意識）を醸成し、ワンピスへの道程を知らず知らずのうちに歩む。かくして訴訟手続きを肩越しから眺めるとき、私たちはまさにワンピスが誕生する瞬間に立ち会うことができるだろう。

多くの住民が訴訟手続きを依頼する機関は、福祉事務所である。福祉事務所は州政府コミュニティ・サーヴィス局の管轄であり、公的サーヴィスとして、訴状や宣誓供述書の作成など必要な訴訟手続きを無料で請け負っている(13)。弁護士を雇うお金がない村落の多くの人々が利用するのはそのためだ。

ここで、福祉事務所が行う訴訟手続きを概観しておこう。まず職員は当事者との面談（カウンセリング）を何度か行い、所定の事案録（Case Report）にもとづき基礎情報や事実関係を収集・把握する。そして提訴の意思があることを確認すると（裁判沙汰にしないケースも多い）、職員はこれまでの面談内容や事案録に従って、訴状などの必要書類を作成するのである。仕上がった訴状（Complaint）と宣誓供述書（Affidavit）は読み上げという形でその内容が確認され、当事者の主張や意思に沿わない場合はそのつど修正が加えられていく。訴状が完成すると、舞台は裁判所へと移される。

ワンピスの誕生

では、福祉事務所における職員とクライアントの対話を具体的に検討していこう。それぞれの事例では、まず女性の抱える問題や状況、福祉事務所を訪れた経緯を簡単に示し、職員との対話を具体的に検討していく。傍点部は、考察のポイントとして付したものである。なお発話者の表記として、カはマヌス州福祉事務所職員のカルーラ、クはクライアント（各事例の女性）を意味し、人名は仮名でる。

【事例1】エボディア（三〇代）

州都ロレンガウの浜辺から見える細長い島（ピティルー島）から来たこの女性は、結婚して子供がいるにもかかわらず、夫が浮気しているのではないかと疑っている。彼女自身、どうしていいかわからないようだ。突破口を見出すために福祉事務所の扉を叩いたのだった。ここに来るのは初めてだという。以下の語りは、エボディアが悩みを打ち明けた直後の職員のものである。

カ：「もしあなたが分からないなら、みんな分からないわよ。私もどうしていいか分からないわ。なぜ、このオフィスに来たの？　私はどんなアドバイスをすればいいの？　まず一つは、彼が本当に別の女と遊んでいるのかどうか、これを確定しなくちゃ。もし彼がそうやって浮気しているなら、彼の本意は何か。どんなことを思って、そう行動しているのかを知らないと。そして、もし彼が本当に別の女と浮気したいというなら……あなたたちの結婚は強いかしら？　強い結婚とは、つまり、教会で結婚したとか、伝統的婚姻儀礼をしたとか、政府に登録したとかね。それとも、単に自分たちの意思だけなのか。もし自分たちの意思のみで一緒になったのなら、姦通罪で訴えることはできないわ。姦通罪は適用できない。その場合は養育費のケースになるわ」

カ：「もしあなたが裁判を選ぶなら、それでいいけど、あなた自身よく分かっていないから、時間のムダというものよ。しっかりと状況を把握した方がいい。今の私ができるのは、こんなアドバイスくらいだわ」（二〇〇八年一〇月二七日）

問題そのものをどう切り分けてよいのか分からず、漠然と訪れる者は多い。カルーラは、そうしたクライアントに対して、法的な観点（例えば、結婚の形態）からできる限り、アドバイスを行う。ここで注目したいのは、カルーラがしきりに自分を見つめ直すよう促《うなが》している点だ——自分がどうしたいのか、夫の浮気の確認も含めて、自分が置かれている境遇をちゃんと把握し、整理し、語れるようになれ、と。親族に頼ることなく、意思や行為のすべてを引き受ける主体の涵養《かんよう》は、まさにここにみる、叱責にも似た対話からはじまるのだ。

次の事例は、家庭問題の解決手段として裁判を利用することを決めて、福祉事務所を訪れた女性のものである。ここから、ワンピスになる具体的な作業を確認することができる。

【事例2】アリス（三〇代）

夫とは、キリスト教と伝統的儀礼両方の手続きを踏んで結婚した。しかし夫は家を出て、新しい女と一緒に暮らすようになり、彼女と四人の子供が残された。現在は、マヌス島内陸高地にある実家に戻り、両親らと一緒に暮らしている。養育費の請求を決意し、裁判所に直接行ったが、「まず福祉事務所へ行け」と指示されたという。

カ：「入って。どうしたの？」
ク：「子供のことで来た」
カ：「話して」
ク：「夫が別の女と結婚して、子供たちから離れた。私が直接、地方裁判所に行って、出頭命令状を求めたら、職員が福祉事務所に行くよう言ったの」
カ：「そう。結婚はどう？　教会？　伝統的婚姻儀礼？　自分たちの意思で同棲しているだけ？」
ク：「教会も、伝統的婚姻儀礼も、どちらもよ」
カ：「彼は、別の女性と結婚したの？　それとも、一緒にいるだけ？」
ク：「別の女性と一緒にいる」
カ：「子供は誰と一緒？」
ク：「子供はみんな、私と一緒にいる」
カ：「わかった。子供は何人？」
ク：「四人」
カ：「彼は、仕事している？」
ク：「いいえ」

カ：「金を得るために何かしている？」
ク：「時々、マーケットで……」
カ：「子供はあなたと一緒にいるわけね。供述書（statement）か何か、書いてきた？」
ク：「……いえ、まだ。まだ書いてない」
カ：「まず家に帰って、供述書を書きなさい。あなたの物語を。何もかも書くの。彼とのこと。四人の子供のこと。
　そしてまたこのオフィスに戻ってきなさい」（二〇〇八年一〇月一七日）

このやり取りは、訴訟に向けた典型的な会話である。ここから、司法的同一性の確定に関わる二つの点を指摘しておこう。まず一つは、職員が当事者女性を法的カテゴリーとしての「妻」（原告）へ同一化させようとしていることである。カルーラは、彼女が訴訟を決めていることを察知し、結婚の形態、子供の数、夫の職業など、訴状に必要な基礎情報を収集し、事案録に記している（訴状に必要な情報として、さらに子供の名前と生年月日があるが、上記会話の直後に確認している）。仕上がった訴状は、まさに彼女が法主体であること（司法的同一性）を示すものである。

二つ目は、当事者女性自らが法的カテゴリーへの同一化実践を行うという点だ。カルーラは、上記の最後に、供述書を自分で書いてもってこいと指示している。他のクライアントや雑務を抱えていることもあり、カルーラはできる限り本人に供述書を書かせるようにしている。クライアントの女性たちは、たいてい二枚程度のノートに手書きで「自分の物語」を綴り、再びこの福祉事務所を訪れることになる。[14] 彼女たちは、事例1でみたような職員の指南を踏まえて、自らが法主体であることを稚拙だが必死に証明しようとする。だから、彼女たちが書く供述書は、（余剰ともいえる）雑多で主観的な声を含んでいるものの、裁判に向けたかたちで——裁判の法的カテゴリーや構成要件に沿うように——経験が組織し直されている。当事者女性は、供述書を自分で書くという営みを通して、（自ら進んで）行為や意思の責任を引き受ける単一の法主体（ワンピス）になっていくわけである。

さて、自分の物語を自分で書くことの重要性は、強調してもしすぎることはない。徹底して自己に向き合わなければならない機会がここにあるからだ。一人称で物語——夫との関係やこれまでの結婚生活——を綴っていくとき、彼女たちは内省し、かけがえのない自己を「見出す」。供述書のなかで彼女たちがどのように自己と向き合うのかを、次の事例3で具体的にみてみよう。

【事例3】アントニア（四〇代）[15]

一九七四年、アントニアがハーゲン（西部高地州の州都）で看護師として働いていたとき、警官のポール（夫）がパトロールの仕事で負傷して病院に担ぎ込まれてきた。これが二人の出会いである。彼らは翌年、エンガ州で慣習上の婚姻儀礼、そしてSDA（セブンスディ・アドベンティスト）教会で結婚式を挙げた。しかし二人の関係は、一九八七年には修復不可能となっていたようだ。夫は、別の村やポートモレスビーの女性たちと交際・同棲を繰り返していた。アントニアは夫の暴力や罵倒に耐えるだけでなく、浮気相手の子どもを引き取って、育てたこともあったという。ついに堪忍袋の緒が切れたアントニアが福祉事務所を訪れたのは、二〇〇一年のことだった。

彼女の目的は、二五年間の結婚生活に終止符を打つことと、その夫婦生活で被った「傷」の慰謝料を求めることだった。彼女たちの結婚は上述のようにキリスト教のもとで締結された公式の――婚姻法では民事婚と同等の効力をもつ――婚姻だったため、それを解消するためには、法的な手続きが必要なのである。

アントニアは、二五年間の結婚生活で経験したことを思い出せる限り記述している。裁判を意識しているため、記述の多くが夫の不品行（＝落ち度）に向けられるが、その夫と関わる「私」が余剰ともいえるほど顔を出す。例えば、夫（ポール）が浮気相手のビバリーとシシリア（いずれもポートモレスビー在住）との間につくった子どもたちを、ケンカのたびに引き取って、世話・育児をしたことについて、アントニアはこう記している（以下、括弧内は供述書の頁数である）。

「彼は他の女と問題があるといつも、私のところに知らせにくる。私は彼の母親でもなければ、姉妹でもないのよ。いい加減にわかってほしい。どれだけ私を貶めているか。もう私は疲れてしまった。私は一度も彼が私や子どもにやってきたことにたいする謝罪を受けたことはない。……私はこれまで一度も文句を言わなかったのに。いつも自分のプライドを飲み込んでいた」（四頁）。

アントニアは、夫を語りながら、自己を語っている。供述書は、次第に、暴力や不品行によって精神的に追い詰められ、「眠れない夜」（七頁）を過ごす「私」そのものの記述に満たされる。

「彼はどうしてこんな無神経なことができるのでしょう？　なにか、彼の望むことをなんでもしてあげるためだけに私が存在しているように思えてくる。私はまるで動物か、もしくは感情をもたない者であるかのように扱われている。……彼は私をブッシュ・カナカ（森に住む未開人）とか、奴隷のように呼びつけます。……数年間、私は彼の経歴と名声を傷つけないように何も言わなかったし、しなかった。私は自分を卑下してきたのです」（五頁）

「彼は私に話しかけるとき、荒々しく怒鳴り、憎たらしい言葉を投げかけます。私はもうこれ以上、こうした状況で生きていくことはできません。絶えざる悩みを抱え、私の体はすでに衰え、下肢が膨れ上がってしまいました。医者の診断によると、これは絶えざるストレスや心配事の兆候だと。……私はびくともしない岩ではないのです」（六頁）

残念ながら、この後のアントニアの消息は不明である。筆者は、ポートレモレスビーという大都会の雑踏のなかで、彼女の姿を見つけられないでいる。この供述書はどこまで裁判で「威力」を発揮したのか。そもそも、彼女は本当に離婚できたのか。慰謝料を得ることができたのか。これらは定かではないが、この際、それは議論の焦点ではない。私たちが注目しているのは、あくまでもアントニアが供述書を記述するなかで自己と向き合おうとし、結果として自己を「見出した」ということにあるのだから。

夫の落ち度を中心に描かれる供述書のそこかしこから顔を出す「私」。その「私」の記述には、小説『ワンピス』と同様、親族関係やコミュニティは出てこない。両親や親族が、窮地に立ったアントニアをサポートしたのかどうかも不明だ。そこには、ただ二五年間「私たちの結婚が末永く続くことを考えて」誠実にやりながらも裏切られ、悩み、苦しむ「私」がいるのみである。ここにきて、アントニアは、もはやディヴィジュアルではない。自分で、自分のために、自分の物語に専念するワンピスになっているのだ。

4　パプアニューギニアのシングル単位論へ向けて

ここまで、ワンピスの不可能性と可能性をそれぞれ検討してきた。以下では、リプマの議論（LiPuma 2000: 128–152）を導きの糸にしながら、この矛盾について考えてみたい。

リプマは、ディヴィジュアルがパプアニューギニアの支配的な存在様式であることを認めつつも、植民地化以降の漸次的な近代化によって、西洋近代的な個人——本章でいうワンピスに相当——が現れてきたという。なぜなら、植民地化から独立を経て今日に至るプロセスで、パプアニューギニアが整備・拡充を図ってきた近代的国家機構や経済制度（資本主義）には、個人主義《インディヴィジュアリズム》（individualism）という、西洋近代由来のイデオロギー装置が潜んでいるからである。それが、近代的諸制度を支える人間類型としての近代的な個人（インディヴィジュアル）を涵養していく。ワンピスは、近代化の要請であり、また帰結でもあるというわけである。

逆にいえば、パプアニューギニアの伝統的社会には、ワンピスを涵養し、その登場を是認するイデオロギー（個人主義）がなかったからこそ、ワンピスが不在だったということになる（LiPuma 2000: 142）。確かに、他者との相互作用や関係を断ち切り、自分のみに専念する人間は、マリノフスキーの古典的な言辞を用いていうならば、「社会的および経済的秩序の埒外《らちがい》に置かれてしまう」だろう（マリノフスキー 一九六七：四三）。それは、死に等しい。しかし近代は、そのような人間を涵養し、是認するイデオロギー（個人主義）をパプアニューギニアの地にもたらしたのだった。

> 学校が下す個人の評定（成績）、神との個人的な関係、個人の身体に投与される薬、罪を犯した個人に課される刑罰——これらすべては個人の概念と正統性を強化した。（LiPuma 2000: 149）

ワンピスを生成させるイデオロギー（個人主義）は、学校、キリスト教、法と裁判、トレードストア（商売）、生物医学といった、今日となっては日常的に人々が関わらざるをえない諸制度のなかに折り込まれていたのである。前節でみてきたように、訴訟手続きも、そのような無数の文脈のなかの一つといえる。

ここから、ワンピスの不可能性と可能性という矛盾を次のように理解することができるだろう。まず今日のパプアニューギニアには、本質的に異なる二つの存在様式があるということだ[16]。一つは、本章でディヴィジュアルと呼んできた伝統的な存在様式であり、もう一つは近代化が要請するワンピスである。そして人々はこのいずれかで、あるいはリプマがいう「真の存在論的形態」――ワンピスとディヴィジュアルという二つの存在様式の組み合わせ――で、生きているといえる（LiPuma 2000: 135）。後者について、筆者なりに敷衍すれば、ある人間は、社会的局面に応じて柔軟にいずれかの存在様式をまとうのである。これを存在様式のコードスイッチングと呼んでおこう。複数の言語を状況や目的に合わせて切り替えていくように、存在様式も状況や目的に応じてコードスイッチしていく――村落生活でディヴィジュアルとして生きる者が、裁判の場ではワンピスに「なる」ように。

ところで、ワンピスを法の世界にみた本章の議論を存在様式のコードスイッチングとして論じることについて、充分に留意しなければならない点がある。それは、ワンピスが本当に誕生したといえるのかどうかについての疑惑である。確かに、近代型裁判には、他者との関係や相互行為を排し、個人を一つの単位（シングル）とみなすまなざしが潜んでいる。しかし裁判（そして法秩序）がまた、多くの法的擬制（legal fiction）にうえに成り立っているのも事実である。法的擬制とは、関係者が事実でないと理解したうえで、会社を一つの人格とみなしたり、婚姻によって妻が夫の人格と合体するとみなしたり（夫婦一体の原則）、電気を有体物とみなすといったように、事件処理の効率的かつ有用な目的のもとで、そうである「かのように」みなす法律上の言明である（e.g. ライルズ 二〇〇九）。であるならば、裁判所はもちろん、当事者も自らがワンピスである「かのように」みなし、振る舞っていたとしても、そのワンピスは、裁判の構造が創り出したフィクションということになる。留意すべきは、この擬制によって成立する「法の世界」の現象（ワンピスの出現）を実体と同一視してはならないということだ。実際、女性たちが裁判に向けて語り、書く供述書は、彼女たちの実態をそのまま反映したものとは言い難い。それは裁判のカテゴリーや構成要件にそって、多様な経験が取捨選択され、配列し直されたものだった（馬場 二〇〇五）。私たちが見たのは、小説と同じく、虚構の世界に現れた「私」＝ワンピスだったのである。よって、ワンピスの実在を前提とするコードスイッチングを論じることには、一定の留保を付しておかねばならないだろう。

しかし「希望」は残されている。今ある（親密な）他者との相互作用や関係性を捨象し、経験世界を自己の物語に縮約し、明確に境界づけられた自己を発明し、あらゆる行為や意思の責任をその自己に担わせる、まさにその想像／創造的営為は、ワンピスを実体化させる可能性を秘めている。アントニアが自己と向き合ったのは確かである。彼女が結果的にワンピスになりえたかどうかは定かではないが、フィクションが、そうした実践の反復のなかで、現実そのものになっていく可能性は十分にある（ライルズ 二〇〇九）。よってワンピスは、現実へと変わりうるフィクションとして存在するといえよう。

パプアニューギニアにおいて、シングル単位論は成立しえるのだろうか――本章は、この問いに答えるべく、ワンピスの可能性と不可能性を検討してきた。残念ながら、現時点での結論はやはり否定的なものとならざるをえないようだ。ただそれは、ワンピスの不在／不可能性という、伝統主義的な理由によるものだけではない。

確かに、人口の八〇％以上が村落に暮らすことを考えれば、ディヴィジュアルがまだまだパプアニューギニアの典型的な人間像であることは容易に想像できる。しかし、事はそれほど単純ではないはずだ。今日の村落社会は近代的な諸制度と無縁ではなく、社会生活のある局面ではワンピスになることもあろう。このような事態は、都市民や近代的セクターに従事する人々にはより顕著だろう。彼らは、完全にディヴィジュアルでもなく、完全にワンピスでもない(17)。かくして、ディヴィジュアルとワンピスの組み合わせ、つまり存在様式の二重性を措定しておくことは、現代パプアニューギニアの人間（観）を考えるうえで重要なのである。とはいえ、このことは、私たちが知っているシングル単位論の成立を意味するものではない。存在様式の二重性は、現在のところフィクションかコードスイッチかのいずれかで解釈・理解されうるが、フィクションとみれば、ワンピスは無化されるだろうし（シングル単位論の不成立）、コードスイッチ論は、人々の臨機応変さを際立たせるだけで、シングル単位論をどこかで裏切ることだろう。ワンピスを見出した次の瞬間にはディヴィジュアルが出現し、実体をともなわない言葉だけがそこに浮遊することになるからだ。パプアニューギニアでシングル単位論を展開することには、こうした理論上の問題がつきまとっている。だが絶望するのは早い。なぜなら、先進国流のシングル単位論は見果てぬ夢に終わったが、独特の展開を将来見せるかもしれない「パプアニューギニアのシングル単位論」ははじまったばかりなのだから。

注

（1）ワンピスの類語として、ルスマン（*lusman*）がある。ルスマンもまた単独者を指すが、そこには「所有物を何ら持たない者」「見捨てられた存在」という意味合いが含まれており、ゆえに悲哀（*talangu*）の対象である。それに対して、ワンピスは「孤独」ではあるが、決してタラング（悲哀）とはみなされないという違いがある。

（2）シングルは通常「独身者」を意味するが、シングル単位論ではシングルと個人が互換可能な言葉として使用される（伊田 一九九八a、一九九八b）。

（3）このように本章は、通常の意味でのシングル（独身者やシングル・ペアレントなど）の実態を記述するものではない。この種の民族誌的報告については、例えば、田所論文（本書所収：田所 二〇一〇）や拙稿（馬場 二〇一〇a）を参照されたい。

（4）マヌス島は、ニューギニア島南部の首都ポートモレスビーから八〇〇キロほど北方に行ったマヌス州の主島である。クルティ社会は、マヌス島の中央部北岸から内陸高地一帯を占めるオーストロネシア語系社会の一つである。クルティ社会について、筆者はすでに包括的な民族誌（馬場 二〇一二a）を執筆しているため、詳しくはそちらを参照されたい。

（5）ケンプとその周辺を区別しているのは、ケンプが特殊な空間だからだ。ケンプがパリアウ運動（太平洋戦争直後にはじまった社会変革運動）のなかで作られた新しい居住空間であり、当時、異なる父系リネージの人々が一つのコミュニティを作って共存するためにここの土地所有権を留保する取り決めがなされた。それに対して、ケンプの外は、父系リネージの伝統的ルールが支配する場所である。これについては、拙著（馬場 二〇一二a）の第二、七章で詳しく論じている。

（6）例えば、この環境がシングルマザーらの生活を支えることについて、拙著などを参照されたい（馬場 二〇一二a：第七章、二〇一〇a）。

（7）厳密に言えば、集合的人間観については意見が一致しない。集合的人間観の例として、ニューカレドニアの先住民カナクに関するM・レーナルトの議論がある。レーナルトは、メラネシア人が関係のなかでしか自分自身を認識しえないと論じたが、そうすると、中心としての自己は空虚なものとなってしまう（レーナルト 一九九〇：二六五—二六九）。しかしストラザーンは、人＝「関係の結節点」というメラネシアの考え方から、レーナルトを否定する（Strathern 1988: 271-272）。すなわち、結節点とは、文字通り、他者との具体的で多様な関係の結び目であり、それぞれの他者に対する視点——これが他者に対する行為の準拠枠となる——が濃縮された地点である。それは、メラネシア人が、空虚な自己というよりも、結節点として、きわめて濃密な自己を常にすでに生きているということである（Strathern 1988: 276）。ただ本章では、時代や社会を問わず、誰にでも生成されている自己意識の源泉である。西洋近代は、個人主義がこの自己をドグマ化することで、ワンピスとの対比のうえで便宜的に同一視する。なおこの「自己」（セルフ）は、松田（二〇〇九：二四四）のいう、時代や社会を問わず、誰にでも生成されている自己意識の源泉である。西洋近代は、個人主義がこの自己をドグマ化することで、個人（インディヴィジュアル）を生み出した。筆者は、後の4節で、この「化学反応」がパプアニューギニアの近代化過程でも生じたと論じる。

（8）ストラザーンによれば、個人は常に「他者に配慮して」——他者の視点を自分のものとして——行為するという（Strathern 1988: 272）。そもそもニューギニアでは、「人々は、彼ら自身を、あるポジションから別のポジションへと移動するものとして捉えて」おり（Strathern 1988: 271）、自己と他者は、近代西洋社会が考えているほど、明確に分割されているわけではない。ある場合には、自ら為した行為責任の所在は、誰か（他者）にあるかもしれないからだ。これ以上のことは紙幅の関係で割愛せざるをえないが、ここではある人間があらゆる行為や意思を引きうける確固とした主体とはいえないニューギニアの独特の人間観を指摘するに留める。

（9）サンビア社会（仮名）は、東部高地州のアンガ系（非オーストロネシア語）諸社会の一つである。サンビアに関する記述は、ハート（e.g. Herdt 1994, 1982）に依拠している。なお精液摂取慣行は、キリスト教の浸透により、今日では行われていない。

（10）この種の議論がパプアニューギニア一般に当てはまるわけではない点にここで注意を促しておきたい。ニューギニア高地（とくに辺縁部）の民俗生殖理論が、沿岸部や島嶼《しょ》地域に同じように見られるわけではない。

（11）男性小屋では、五段階の儀礼的階梯が一〇年以上に及ぶ期間で設定されていた。

（12）養育費・生活費をめぐる事件については馬場（二〇一二a：第八章、二〇一〇b）、DVについては馬場（二〇一二b）を参照されたい。

（13）福祉事務所の業務の基本は、カウンセリングである。結果的に裁判への道を選択するとしても、それに先立つカウンセリングは不可欠である。またそのカウンセリングは、調停に展開することもある。職員は、クライアントとその相手方を呼びつけ、三者面談形式で行うが、問題が深刻かつ大規模な場合、親族など関係者を交えて、和解を模索しにかかる。ちなみに、マヌス州の福祉事務所職員は一人（女性）で、年間六〇〇件近くのカウンセリングをこなしている。カウンセリング内容については、結婚問題（主に離婚や別居）、扶養の問題、家庭内暴力、子どもの問題（養取）が上位を占めている。福祉事務所について詳しくは、馬場（二〇一〇b）を参照のこと。

（14）手書きの供述書は、福祉事務所職員の添削を経て、タイピストによって清書された「宣誓供述書（Affidavit）」となり、訴状に添付される。

（15）筆者がポートモレスビーやマヌス州の福祉事務所で閲覧できた数ある供述書のなかでアントニアの事例を取りあげたのは、群を抜いて詳細に記述されていることによる。看護師だったせいもあり（教養があるため）、彼女の供述書は最長の七頁に及ぶ。なおかつて筆者は、供述書を対象にした語りのパターンや内容分析を試みたことがある（cf. 馬場 二〇〇五）。

（16）本章では、近代西洋：メラネシア（パプアニューギニア）＝インディヴィジュアル（＝ワンピス）：ディヴィジュアルというストラザーンの対立図式を基本的な論理モデルとして採用しているが、この図式があまりにも本質主義的で戦略的であることをここで明記しておきたい。この二元論への批判と乗り越えはすでに提起されている。例えば、本章で引用したリプマの「真の存在論的形態」はその一つである（e.g. LiPuma 2000: 131）。しかしそのモデルさえも、花渕（二〇一〇）からすれば、インディヴィジュアルとディヴィジュアルの二元論に囚われており、偶発性や柔軟性を見過ごしていることになる。

（17）近代的なセクターで働く都市民がワンピスであるというのは必ずしも自明ではない。なぜなら、都市部の生活が図で示した村落社会の縮図になっているからだ。すなわち、都市民の家にはワントク（*wantok*）（親族、同胞を指すピジン語）がごろごろ居候しており、ワントクとの濃密な相互依存関係は保持されているのが現状である。したがって、小説で描かれたような――例えば、パートナーどうしがワントクに邪魔されることなく、ビールを飲みながらゆったりとした夕べを過ごす――ワンピスは、今日においてもまだまだ現実的とは言い難い。

参考文献

アルチュセール、ルイ　一九九三　『アルチュセールの〈イデオロギー〉論』柳内隆訳、三交社。

伊田広行　一九九八a　『シングル単位の恋愛・家族論――ジェンダー・フリーな関係へ』世界思想社。

――　一九九八b　『シングル単位の社会論――ジェンダー・フリーな社会へ』世界思想社。

岩佐嘉親　一九八八　『ニューギニア語入門』泰流社。

田所聖志　二〇一〇　「ニューギニアの『もてない男』」、椎野若菜編『「シングル」で生きる――人類学者のフィールドから』三五―五〇頁、御茶の水書房。

花渕馨也　二〇一〇　「結婚しない女と嫉妬する精霊――コモロにおける精霊憑依と人生の生き方」、吉田匡興・石井美保・花渕馨也編『宗教の人類学』一二七―一五六頁、春風社。

馬場淳　二〇〇五　「妻たちのレトリカル・ワーク――パプアニューギニアにおけるジェンダーと扶養費請求訴訟」、法政大学比較経済研究所・原伸子編『市場とジェンダー――理論・実証・文化』三一五―三四四頁、法政大学出版会。

――　二〇一〇a　「シングルだってへっちゃらよ⁉――パプアニューギニア・マヌス島のシングルマザー」、椎野若菜編『「シングル」で生きる――人類学者のフィールドから』一四一―一五四頁、御茶の水書房。

――　二〇一〇b　「法に生きる女性たち――パプアニューギニアにおける法と権力作用」、塩田光喜編『知の大洋へ、大洋の知へ――太平洋島嶼諸国の近代と知的ビッグバン』一三三―一六六頁、彩流社。

――　二〇一二a　『結婚と扶養の民族誌――現代パプアニューギニアの伝統とジェンダー』彩流社。

――　二〇一二b　「国際人権レジームの功罪――パプアニューギニアにおける保護命令の『誤解』をめぐって」、牟田和恵・平沢安政・石田慎一郎編『競合するジャスティス――ローカリティ・伝統・ジェンダー』二六五―二八六頁、大阪大学出版会。

松田素二　二〇〇九　『日常人類学宣言』世界思想社。

マリノフスキー、ブロニスラウ　一九六七　『未開社会における犯罪と慣習』青山道夫訳、新泉社。

ライルズ、アナリース　二〇〇九　「法に希望はあるか？」、東大社研編『希望学４　希望のはじまり――流動化する世界で』

二八—五六頁、東京大学出版会。
レーナルト、モーリス　一九九〇『ド・カモ——メラネシア世界の人格と神話』坂井信三訳、せりか書房。
Herdt, Gilbert H. 1994 [1981]. *Guardians of the Flutes: Idioms of masculinity*, vol 1. Chicago: University of Chicago Press.
——. 1982. "Fetish and Fantasy in Sambia Initiation." In *Rituals of Manhood: Male Initiation in New Guinea*, edited by Gilbert H. Herdt, pp. 44-98. Berkeley: University of California Press.
Lieber, Michael D. 1990. "Lamarckian Definitions of Identity on Kapingamarangi and Pohnpei." In *Cultural Identity and Ethnicity in the Pacific*, edited by J. Linnekin and L. Poyer, pp. 71-101. University of Hawai'i Press.
LiPuma. Edward. 2000. *Encompassing Others: The Magic of Modernity in Melanesia*. Ann Arbor: University of Michigan Press.
Soava, Russell. 1977. "WANPIS." In *WANPIS*, pp. 103-176. Port Moresby: Institute of Papua New Guinea Studies.
Strathern, Marilyn. 1988. *The Gender of the Gift*. Berkeley: University of California Press.
——. 1999. *Property, Substance and Effect: Anthropological Essays on Persons and Things*. London: Athlone Press.

Ⅱ　制度の隙間で

「もてない」と「もて社会」
——ニューギニア男性の民族誌から

田所聖志

1　はじめに

この章で扱う内容は、男性が女性から好意をもたれること、すなわち「もてる」と、その逆の「もてない」という現象である。

「もてる」「もてない」という言葉も現象も、類似する事柄は普遍的に見られながらも、日本の特徴をよく表している現象であると考えられる。そしてまた、「もてる」「もてない」は、恋愛と密接に関連しているため、一般的に恋愛の延長上にあると考えられている結婚、ひいては「シングル」とも関係している。ニューギニアにおける「もて」の現象については以前に述べた（田所 二〇一〇）。その内容をかいつまんで紹介しつつ、本章では「もて社会」と「シングル」との概念的関係に少し比重を傾けた記述を行いたい。

まず、本章で述べる「もて」を定義しておこう。「もて」について、鈴木由加里は、男性がどのように他の人びとから見られているのかという特徴を「モテ」と規定し、それを「『モテ』の構造」という言葉で論じている（鈴木 二〇〇八）。鈴木は「モテ」を、「『恋愛対象とする性別の人から、性的ニュアンスをもって優遇されること、もてはやされること』という程度の意味」と緩やかに定義している（鈴木 二〇〇八：一七―一八）。本章では、この定義をふまえつつ、表記を統一するために「もて」とひらがなにして用いたい。

以下、本章では、まず、「もて」と関連した研究を素描しつつ、この現象が含んでいる「シングル」と関連する問題

写真１　テワーダの熱帯林は、いつも雲に覆われていた。中央には、大きな焼き畑がひろがっていた。

の所在を明らかにする。ついで、ニューギニアのテワーダ社会における「もてる」「もてない」の現象を紹介し、テワーダの男性たちが取り巻かれている「『もて』の構造」を素描したい。ただし、私がこういった事柄について話しあった相手は男性だけであったため、男性の「もてる」「もてない」を扱う。そのうえで、ニューギニアと日本との比較から「もて社会」という概念を提示し、「もてる」「もてない」という現象を比較する軸について述べたい。テワーダ社会の資料は、二〇〇二〜二〇〇三年、二〇〇八年に収集した。

2　「もてない」と「シングル」の接点

「もてる」と「もてない」の主題化

「もてる」および「もてない」という現象を通文化的に比較しようとする場合、まず確認する必要があるのは、日本語で表現されるこの現象が、果たして世界各地に普遍的に存在するのかどうかという点である。日本では、男性が女性からちやほやされるという「もて」の萌芽は江戸期にも見られるものの（鈴木二〇〇八：一八）、近代化があまり進まず、グローバルな価値観の影響も少ない第三世界では、自由恋愛という考え方がまだ新しく、「もてる」「もてない」という発想が生まれる余地はないと考えられるかもしれない。

「もて」は、「恋愛対象とする性別の人から、性的ニュアンスをもって優遇されること、もてはやされること」という程度の意味であると定義した。これは、言い換えれば、複数の異性を比べて恋愛対象としての価値の善し悪しを評価することである。そう考えると、これは、時代や地域を越えて普遍的に見られる現象である。

たとえば、一九二〇年代前後の兵庫県あたりでは、男は、夜這いの時に相手をえり好みしていたという（赤松二〇〇四）。また、アマゾン川流域のアメリカ先住民については、一九六〇年代後半のメヒナクの人びとの場合、レスリングに強いなどの「男らしさ」が女性を惹きつける魅力になっていた（Gregor 1985）。また、やはりアマゾン流域に住むアチェの人びとの場合には、狩りのうまい男性ほど女性を惹きつけ、他人の妻とも性交していたという（Kaplan and Hill 1988）。

一方、「もて」と関連した現象である恋愛、性行動、結婚に関する文化人類学の研究は、親族をテーマとする社会制度の研究として始められた。その後、性行動の多様性を解明するという人類史の視点による研究が一九五〇年代以降に進展した後、一九八〇年代以降は、ジェンダーをめぐる権力様態を明らかにするセクシュアリティ研究として発展した。二〇〇〇年代以降、性、結婚、愛についての研究では、社会性と性行動との関連に焦点があてられてきた（Overing and Passes 2000; Lipset 2004; Wardlow 2007）。

以上のように、恋愛や性関係でどのような男性や女性が高い評価を受けるのかについての民族誌的研究は多く、また、恋愛や性関係に向き合う人びとの行動の選択と文化的背景の関連についての研究も行われてきた。つまり、文化人類学の研究は、性関係を作るために個人がどのような選択や行動をするのかという点に焦点をあててきた。

これによって抜け落ちてしまったことがふたつある。

ひとつは、異性から性的な対象とみなされない男女の有無と、そうした人びとがどのような生を営むのかという点である。言い換えれば、これまでの研究では、異性の性的関心に基づく行動選択の対象となる側、すなわち「選ばれる側」には関心が向けられてこなかった。言い換えれば、ある特定の社会において、異性による評価を気にしながら、「自分が異性から好まれるのかどうか」について不安を感じることの文化形態については研究されなかった。「もて」とは逆の「もてない」についての研究は行われてこなかったのである。

もうひとつは、「もて」現象の通文化的な多様性の分析である。どういう文脈で「もてる」「もてない」が生まれ、また「もてる」「もてない」の要素とはなにか、それが時代や地域でどのように異なるのか、そして、その差異を越えた共通点があるのかどうかという点に、文化人類学の関心は向けられてこなかった。

だが、どのような特徴を持った人物が異性からもてはやされるのかという「もて」と表裏一体の関係にある「もてない」に注目することで、対象社会における異性間関係の特徴を描き出せるだろうし、時代や地域による違いの比較研究も構想できるだろう。

「シングル」の主題化

では、「もてる」「もてない」は「シングル」とどのような関わりがあるのだろうか。「シングル」の語義について検討するために、配偶者のいない単身者をめぐる状況を見ることで、「シングル」というテーマの現代的意義をまず確認してみたい。

文化人類学の研究では、配偶者のいない単身者の存在には長い間焦点があてられてこなかった。そのため、そうした単身者を取りあげることは、これまでの研究の隙間を埋めるという意義がある（松園 二〇〇六：椎野 二〇〇六）。

一方、こうした学術的な研究の文脈とは異なる現実社会でも、単身者をめぐる大きな変化が生まれている。現代の日本社会においては、産業化が進み、人間の生活やつながりに高度な分節化が進んだ。それは、地域社会の結束の弱体化に結びつき、結果として、住民の生活や健康、学校や近隣集団の機能に悪い影響を与えていると見る人もいるだろう。

国立社会保障・人口問題研究所による日本国内の将来人口推計でも、今後の世代では家族をもたない人びとが増大すると予想されている。それによると、日本国内の人口減少と人口高齢化を特徴とする人口変動は、低迷する出生率と世界最高水準の平均寿命を背景としている。この裏には、現代の日本人のライフコースの劇的な変容がある（金子 二〇一二a：七）。金子によれば、五〇歳まで未婚であった女性は、一九五〇年生まれ世代では五・一％であったのが、一九九五年生まれ世代の女性になると三五・六％となり、その世代の女性全体の三割五分が子どもをもたないと推計されているという（金子 二〇一二a：七―八）。

こうした大きなうねりとも見える家族をめぐる状況の変化と単身者の増加を背景として、それへの対処を考えようとする意識が、近年では社会的に強く働くようになってきていると考えられるのではないだろうか。

そうした関心と密接に関連した研究が、社会関係資本の研究である。社会関係資本とは、社会的ネットワークに埋め込まれた資源のことであり、それは、経済、健康、教育、地域社会といった人間の生活のさまざまな領域に密接に結びついている（パットナム 二〇〇六）。たとえば、特定の集団のあいだで社会関係資本が弱くなると、健康と直結する社会問題が生まれる。パットナムは、社会関係資本の形式を、「結束型」と「橋渡し型」に区別した（パットナム 二〇〇六）。同質で密接な個人間の関係が作られている社会で発達しているのが「結束型」の社会関係資本であり、異質な社会関係が縦横に結びつけられ、個人間の関係のなかに「構造的隙間（structural hole）」が生まれているような社会で発達しているのが「橋渡し型」の社会関係資本であるという。

ひとつの社会に両方の社会関係資本は併存しているものの、近代化と産業構造の複雑化が進むことによって、個人同士の関係のなかにより広い構造的隙間が生まれる（cf. Reyes-García et al. 2009）。そうした構造的隙間が生まれることで、「橋渡し型」の社会関係が発展するとされる。だからこそ、構造的隙間を埋めていくことが、社会や国を良くすることにつながるという考えのもとで、社会関係資本を強める研究や試行、提言などが各所でなされている。

こうした動きのなかで焦点をあてられるのは、構造的隙間と接しながら生きている人びとである。単身者はその代表格であり、なかでも、身よりのいない老人と子どもを抱えた単身女性はとくに重視される。また、家族から離れて暮らす既婚者も含まれるだろう。それだけではない。構造的隙間に接した生き方という意味では、通常の結婚とは異なる形を選択した人びと――ゲイ、レズビアンなども含まれうるであろう。

構造的隙間に置かれた人びとは、「ひとり」「単独」と呼びうる状況にあると言える。そして、「シングル」とは、このような状況にいることが、彼らの人格や生き方と結びつけられる場合や、彼らが行政制度上の個人と位置づける場合に使われてきた表現であると捉え直すことができる。たとえば、「シングル・ライフ」は前者の場合であり、「シングル・マザー」という言葉は、子どもを抱えた独身女性への行政支援と関連づけられた後者のような文脈で使われてきた。しかし、結婚の有無にかかわらず、人間が構造的隙間に置かれることはあるだろう。

こう考えると、「シングル」とは、結婚しているか独身かという点ではなく、彼らが社会の中に生まれた構造的隙間に接して生きているという点に、むしろ重要な意味を据えて捉えることが可能だろう。私は、「シングル」を、「構造的隙間のなかやそれと接して生きる人びとのことを指す」と定義し、「シングル」の研究とは、彼らの動態についての研究であると理解しようと思う。そうすることで、「シングル」という言葉を、結婚と結びつけられた文脈からより広い意味に広げることが可能であると考えられるからである。

私は、「シングル」研究の論点を次のように考えている。すなわち、（1）一見すると構造的隙間にいるように見える人たちの実態の解明、（2）構造的隙間に接して生きる人たちが自分たちでどのようにその隙間を埋めていこうとしているのかの実践の動態、（3）社会の側がその構造的隙間をどのように埋めようとしているのか、そして、（4）その対処が制度化されているのかどうかである。

「シングル」研究のなかの「もてない」――構造的隙間に生きる

このような「シングル」研究の枠内に、「もてる」「もてない」の研究も位置づけることが可能である。日本では、「もてない」ことは、構造的隙間に入り込みやすい危険な状況にあると認識されていると考えられるからである。

「もてない」ついて触れた論考では、「もてない」ことの所在のない不安が述べられる。「もてない」と関連づけられる論考について、ここでは男性に焦点を絞っていくつかの例を見てみたい。たとえば、本田透は、現代日本を恋愛が商品化された「恋愛資本主義社会」と規定したうえで、そこから意図的に離脱し、アニメのキャラクターとの擬似的な恋愛や家族をつくろうという考えや生き方を描いている（本田 二〇〇五）。それは、いっそ「もてない」ならば、あえて基準の画一化された恋愛資本主義の競争から降りて、自分の選択として「もてない」を選ぶ生き方である。だが、「もてない」ことがQOLや寿命にも響いてくるとされる今の日本で、その選択には大きな勇気が必要である（cf. 田所 二〇一二）。

一方、『もてない男』（一九九九年）の著者である小谷野敦の場合、「好きな女性から相手にしてもらえない、というような男」を「もてない男」と考えているので、書きぶりは本田とずいぶん違う（小谷野 一九九九）。この場合は、女性による好みや評価によって男性が陥ってしまう「もてない」状況ではなく、自分の好みにあった女性との関係が築けないことを問題にしている。この場合、「もてない」は、周りの異性からの評価によって決まるものではなく、自分と好きな女性との一対一の関係構築の過程で生まれる事柄が問題とされている。

中年以降の男性の書くものになると、「もてない」よりも、「ひとり」でいることの不安のほうが強調される。たとえば、「中年独身男こそ難題」と述べる関川夏央のエッセイには、軽く明るいタッチであるけれども、独身でいるときに病気になったときの不安も書かれている（関川 二〇〇一）。

以上のように、他人、主に異性からの評価によって生まれる「もてない」状況と、それによって生まれる「ひとり」という状況における所在のない不安は、「シングル」研究と接合した研究領域である。そして、その不安と特定の社会的文化的文脈との関連性の検証や、その動態の比較検討による「シングル」の人類誌を構想できるだろう。

では、ニューギニアの「もてる」「もてない」とはどういったものなのだろうか。ニューギニアの男性たちは、女性から優遇されたり、もてはやされたりといった事柄をめぐり、人によってどのような違いを経験しているのだろうか。また、それを当事者はどのように捉えているのだろうか。

3　ニューギニア社会における「もて」と「もてない」

ニューギニアにおける恋愛

ニューギニア島の山間部に住むテワーダは、人口六二〇の農耕民である。テワーダにおいて、結婚は人生においてなすべきこととされていた。私が調べた限り、年配男性で結婚歴がないのは一人だけであり、年とった女性で結婚歴のない人はいなかった。結婚は、両親による取り決めが理想とされていた。もともと、テワーダの男性には、早めに結婚するのを嫌う傾向があった。早く結婚すると、男性は、女性の血に含まれるケガレによる悪影響から健康が損なわれ、早く死んでしまうとされるからであった。近年は恋愛結婚も増加したため、男性の結婚年齢は低下した。だが、恋愛が発覚すると相手方親族から賠償金などの制裁が科されるため、男性にとって恋愛は危険を伴う行為である（田所 二〇〇九）。

ニューギニアでは一般に、人やモノの交換が、個人のコミュニケーションや集団間の関係の基礎である。恋愛も同様であり、最初はモノのやり取りを通じて始まるという。男でも女でも、人を好きになったら相手に贈り物をしていた。贈り物は、タバコでも食べ物でも服でも何でもよく、相手に多少の好意があれば、受け取ってもらえるだろうし、受け取ってくれなければ発展しない。ニューギニア独特の贈り物は、椰子科の一種である植物の果実、檳榔樹《びんろうじゅ》の実である。その実は、ある植物の葉と少量の石灰と一緒に嚙むと口の中に強い刺激が広がる嗜好品である。ある若者によると、こ

写真2　檳榔樹は、どの家屋の周りにも植えられていた。

ういったモノの交換を繰り返すなかで、相手の笑いや笑顔などから気持ちを推し量れるようになるという（田所 二〇〇九）。テワーダでは、恋愛とは、相手への気持ちをモノに託して交換しあうことであり、兄弟姉妹は別だが、好意を持たない異性とはモノの交換をしないとされていた（田所 二〇一〇）。

テワーダにおける「もて」

テワーダにおいて「もて」はどのような現象であるのだろうか。男性たちと恋愛の話をすると、彼らはよく、女性から言い寄られた自慢話をした。そういった話は尽きなかった。彼らがよく言っていたことは、「モノをたくさんあげる男が好まれる」ということであった。男性の考える「もてる」要素とは、見た目や顔つきよりも、むしろ、体格の良さや、働き者であること、そして、人にモノを分け与える寛大さと甲斐性を備えていることであった。

たとえば、Tは、たくさんの贈り物を続けて、女性の気持ちをつかんだ男性であった。Tは、一九九五年に弟を亡くした後、その弟の妻を好きになった。そこでTは、彼女の娘に贈り物をしはじめた。彼は、二〇〇〇年から二〇〇三年まで村から遠く離れたプランテーションで働いていた間もそれを続けた。まず彼は、四〇キナ（約一六〇〇円）と二つのインスタント・ラーメンに手紙を添えて、彼女の娘に送った。次に二〇キナを送り、その次には二〇キナと二枚のシャツを送ったという。Tが村に帰ってしばらくすると、彼女は「私は子供を連れてあなたの家に行きたいのだけれど、どうですか。それでもいい？」と訊ねてきた。Tと彼女は二〇〇四年に結婚した。Tによれば、「私が娘にたくさんのモノをあげていたので、彼女は、『Tは私のことが好きなのではないか』と思うようになったのだ」と言う。

モノをあげる甲斐性が恋愛の成就につながるということは、男性の「もて」が、財力や政治力と結びついていることを意味している。ニューギニアには生まれたときから金持ちという人はおらず、すべての男性は自分の力で財産を築いていく。ニューギニアは、男性の財力と政治力に極端な格差が生まれる実力社会である。昔だったら、たくさんのブタを集めることのできた人が富を得て実力者となった。私が調査した当時は、小売店などの事業を興したり政治家になることが、財産を得るための方法だと考えられていた。

ただし、こうした財力や政治力を持った一握りの男性が、年頃の多くの女性の注目を一身に浴びることはなかった。女性の関心は、多くの男性に開かれていた。テワーダの村で生活するなかで、一人の男性が女性に特に人気があったり、一人の男性を女性が取り合うといった出来事に私は出合わなかった。「もて」は一部の男性に起こるのではなく、男性のだれもが女性との関係を築くことができると考えられていた。

テワーダにおける「もてない」

では、「もてない」とは、テワーダではどういった現象だろうか。私が知る限り、テワーダの男性が、自分たちの「もてない」ことを嘆くことはまったくなかった。たとえば、Mという四〇代後半の未婚の男性を例に、この点について考えてみたい。

写真3　テワーダの村は、一軒一軒が離れていた。昼間、大人たちは畑に出かけて留守になり、村に誰もいないこともあった。

Mは、体つきががっちりしていて、背の低い人の多いテワーダでは大柄だった。気さくな人だったので、調査の最初の頃から、ずいぶんとやりとりをした。彼は、村から少し離れた場所に自分の家を造り、一人で住んでいた。母がやってきて一緒に生活する時も多いという。普段は自分で畑の収穫をし、自分で調理をしていた。畑作業などは母親と一緒に行っていた。日曜日の教会の礼拝にも、他の子どもたちと一緒に頻繁に参加していた。

彼はまだ若い頃、首都へ出かけて一〇年以上いた。首都ではベテルナッツの栽培と販売を行っていた。Mは村に帰ってきたとき、とっくに結婚の適齢期を越えていた。父親は他界していたので、母親が結婚相手を探してMに話をもちかけたが、彼はすべて断ったという。Mは、親からの期待に反して独身を貫いていた。Mは、次のように語っていた。

私は結婚しないで「ひとり（ninkipi）」でいる。結婚したら、子どもが生まれて養わなければならなくなる。ひとりだったら、タバコを吸うときも一人分の量だけ採ってきて吸うし、イモを食べたくなったら食べたいだけ畑から採ってきて料理して、全部自分だけで食べられるじゃないか。妻子がいたら、大きな畑を作らなければならない。ひとりだったら、つくりたいだけの畑を作ればいい。全部自分の好きにしていい。（二〇〇八年三月の会話から）

親の期待に反しているものの、Mは決して孤立していなかった。彼には、結婚した弟と妹がおり、甥や姪も多かった。彼らは、時々Mの住まいにやってきて畑仕事や食事をともにし、寝泊まりもしていた。二〇〇三年一二月に甥が結婚した時には、婚資として必要であった動物の燻製をMは甥にあげた。彼は、独身であっても、親や兄弟などと交流を持ちながら、結婚して子どもを持つこと以外の親族への義務を果たしていた。

男性による評価　では、他の男性は、Mをどのように見ていたのだろうか。

男性の社会的地位は、年齢や知識や経験によって変わっていくとされていた。結婚も目安のひとつであり、未婚男性は子どもと同じであり、また、子どもをもうけていない場合も一人前とは見なされなかった。財力と政治力を持った男性は、社会的に高く評価されていた。逆に、最も否定的に見られるのは、ウングノ（nkiino）と呼ばれる種類の男性であった。ウングノはまったく無気力な働かない男のことであり、普通の男性であっても、ある種の病気にかかるとその気質に変わってしまうとされた。また、一般に、あまり働かない男は評価されなかった。テワーダの社会では、結婚して子どもがいながら、他人の家屋に寄宿して暮らすことも許されていた。だが、そういった生き方は否定的に語られていた。

一方、Mに対する他の男性の態度と視線は決して一枚岩ではなく、Mは、他の男性たちがそれぞれ持っていた評価軸で位置づけるのが難しい存在であった。私は、Mのいない場所で、彼を引き合いに出して男性の評価と結婚との結びつきについて訊ねてみた。「男は結婚しなくていいのか？　たとえばMは結婚していないけれど」。私の訊ねた相手の多くは、複雑な表情をしながら一言二言話すだけだった。彼らの語りは様々だった。

「いや、男は結婚して子どもを生んで、畑を作るのがいい。それがいい男だ」。「いや、結婚していなくても、Mは身体が大きくて、大きな畑も作っている。だから男だ」。「彼は結婚していないから、若者のままだよ」。「Mはポートモレスビーから村に帰ってきたときもう年を取ってしまっていたので、女は皆好きじゃなかった。だから結婚していない」。「年を取った男の匂いは臭いので、Mと結婚しようと思う女がいない」。

年を経て結婚してないという点で、Mはそれほど評価されていなかった。また未婚であるから、Mはまだ若者のままと見なされてもいた。一方、大きな畑を作っていることについては肯定的に語られていた。Mをウングノと呼ぶ男性に、私は出会わなかった。実際に家族への義務を果たしていること点で、Mは皆から否定されるような存在ではなかった。

写真4　村の近くの小川に、飲み水になるようなきれいな水が流れている場所もあった。

選択肢としての「もてない男」　彼の評価が完全には否定的でなかったのは、テワーダの男性のあいだに、結婚への忌避の観念があるからである。「早く結婚すると男は早く死ぬので、男は早く結婚するものではない」。そのように話す男性は多かった。男性の多くは、女性の持つケガレの観念と結びついた死への恐怖や、恋愛関係を作ったときの相手方親族からの制裁という不安を乗り越えて、恋愛関係へと入っていった（田所 二〇〇九）。

そういったことを一切しないMは、普通の男性の生き方を選ばなかっただけであるというのが、男性たちの評価であると考えられる。彼は、財力と政治力を高めていこうとする男性の一般的なあり方からは逸脱していた。その一方、親族関係のつながりを保ち、その規範に従った生き方をしていた。男性の実力主義からの逸脱と親族への包摂が、Mの生き方の特徴である。

Mの生き方を見ていると、テワーダでは、女性との恋愛関係に入れる男性とそうでない男性という区分は、自分で選ぶ事柄であった。決して、周囲によって決められるものではなかった。恋愛も結婚もしないことは、Mが陥った状況ではなく、Mによる選択の結果である。つまり、テワーダでは、男性の「もてない」とは、恋愛関係に入らないことを生き方として選ぶことである。「もてない」とは、男性による自己選択であり、周囲の異性による評価によって決められるものではない。

4 「もて社会」の概念化

テワーダと日本の違い

テワーダでは、Mのように、自分の選択として男女関係や恋愛関係を作らないという選択が可能であった。実力社会の階段を昇り、寛大さをアピールして、多くの女性を惹きつける男の生き方が理想と語られる一方、それに乗らない生き方も選択肢としてある。それゆえ、「もてる／もてない」という指標に基づいて男性を区分けする思考はあるものの、「もてない」男が、存在や生き方を否定されたり、人格や品格を攻撃されることはなかった。

テワーダの男性の語りのなかに「誰それがもてる／もてない」という事柄は現れず、彼らのあいだでは「もてない」は問題にならなかった。恋愛や男女関係の話を男性としている限り、「自分がいかにもてたか」という語りをする人は多いものの、「もてる人」と「もてない人」という不均衡は、決して話題にならなかった。他人と自分を比べた際の「もてる／もてない」に男性が関心を持っていないのは、Mのことを考えれば、彼らが、自分たちの生き方と人格や品位を結びつけて「もて」を捉えていないからだろう。

一方、日本で「もてない」が問題となるのは、「もてる／もてない」が、対人関係のひとつの様式であると理解されがちだからではないだろうか。情報が流通し、価値観が画一化された環境のなかで、男女間の感情が語られるような社会では、異性との関係の築き方の善し悪しが人格や品位と密接に結びついて語られるようになる。「もてない」があたかも当人のモラルの欠如とさえ捉えられる傾向すらある（cf. 小谷野 一九九七：二六九）。

他方、テワーダの場合、たとえばMのような「もてない」男性たちも、自分の選択として「もてない」ことを選んでいた。実力主義によって生まれる中心と周縁という男性のあいだにある構造化された配置のなかで、彼は周縁で生きることを自分で選んでいた。テワーダの場合、「もて」の構造の周縁にいることは、男性集合のなかにおける話であって、社会全体からの逸脱を意味しない。だからこそ、「もてる」「もてない」といった事柄は、人格とは結びつけられなかった。

一方、日本では、「もてる」ことが高く価値づけられ、男性たちの多くもそのような信念を共有させられている。このような信念が、どのような形で、男性の実際の活動やふるまいに現れているのかは、人それぞれである。だが、そこに画一的な基準がある。だからこそ、異性の目を意識したうえで、見た目や服装の手間のかけ方を教えてくれる数多くの「もてテク本」が日本では流通しているのだろうと私は思う（cf. 鈴木 二〇〇八：一一四―一四〇）。

「もてる」と「もてない」について、情報量の少ないテワーダの男性たちは、どちらの生き方も選べる一方、たくさんの情報をすぐに手にできる私たちは、画一的な基準に依存して「もて」を選ぼうとする。異なる文脈がそれぞれの社会にあるから、どちらの社会がいいかと考えることは無意味である。だが、こうしたテワーダや日本のような「もてる」と「もてない」の現象の現れ方の違いを、うまく整理できる方法はないだろうか。

写真５　テワーダの若者は、森を歩くときに常に弓矢を手にしていた。

「もて社会」という比較軸

「もて」という現象は、どの社会にも潜在的にある。だが、その「もて」が社会全体を覆うような画一性の志向と結びつく場合と結びつかない場合がある。そして、こうした志向を持った社会を「もて社会」という概念を使うことで、うまく整理できないだろうか。

テワーダには、一部の男性が多くの女性を惹きつける「もてる」という現象は見られなかった。一方、女性から性的な関心を払われない「もてない」という現象は見られた。「もてない」を男性は選択することができ、「もて」を志向するこ

写真6　朝靄のなかを歩いていると、朝露のついた植物の花がきれいに映えていた。

とが価値付けられた信念は存在しなかった。

他方、日本の場合には、「もて」は男性の多くに志向されているという意味で、価値づけられた現象である。また、「もてない」は忌避される現象である。「もて」を価値づける信念が日本にはある。日本では「もて」は、社会全体で共有された画一的な志向である。

異性からもてはやされる「もて」という現象が、多くの人によって志向されているという点が、テワーダと比較したときの日本の特徴である。こうした画一的な志向という特徴をもった日本のような社会を、「もて社会」と概念化すれば、テワーダには「もてる男」も「もてない男」もおらず、テワーダは「もて社会」ではない。言い換えれば、画一的な志向を備えた「もて社会」の特徴を持っているため、日本では「もてる」「もてない」が大きな関心事になり、他方、画一的な志向がなく「もて社会」ではないテワーダでは、「もてる」「もてない」は問題とされないと理解できるだろう。

ただし、特定の集団が「もて社会」であるのかどうかを検証する場合、「もて」「もてない」という現象が生まれる人間関係の原理に関心を払うのと同時に、その現象の普遍性と歴史性にも注意する必要がある。日本では、「もてる」「もてない」という言葉は、江戸時代の洒落本にも出てくる（鈴木 二〇〇八：一八）。日本では、「もてる」「もてない」は、江戸時代の都市文化のなかで発展した現象であったと考えられる。

日本の文化的な観念に着想を得た「もて社会」という概念を、ほかの社会に適応できるかどうか、綿密な検証が必要である。ある社会の民俗概念に着想を得た概念は、他の社会にうまく適合しないことがあるからである。

たとえば、ロマンティック・ラブという概念は、西洋の学者の考えだした個人対個人の恋愛モデルであり、近代的な個人という存在が生まれることによって生じるとされてきた（ギデンズ 一九九七：グッディ 二〇〇五）。だが、パプアニューギニア北部沿岸部のムリック（Murik）では、社会経済的な変化による近代化は個人の求愛行動の変化に結びついておらず、社会経済の近代化以後も、依然として、求愛行動は贈与交換の関係に基づく親族関係のなかで構造化されているという（Lipset 2004）。

5　おわりに――「シングル」研究と「もてない」の人類誌

今後、単身者が増加し少子高齢化が進む日本国内の将来の人口動向と並行して、本章で定義づけた「シングル」という概念に包摂できる人びと――構造的隙間と接しながら生きる人びとの存在は、より大きなものとなっていくと考えられる。

このような状況をより深く理解しようとするときに注目する必要があるのは、「シングル」の人びとの内面である。ポリネシアの若者たちについて研究したハートとレーヴィットは、ポリネシアがアメリカの自由連合関係へ編入されたことによって、ポリネシアの若者たちが両親の経験していない大きな変化に直面していること、それによって生まれた困難を克服して成長する自分自身を若者がどのように見つめているのかを観察する必要があると述べた（Herdt and Leavitt 1998: 6）。

これと同じ視点が、「シングル」研究でも必要であると私は考えている。金子によれば、現代の日本は、二〇三〇年には、核家族の典型であった「夫婦と子」世帯が二割に減る一方、単身世帯は逆転して四割に迫ると推計されており、高齢化と人口減少による「人類史に前例のない未知の社会」に足を踏み入れたという（金子 二〇一二b：一三一―一三二）。こうした少子高齢化と単身世帯の増加は、日本だけに限らない。韓国や台湾など、日本以外の国々でも並行して進捗する同時代の現象である（大泉 二〇〇七：二九―三〇）。

そうした大きな変化のなか、現代日本の「シングル」の人びとや、日本と同様の社会変化を経験している別の国の「シングル」は、結婚を経験した両親の世代が経験していない「ひとり」「単独」という困難に直面してなんらかの対処をあみだすはずである。

私は、第2節で、制度とそのなかで生きる人びとの動態に焦点をあて、「シングル」研究の論点を四点あげた。これに加え、両親の経験していない状況のなかで成長する自分を、彼ら自身が見つめる観念的な自画像についても注意深く検討していくことも、「シングル」研究の課題のひとつであり、またそうすることで、「もてない」の人類誌を厚みのある比較研究とすることが可能だろうと私は考えている。

参照文献

Gregor, Thomas. 1985. *Anxious Pleasures: The Sexual Lives of an Amazonian People*. Chicago and London: The University of Chicago Press.

Herdt, Gilbert H. and Stephen C. Leavitt. 1998. "Introduction: Studying Adolescence in Pacific Island Societies." *Adolescence in Pacific Island Societies*, pp. 3–26. Pittsburgh: University of Pittsburgh Press.

Hill, Kim and Hillard Kaplan. 1988. "Tradeoffs in Male and Female Reproductive Strategies among the Ache: Part I and II." In *Human Reproductive Behaviour: A Darwinian Perspective*, edited by Laura Betzig, Monique Borgerhoff-Mulder and Paul Turke. Cambridge: Cambridge University Press, pp. 277–290.

Lipset, David. 2004. "Modernity without Romance?: Masculinity and Desire in Courtship Stories Told by Young Papua New Guinean Men." *American Ethnologist* 31(2): 205–224.

Overing, Joanna and Alan Passes, eds. 2000. *The Anthropology of Love and Anger. The Aesthetics of Conviviality in Native Amazonia*. New York: Routledge.

Reyes-García, Victria, Jose, Luis Molina, Thomas W. McDade, Susan N. Tanner, Thomas Huanca and William R. Leonard. 2009. "Inequality in Social Rank and Adult Nutritional Status: Evidence from a Small-Scale Society in the Bolivian Amazon." *Social Science and Medicine* 69(4): 571–578.

Wardlow, Holly. 2007. "Men's Extramarital Sexuality in Rural Papua New Guinea." *American Journal of Public Health* 97(6): 1006–1014.

赤松啓介　二〇〇四　『夜這いの民俗学・夜這いの性愛論』ちくま学芸文庫。

ギデンズ、アンソニー　一九九五『親密性の変容――近代社会におけるセクシュアリティ、愛情、エロティシズム』松尾精文・松川昭子訳、而立書房。
グッディ、ジャック　二〇〇五『食物と愛――日常生活の文化誌』山内彰・西川隆訳、法政大学出版局。
本田透　二〇〇五『萌える男』ちくま新書。
板垣淑子　二〇一〇「序章〝ひとりぼっち〟が増え続ける日本」、NHK「無縁社会プロジェクト」取材班編『無縁社会〝無縁死〟3万2千人の衝撃』一〇―一六頁、文藝春秋。
金子隆一　二〇一二b「わが国の人口動向と将来――最新人口推計の示すもの」『年金と経済』三一巻三号：三―八。
――　二〇一二a「日本は未知の社会に」、朝日新聞「孤族の国」取材班『孤族の国――ひとりがつながる時代へ』一三一―一三三頁、朝日新聞出版。
小谷野敦　一九九七『男であることの困難――恋愛・日本・ジェンダー』新曜社。
――　一九九九『もてない男――恋愛論を超えて』ちくま新書。
松園万亀雄　二〇〇六「変わりゆく男女の関係と寡婦」『民博通信』一一三号：二―三。
大泉啓一郎　二〇〇七『老いてゆくアジア――繁栄の構図が変わるとき』中公新書。
パットナム、ロバート・D　二〇〇六『孤独なボウリング――米国コミュニティの崩壊と再生』柴内康文訳、柏書房。
関川夏央　二〇〇一『中年シングル生活』講談社文庫。
椎野若菜　二〇〇六「寡婦という言葉」『民博通信』一一三号：一六―一七。
鈴木由加里　二〇〇八『「モテ」の構造――若者は何をモテないと見ているのか』平凡社新書。
田所聖志　二〇〇九「セックスをめぐる男性の『不安』――パプアニューギニア・テワーダ社会から」、奥野克巳、竹ノ下祐二、椎野若菜編『セックスの人類学』一〇五―一四〇頁、春風社。
――　二〇一〇「ニューギニアの『もてない男』」、椎野若菜編『「シングル」で生きる――人類学者のフィールドから』三五―五〇頁、御茶の水書房。

サウディアラビアにおける社会の紐帯と個の遊離

——結婚、ミスヤール、そしてシングル

辻上奈美江

サウディアラビアの女性にとって結婚と子育ては、女性が必ず通過する、あるいは通過すべきライフコースだった。実際に、女性の就労機会がきわめて限定的で経済的自立の可能性が低く、同時に行動の自由に制約のあるサウディアラビアでは、結婚は経済的・社会的なセーフティネット（安全網）の役割を果たしてきた。サウディアラビアでは、夫が生計を支えることが一般的に求められるため、妻には経済的な義務が発生しない。女性は、「女性に生来そなわった」、母あるいは妻としての役割を果たすことで社会的な地位を確立することができた。中東地域のジェンダー論研究者であるデニズ・カンディヨティは論文「家父長制との交渉（Bargaining with Patriarchy）」において、中東地域の女性が自らの安全と生活の最適化のために、戦略的に家父長制を支持するメカニズムが存在すると指摘した（Kandiyoti 1988）。サウディアラビアの女性もまた、男性に責任を負わせ、自らは出産と子育てを通じて生活の安定や周囲からの敬意を獲得することができたのである。

人びとの行動様式に影響力を有してきた宗教界も結婚を奨励してきた。サウディアラビアの著名なウラマー（イスラーム学者）によるファトワー（法学的見解）では、ウンマ（ムスリム共同体）拡大のため、そしてウンマの性秩序維持のため、男女ともに結婚し、婚姻関係を結んだうえで出産することが奨励された。

だが、近年の離婚率は高い。また高学歴で専門職に就く女性のあいだでシングル化も徐々に進展している。アル＝アラビーヤ・テレビでは、二〇一一年のサウディアラビアの離婚率は三五％であったと報じている[1]。これに歩調を合わせるように、女性が一生のうちに出産する子どもの数も減少してきた。世界銀行の見積りによると、サウディアラビアの

写真1　リヤド中心部の様子

合計特殊出生率は一九八〇年には七・二人であったが、二〇一〇年には二・八人へと減少している[2]。現代のサウディアラビアにおいて、結婚と離婚はどのように実践され、そして変化しているのか。また年々増加傾向にあると考えられるシングルたちは、どのように自らを受け止め、そしてどのように生き抜いているのか。

本章では、サウディアラビアにおける社会的紐帯に留意しながらも、離婚の増加、「ミスヤール」の出現といった新たな現象を捉えながら、緩やかな意味での「シングル」を定義したい。ここで定義する「シングル」とは、離婚したり、寡婦となったり、独身でいることに加えて、形式的婚姻関係を維持しながら事実上シングルになることも検討する。「シングル」は固定的な地位や状態ではなく、流動的で可変的であると捉える。また、より抽象的に、部族や拡大家族といった社会的紐帯から埋没した状態から、シングルになることによって「個」が遊離することをも射程に入れる[3]。

1　重視されてきた結婚と増加する離婚という矛盾

国家形成時における部族統合のための結婚

一九三二年に建国されたサウディアラビアでは、建国当初から国家形成に結婚が重要な役割を果たしてきた。初代国王アブドゥルアジーズは各地の部族長の娘と婚姻関係を結ぶことによって、部族を平定したとされており（小串 一九九六：冨塚 一九九三）、結婚は国家形成の鍵となる政治的手段として活用された。なお、「部族」は、社会人類学では一般的に「共通の言語や慣習を有し、ある範囲の地域に住む人々の集まり」と定義される（鳥越、村武 一九八七）が、アラビア語でカビーラと呼ばれる「部族」は、アーイラ（家族）の集合体として収縮性のある団結力を有することが多い。

そこで本章では、「一定の社会的勢力を持って存在する親族関係を核とした集団」（酒井　一九九三）と定義することにする。

結婚は部族の結束力を強化する役割を担ってきた。このため部族内での結婚は今日でも一定の割合で実践されているとされる。一九九五年に発表されたアル＝ハズミーらの研究によれば、親族関係内で実践される婚姻は全体の五七・七％にのぼる。三二一二のサウディ人世帯について行ったこの調査では、二八・四％がイトコ婚であることが明らかにされた（El-Hazmi et al. 1995）。建国以来、サウディアラビアの国王は、人びとを定住化させ、教育や福祉を充実させることによって、また莫大な公共投資を通じて、部族よりは国家のアイデンティティを強化することに腐心してきた。結果的に国民の愛国心を育成することにもある程度は成功した（中村 二〇〇一）。だが、部族的忠誠心が国家に対する忠誠心を凌駕する分野は残されており、婚姻はそのひとつである。

一九七〇年代にサウディアラビア西部での現地調査を行い、エリート家族の思考様式と行動様式の変容を解明しようとしたサウディ人人類学者スラヤ・アル＝トルキーは、一定の年齢に達した女性はほぼすべて婚姻関係にあることを観察から明らかにしている。アル＝トルキーの研究では、教育システムの導入や都市化・核家族化にともなって、女性の行動様式がどのように変化するかを三つの世代に分けて考察しているが、中高年の女性については妻として、母としての役割に焦点が当てられた。アル＝トルキーの研究では、稀にシングル女性について言及されるものの、彼女らについては詳しく触れられておらず、その生活実態は明らかにはされていない。アル＝トルキーは、家長である夫が死亡した場合に妻の扶養義務や財産管理は、夫の兄弟、息子が成人していれば息子、あるいはいずれも不在の場合には妻の兄弟に委譲されるのが一般的であるという。そのような社会では「男性親族がいなければ、女性は（寡婦になった場合以外）夫なしに一人で生きることは不可能」（Altorki 1986：82）とされた。

複婚、ミスヤール

人びとの宗教実践に影響力を有するウラマーも結婚の重要性を繰り返し強調している。彼らはファトワーにおいて「結婚には多くの利点と便益がある」、「独身を貫くことには危険が伴う」（辻上 二〇一一：八三）などと述べて、結婚を奨励する傾向がある。他方でウラマーは、複婚に関しては寛容である。「一夫多妻には、多くの利点がある。男性に貞淑さと、女性により多くの貞淑さ。多くの子どもが生まれ、ウンマが増強され、アッラーへの崇拝が高まり、扶養される女性と彼女らの生活費が増え、彼女らはいっそう美しくなる」（辻上 二〇一一：八四）といったファトワーが示すように、複婚は宗教界によって許容されるのみならず、奨励すらされている。

サウディアラビアにおける複婚者数を知るための有効な統計は不在である。だが都市化、教育レベルの向上によって複婚が減少したという前提や、複婚は王族など富裕層に限定されているという一般的なイメージに、サウディ人弁護士で、同国の複婚の状況について調査したマイ・ヤマニは疑問を投げかける。ヤマニによれば、統計データは存在しないものの、一九七〇年代以降、サウディアラビア西部では、都市の教育レベルの高い男女の間で複婚が増加した。ヤマニは、石油収入の拡大やイスラーム復興運動の勃興の結果、サウディアラビアにおいて夜をともに過ごさない婚姻の形態「ミスヤール」が増加したという。

ミスヤールとは、アラビア語で「行く」あるいは「去る」を意味するサーラ（*sāra*）の派生語で、「夜をともに過ごさない関係」として理解されている。ミスヤールでは、通常の婚姻契約と同様に、二人の証人、新婦の後見人、婚資などが必要とされることが一般的であるが、夫は妻の扶養義務がなく、妻には夫の遺産相続権はない。このため、男性側は複婚の際にミスヤールを希望することが多い。女性の側は、経済的に自立しているが婚期を逃した女性や、離婚女性、寡婦のほか、第一夫人にはなれない特定の社会的地位、年齢などの女性もまた、ミスヤールを受け入れる傾向があると指摘されている。ヤマニの調査に協力した女性たちは、シングルで居続けることへの不安、出産願望、家族からの結婚の圧力の回避、恋愛の正当化、寡婦に対する社会的蔑視などをミスヤールの理由として挙げた。結果的に、ヤマニの研究では、ミスヤールの妻や二人目以降の妻は、結婚当初こそ夫との関係を楽しめるが、長期的には第一夫人家族が優先される傾向があることが明らかになった。また第一夫人は、通常、夫の実家との交流を求められるのに対して、複婚の妻は夫の家族と直接的な関係を築くことは稀であるとも指摘されている。

増加する離婚

婚姻関係が重視される一方で、近年、離婚の増加が指摘されていることも無視できない。湾岸諸国の離婚の現状について調査したサウディ人研究者モナ・アル＝ムナッジドは、離婚の一因は「取り決められた早婚」にあると指摘する（Al Munajjed 2010: 1）。若者は男女ともに結婚相手を自由に選ぶことができず、家族の利益が優先される。とりわけ女性は二〇代前半で結婚するよう社会的圧力がかかるのだが、男女の自由な交際がほとんど許されない社会において、結婚前に男女が互いのことを知る機会は少なく、見知らぬ他人同士が突然、結婚生活を始めるのに等しいという（Al Munajjed 2010: 12）。また女性の教育レベルや就労機会の向上で、女性の行動範囲が拡大し、経済的に自立した女性が増えたことも離婚率上昇の一因であると指摘する。

国際連合西アジア経済社会委員会（ＥＳＣＷＡ）やサウディアラビア政府の発行する複数の統計に基づくアル＝ムナッジドの計算によると、サウディアラビアの離婚率は一九九五年で一九・四〇％、二〇〇六年に二一・一四％、二〇〇七年には二〇％であった。特に結婚直後に離婚するケースが多いとされ、「低年齢で結婚し、すぐに離婚するが、再婚も早い」（Al Munajjed 2010: 4）。サウディアラビアには、女性から離婚の申し立てができるよう定めた身分法や家族法は存在しない。アル＝ムナッジドは、サウディアラビアでは、年長の男性が女性の家族構成員について権力や意思決定権を有していると指摘しつつ、女性が離婚を望む場合には、夫のみならず、家族や親、伝統などの社会システムを拒否することすら意味すると論じる。とくに婚姻が部族的紐帯と強く結びついていたり、婚姻関係を通じた政治的・経済的資源の獲得がめざされる社会（Altorki 1986）において、離婚が選択される社会的背景について解明する必要がある。

女性に集中するシングル

サウディアラビア中央統計局は二〇〇七年に興味深い統計を発表している。表1は、『人口と住居に関する人口調査概要一四二八年〔西暦二〇〇七年にあたる〕』に記された年齢別の未婚、既婚、離婚、寡婦／寡夫の数である。この統計では、母数が一〇九八万人程度となっているが、世界銀行の統計によれば二〇〇七年当時のサウディアラビアの人口が二五九一万人であり、このうち三～四割が外国人であると推定されるので、当時のサウディ人人口の三分の二程度に関

表１　年齢別婚姻状況

（人）

年齢	計			寡婦/寡夫		離婚		結婚		未婚	
	計	女	男	女	男	女	男	女	男	女	男
15-19	1924098	952298	971800	0	0	1438	0	37079	2584	913781	969216
20-24	1784901	879874	905027	953	0	6563	941	345344	110137	527014	793949
25-29	1525400	761580	763820	3240	0	18803	6214	543067	448322	196470	309284
30-34	1293670	645973	647697	7163	64	25403	7879	551489	554199	61918	85555
35-39	1060258	531588	528670	13849	753	21430	7653	473206	488552	23103	31712
40-44	865087	426304	438783	14889	416	14589	7871	386889	416822	9937	13674
45-49	686139	334441	351698	14031	324	11816	4369	303341	340478	5253	6527
50-54	541379	266932	274447	17952	1862	6962	2452	238820	265189	3198	4944
55-59	392807	190868	201939	25769	1787	6837	1136	156707	197071	1555	1945
60-64	297956	147492	150464	27584	2060	4869	1551	114166	144559	873	2294
65-69	211173	107859	103314	46751	1936	2683	1273	57696	99563	729	542
70-74	166544	77643	88901	39884	1613	2607	1542	34666	85273	486	473
75-79	99414	46883	52531	27447	2151	2045	1127	16704	47748	687	1505
80-	132442	68849	63593	53387	10630	2050	1363	12739	50594	673	1006
合計	10981268	5438584	5542684	292899	23596	128095	45371	3271913	3251091	1745677	2222626

出所：*Demographic Research Bulletin 1428*, Central Department of Statistics and Information, 2007[(4)]

するデータであると考えてよいだろう。

表によると、一〇代および二〇代では、男性未婚者が女性未婚者を上回っているが、三〇代以降では既婚男性の数が既婚女性に追いつく。そして顕著な差が見られるようになるのが四〇代以降である。高い割合の男性が既婚者の範疇に入るのに対して、女性については徐々に寡婦が増えていく。未婚者数については若いうちに急速に減少し、男女ともに四〇代を境にきわめて少なくなる。既婚者および未婚者については男女間でほとんど差が見られないのに対して、離婚者数については男女差が明確にあらわれる。とりわけ二〇代後半の女性の間で急上昇し、三〇代にかけてピークを迎える。男性については三〇代前半まで上昇するものの、女性に比べれば緩やかな上昇傾向である。そして四〇代からは男女ともに離婚者数は下降傾向に入る。寡婦・寡夫数についても、男女間で顕著な差が見られる。男性については年齢を重ねても寡夫数がほとんど上昇せず、高齢者をのぞくすべての年齢層できわめて少ないのに対して、女性については、二〇代後半から急速に増加する傾向がある。既婚者、未婚者数については男女で年齢別の差異がほとんどみられないのに対して、離婚者および寡婦・寡夫数については男女間で年齢が上がるにつれて差異が顕著になるのである。

離婚または死別によってシングル化する傾向が男性よりも女性においてより顕著であることの原因は十分に明らかではないが、男性のみに許された複婚が部分的に関係している可能性は否定できない。女性は離婚あるいは死別によってかならず寡婦となるが、男性は、もし複婚関係にあれば一人の妻と離婚あるいは死別したとしても寡夫にはならず、既婚者に分類される。複婚が実践され続けるかぎり、女性は必然的に男性よりもシングルになる可能性が高いと考えられる。

2　さまざまなセーフティネットとしての結婚

いわゆる家父長的社会において結婚は女性のセーフティネットとして機能してきた。だが、同時にそのセーフティネットは変容しつつある。以下では、筆者がサウディアラビアで実施した聞き取り調査から得たデータをもとに、女性たちが結婚をどのような安全網として活用しているか、そしてそれらが今、どのように変化を遂げようとしているのかを検討する。

僚妻たちの互助機能

六〇代後半のジャウハラは、カシーム州の出身で、数十年前に家族でリヤドに越してきた。夫ハーリドは建設系の会社を経営していたが、一〇年ほど前に病死した。ビジネスで成功したハーリドは、生涯に九人の女性と結婚した。ハーリドが亡くなった時、第一夫人のジャウハラをはじめ、彼には四人の妻がいた。ハーリドは生前、リヤドに広大な土地を購入し、第一夫人から第四夫人、そしてそれぞれの息子たちに分け与えて、それぞれの家を建てた。ジャウハラと残りの三人のダッラ（僚妻）とは、それぞれに独立した戸建の家に住みながらも、それぞれの庭が内側のドアでつながっていて、いつでも行き来することができる。ダッラたちの年齢は、ジャウハラがもっとも年長で、第二、第三と順に年齢が下がっていく。第四夫人はおそらく四〇代で、五〇代前半のジャウハラの娘よりもずいぶん若く見える。

ダッラたちは、週末になるとジャウハラが開催する「夜食会」に集まってくる。ここで筆者が「夜食会」と呼ぶものには、本来特に名前がないのだが、夜の八時から九時頃に集まりはじめて、甘いケーキをたらふく食べ、日付が変わってからようやく食事の時間となり、食事が終わると皆、そそくさと帰宅するので便宜的にこのように呼んでいる。年長のジャウハラは、いつも年下の親族女性を招く立場にあるようだ。ダッラたちは、他の客たちと頬を合わせて挨拶するが、ジャウハラにだけは頭にキスをして挨拶する。頭にキスをする挨拶は、年長者への敬意を表している。この時、集まった客がダッラであることを知った筆者が、彼女らの仲の良さに驚いていると「私たちは皆、とても仲が良いのよ。何ならあなたも私の夫と結婚して私のダッラになるといいわ」とジャウハラの娘のひとりがジョークを飛ばしたほどだった。

だが、次第にダッラたちを招いた夜食会はそれほど頻繁には開かれていないことがわかってきた。サウディアラビアの週末は木・金曜日で[5]、夜食会は休前日の水・木曜日の夜に開かれる。ジャウハラの夜食会の常連となるにつれて、夜食会の主なメンバーはダッラたちではなく、ジャウハラの娘たちであることに気づいた。娘たちは、週末になると娘たち（ジャウハラの孫）を連れて母のもとを訪れて夜中までおしゃべりを楽しんでいる。ダッラたちとの夜食会は、頻度が低いうえに、娘たちとの会話のように明け透けというわけにはいかないようだ。ダッラたちは、第一夫人を頂点とする緩やかなヒエラルキーを維持しながらも、日常的にはある程度プライバシーを尊重しながら生活を営んでいるように見える。そのことを示しているのが、第四夫人の再婚である。第四夫人は、ハーリドとの結婚直後に寡婦になった。まだ若かった彼女は、別の男性と再婚し、娘を出産した。第四夫人は、再婚相手とともにハーリドが遺した家に住んでいる[6]。再婚相手がハーリドの遺した家に住んでいるのは、ダッラたちの賛同を得られたからだろう。

夫の死後もなお、なぜダッラたちは内側のドアでつながった生活を続けているのだろうか。筆者の質問に、彼女らは「仲が良いから」というシンプルな回答をした。たしかに部外者のざっくりとした観察では、彼女らのあいだには一般的に想定されそうな嫉妬やトラブルは観察されない。しかし、彼女らが近距離での生活を続けているのは、単に「仲が良いから」というのみではないだろう。筆者なりの解釈から浮かび上がった理由は、第一に経済的なことである。専業主婦の彼女らは、ハーリドの死後、自力では購入できないような大きな家を相続した。彼女らにとって、夫が遺してくれた家に住み続けるのが、もっともコストがかからなかった。だから、彼女らはダッラ間のトラブルを避けつつ、適度な距離を維持しながら生活しているのではないか。

他方で経済的理由に還元できない理由もありそうだ。夫亡き今、女性のみの世帯には何かと不便なことが多い。たとえばサウディアラビアでは女性は自動車を運転できない。だから大抵の家庭では外国人運転手を雇っているが、運転手も時には帰国したり、辞めたりする。そんなとき、ダッラたちは互いの運転手を融通し合うこともできる。また互いの子どもたちが助けてくれることもある。筆者がある時、リヤドの空港に到着すると、ジャウハラの娘アミーラは「今日は運転手がいないから」と言って、とても若い「弟」を空港に迎えに来させた。アミーラとはあまりにも年齢差がありそうなので聞いてみると、僚母の子どもだという。

息子たちは、母や娘の「マフラム」となることができる。マフラムとは女性に同伴する男性を指し、夫のほかに父や息子、兄弟など、結婚できない関係にある者がマフラムとなることができる。遠出する際、女性には「マフラム」の同伴が必要あるいは好ましいとされている。生活するうえで、さまざまな出来事に遭遇することを考えると、「マフラム」の選択肢は多いほうがいい。家族以外の男女の交流に制約があるこの社会で、ダッラたちはプライバシーを保ちながらも、しかし緩やかに依存し合って生活する。複婚は多くの場合、夫の意思によって実践されるのであって、女性が望んで得たものではないだろう。しかし、ダッラ同士が、適度に自立を保ちながらも、ダッラ間の関係や子どもたちとの関係をうまく活用していく過程は、与えられた環境をより戦略的に活用していく姿勢の現れといえるだろう(7)。

行動の自由と形式的婚姻関係のトレードオフ

ある大学で准教授として勤務する四〇代前半のリームは、ジャウハラとは別の事情で複婚を受け入れた。二〇〇七年に筆者がリームに出会った当時、彼女には、二一歳、一九歳、二歳の三人の娘がいた。三人目の娘の妊娠が判明する直前、夫の様子が変化した。夫は突然、仕事を辞め、帰宅する頻度も激減した。数か月後、夫は隣町でアラブ系の外国人女性と結婚していると打ち明けた。リームが夫に理由を問いただすと、彼はリームとの間に男の子が生まれなかったからと答えた。それまで夫は、男の子が生まれないことなど問題ではないと言い続けてきただけに、リームは突然の夫の変心に強いショックを受けた。辛い環境におかれたリームが授かったのは、娘だった。同じ頃、夫には第二夫人との間に息子が生まれた。夫は息子の写真をリームに見せびらかした。リームには、なぜ夫が彼女の気持ちを踏みにじるのかわからなかった。気の毒に思ったリームの親戚は、夫と離婚して再婚することを勧めた。だが、リームは夫との別居は受け入れたものの、離婚は受け入れなかった。彼女は、その理由として、「夫は私の思い通りになるから」と言う。大学で働くリームは、しばしば国際会議に出席する。サウディアラビアでは、女性が単独で海外に渡る際、夫または父親の許可を得る必要がある。夫は、彼女がひとりで海外出張に行くことに理解があった。父親が他界した今、彼女が離婚すれば、リームの渡航を許可するのは兄となる。兄は気難しい性格である。もし離婚したなら、海外出張以外にも、リームや娘たちの生活への干渉は避けられないだろう。また親戚の勧めに従って再婚することもはばかられた。というのも、年長の娘二人は適齢期を迎えつつある。男女の「隔離」を実践する社会において、リームが別の男性と結婚して娘たちと同居することにはなにかと問題が生じるだろう。リームは、次善の策として、夫との形式的な婚姻関係の維持を決意したのだった。

3　変化する社会とライフスタイル

しかし同時に、女性たちは積極的または消極的戦略性のために婚姻関係を維持するのみではなくなった。とりわけ若い世代で離婚は増え、また結婚しない女性も出現してきた。

拡大する離婚

二〇〇七年の筆者の現地調査時、再婚を控えた二一歳のアマルの母スアードは当時未婚だった筆者に皮肉を込めてこう言った。

「あなた、その歳で一度も結婚したことがないの？　私の娘は二一歳で二回目の結婚をするのよ」

ちょうどアマルの結婚披露宴が迫っていたので、筆者も披露宴に招待されて参加した。二度目の結婚だったせいか、あるいはアマルと夫の経済的能力を反映してか、披露宴は自宅で小規模に行われた。サウディアラビアの結婚披露宴は、男女別に行われる。サウディ人は概して「派手婚」を好み、数百人の客を招待してホテルや結婚式場で豪勢に行うのが一般的だが、この日はアマルのおばやイトコなど馴染みの顔ばかり二〇人程度の慎ましい披露宴だった。それでも客たちは楽しげにおしゃべりして、歌って、踊って披露宴を盛り上げた。披露宴が終盤に近づくと、新郎が登場する。花嫁と花嫁の母親以外の女性は皆、いっせいに頭から大きな布を被って顔を隠した。新郎が再婚かどうかはわからなかったが、見るからに若そうな印象だった。

一〇代で結婚後、すぐに離婚するケースは決してめずらしくはない。四人の子どもをもつ四〇代のアミーラも一四歳の時、最初の結婚をしていた。相手はアミーラよりはずっと年上だった。相手は「優しくていい人だった」が、結婚生活はたった数日間で終わりを迎えた。じつはアミーラは結婚当時、自らの身に何が起こるのかわからず不安で泣いていた。アミーラを不憫に思った夫が、性的交渉をもつ前に彼女を親元に戻す決断をしたという。アミーラは当時をふり返って「私には結婚する準備がまったくできていなかった」と言う。サウディアラビアでは最低結婚年齢は定められておらず、学校での性教育も行われていない。親戚の女性たちの夜食会で性についての猥談が繰り広げられることはあるが、性は大人だけが知ることのできる秘話となっている。子どもが親から性について教育を受ける機会はほぼ皆無である。アミーラが現在の夫マーゼンと結婚したのは大学を卒業してからだったが、当時二〇代半ばだったマーゼンもまた離婚を経験していた。

結婚はもはや唯一のセーフティネットではなくなった

筆者が二〇一一年に調査を行った際、アマルには、再婚相手との間にひとりの子どもが生まれていた。かつて未婚の筆者をずいぶんなじったアマルの母スアードが今度はどんな皮肉を言うのか、筆者は内心楽しみにしていた。だが、スアードからは自慢話はなかった。むしろアマルが仕事を見つけられずに困っているという話がアマルのおばワファから聞こえてきた。ワファは、アマルに仕事を探してほしいと筆者に頼んできた。「彼女はキング・サウード大学を卒業して優秀だけど、夫の給料が安くて困っているの。どうしても仕事を探さなきゃならないのよ」。

ちなみにこの時の筆者のサウディアラビア滞在期間は一〇日程度であった。外国人が短期の滞在で他人の仕事を探すなど、およそ不可能なことであるが、ワファには思惑があった。外国人である筆者は、しばしば現地の有力者と面会する機会が訪れる。ワファは、筆者を利用してアマルを職に就かせようとしたのである。そのような相談がもちかけられた矢先に、たまたま教育省幹部に会う機会が訪れた。大学で教育学を専攻していたアマルは、もちろん筆者に同行した。筆者の「友人」という設定で同行したアマルだったが、先方はアマルの意図をすぐに読みとり、助言を与えた。助言は単純かつ明確だった。「最低でも修士号を取りなさい。それから経験を積みなさい」。サウディアラビアでは評価の高いキング・サウード大学を卒業したアマルは、学歴には自信をもっていた。しかし、学士号では不十分というアドバイスは彼女には衝撃的だったようだ。面会後の彼女は、ショックを受けつつも「開眼させられた」と晴れやかに語っていた。

二〇一三年、久しぶりにワファたちの夜食会を訪れると、アマルの顔が見えない。アマルの近況を尋ねると、仕事は見つかったのだが、毎日片道二時間近くかけてリヤドの郊外の学校に通勤しているという。アマルは通勤に疲れて夜食会にもなかなか顔を出さないらしい。

アマルの母親スアードは若くして結婚・出産し、長年、専業主婦を続けてきた。結婚と出産こそが、女性が進むべき人生だと信じてきた。おそらくアマルが若くして結婚し、離婚後すぐに再婚した背景には、母親の人生や考え方が反映されているのだろう。しかし、アマルにとっての結婚は、母親の世代の結婚とは異なるものだった。サウディアラビアは、一九七〇年代のオイルブーム時には飛躍的な経済成長を遂げた。経済成長にともなって、人びとの生活も大きく変化した。スアードの家庭は特別に豊かだったわけではないが、それでも夫が働けば家族を養うだけの収入を得ることができた。だが、アマルには母親とは同じ人生は待ち受けていなかった。公務員の職は安定していて人気があるが、人口増加でとっくに飽和状態となっている。若者の間で失業が深刻化しているが、他方で物価上昇は留まるところを知らない。

結婚しても、夫にはアマルと子どもを養うのに十分な所得はない。キング・サウード大学出身だからいつでも教員の仕事が見つかると思っていたが、現実は甘くはなかった。教員になるためには修士号が必要だという現実を突きつけられたのだ。アマルは修士課程には進まないで仕事を探しつづけたが、やっと見つけた仕事は通勤に片道二時間の学校だった。

女性の教育レベルの向上と深刻化する若者の失業

サウディアラビア政府は、二〇〇〇年代に入り、高等教育を重点化させてきた。一九九〇年代までは、サウディアラビア国内の大学数は単科大学を除くと一〇に満たなかった。また、大学はリヤドやジッダなどの主要都市にしかなかった。だが、二〇〇〇年代に入り、総合大学および単科大学が乱立するようになった。小規模な都市にも大学が設置され、現在では六〇以上の大学が設置されている。特徴的なことは、大学への入学者数の男女比である。男性が三一万人に対して、女性は四三万人と男性を大きく上回っている。[8] 男性の一部が海外の大学を選択している事実を差し引いても、女性の高学歴化は軽視できない。

写真2　サウディ初の女子大学、プリンセス・ヌーラ大学

他方で、若者の間で失業は深刻化している。政府は二〇一三年の一五歳以上のサウディ人の失業率を一二%と発表した。男性六・三%、女性三四・八%であった。[9] 国外の機関は、サウディアラビアの失業率は若年層の間で非常に深刻であると見ている。たとえば米国中央情報局（ＣＩＡ）は、サウディアラビアの一五〜二四歳の失業率を男女あわせて二八・二%、うち男性失業率が二三・六%、女性失業率は四五・八%と推定している。[10] プライドの高い若者は賃金や社会的地位の低い仕事に就きたがらないため、若い失業者には自発的失業もかなりの割合で含まれると考えられてきた。しかし人口は年率二・九%（二〇一二年）と急速に増加し、二〇一二年の総人口は二九〇〇万人を超えた。二〇一二年のインフレ率は二・九%であり、継続的な高いインフレ率は人びとの生活を逼迫してきた。[11]

かつては妻・母としての役割が女性にとってもっとも重要な役割とされた

（辻上 二〇〇四）。だが、価値観は変化しつつあり、若い女性たちは就労する必要に迫られている。「アラブの春」で一定の脅威を察したサウディアラビア政府も、若者への雇用機会の創出を重点課題のひとつと位置づけている。サウディ人の雇用実績にもとづいて企業を格付けする労働省の取り組み「ニターカート（*nitāqāt*）」は二〇一一年に本格稼働し、これまで女性が就くことが禁止されていた店舗での就労を可能にした。女性は、女性用下着専門店や香水専門店のほか、スーパーマーケットのレジ係などの仕事に就くことができるようになった。好意的な反応も見られた。一〇代後半の娘を持つ女性に、もし娘が店舗で働くことになったらどうするかと尋ねたところ、「もっと条件の悪い仕事は多い。露店で働くよりセキュリティがしっかりしていて良い」との回答が得られた。かつて女性が店舗で働く際には、家族以外の男性と交流しなければならないことが懸念されたが、失業の深刻化とインフレに直面する今、その理念は価値を失いつつあるのかもしれない（辻上 二〇一二）。

専門職女性たちのシングル化

女性の就労が拡大するなかで、一部の専門職に就く女性の間でシングル化が進んでいる。大学卒業後に新聞社で記者として一〇年あまり働いた後、脚本家として転身したマハー（三五歳）は、結婚願望はあるが、結婚したことはない。マハーの理想の男性は、映画俳優のような顔立ちと体格に加えて、頭脳明晰でなければならない。「そんな男性、見たことある？」と尋ねると、「なかなかいないわね」と即答した。脚本の執筆に加えて、国内各地での公演活動にも赴く彼女の仕事は次第に忙しくなってきた。彼女は、遠くを見ながら「結婚して、仕事も辞めてのんびり暮らしたいわ」と叶えるつもりもない夢をつぶやいた。

専門職に就く三〇代なかばの女性のなかには、マハーのように意図しないままにシングルを貫く女性も少数ながら顕在化してきた。背景には、学歴や専門性が高まるにつれて、彼女らに釣り合う男性が身近に存在しない問題がありそうである。彼女らが受ける社会的圧力も弱まってはいない。周囲からのプレッシャーはないかとの筆者の質問を「そんなことは言わせない」とマハーは振り切った。マハーはプレッシャーをかけられそうな場を避け、シングル女性のネットワークを形成してきた。マハーの妹はリヤドの病院で看護師として務めるシングル女性であるし、マハーの親友ヌーラも実質的にシングルである。テレビ局でディレクターを務めるヌーラは、一〇代で結婚し、ひとりの息子が生まれた。だが、次第に夫との関係が悪化した。離婚はしていないが、息子と夫との別居生活は長い。マハーとヌーラは、休日の午後、時折ヌーラの家でのんびりとおしゃべりして時間を過ごすこともある。

4 シングルのゆくえ

サウディアラビアにおいて結婚はかつて内政の安定や部族の結束力の強化のツールとして活用されてきた。部族の平定を通じて国家の統一を果たした初代国王は、諸部族長の娘と結婚することを部族平定の鍵と見なしていた。結婚は部族内の結束力を強化する機能があり、イトコ婚などは社会生活のいくつかの場面における部族の重要性を示すものである。だからこそサウディアラビアでは、一定の年齢に達した男女には、親族が見つけた相手との結婚は避けて通ることのできない通過儀礼とされてきた。

けれども、サウディアラビア政府の発表するデータから、男性についてはすべての年齢を通じて婚姻関係にある者の割合が多かったのに対して、女性は高年齢になるほどシングル化が進展する傾向があることがわかった（表1）。女性たちは夫との離婚や死別を経てシングルになるケースが男性よりも多い。だが、彼女らはシングルあるいは事実上のシングルとなっても、結婚という通過儀礼を経て得たネットワークを戦略的に活用することによって社会的制約を切り抜けてきた。複婚の妻たちのなかには、ダッラ間の争いを避け、相互依存関係をうまく活用してきた例もある。夫との実質的な結婚生活は諦めたものの、自らの行動の自由を確保するために離婚せず、形式的な妻として留まることを決意した女性もいる。本章に登場したジャウハラもリームも、経緯や理由は異なるが、複婚を受け入れることで、生活上の戦略を形成していることがわかる。

他方で、経済的・社会的構造の変化にともなって、結婚は女性にとって唯一絶対のセーフティネットではなくなりつつある。一〇代で結婚と離婚を経験し、再婚を急いだアマルは、再婚相手の収入のみでは生計が成り立たず、必死で仕事を探すことになった。結婚して子どもを持つことが女性の生計手段の獲得に直結していた時代は去ったのだ。サウディアラビアでは急速な人口増加の結果、サウディ人であれば誰でも公務員の職が用意されている時代が終わりつつある。人口増加にともなって一人当たりの富はすり減る傾向にあり、失業も深刻化してきた。しかしインフレが収まる様子はなく、ダブルインカムでなければ家計を支えられない。結婚するだけでは、もはや充分な経済資源を獲得できなくなりつつある。同時に女性たちの社会の構成員としての役割も、結婚し、良き母として次世代を再生産し、育成することだけではなくなったのかもしれない。政府が二〇一一年に本格稼働させた「ニタークート」では、女性を含む若者の雇用創出が重点課題のひとつとなっている。

　このような潮流のなかで、静かに存在感を強めているのがシングル女性である。高学歴で専門職に就く女性のなかには、「結婚しない」と決めたわけではないが、専門性が高まるにつれて、結婚相手を探しにくくなったと感じる者が出現してきた。結婚に対する社会的圧力が強い社会で、彼女らはシングル女性のネットワークというニッチを形成しつつある。政府が高等教育を推進してきた経緯を考えれば、一部の女性のシングル化は当然の結果といえる。

　社会経済構造の変化にともなって、サウディアラビアの女性たちは「家父長制との交渉」のみではみずからの生存のための安全網を確保できなくなってきている。若い世代で離婚率が高いのは、結婚に対する社会的な圧力と現実に結婚によって提供される便益の間に大きな乖離があることを示しているのかもしれない。若い世代の女性たちは、結婚してもしなくても、教育や就労の必要性に迫られるようになってきた。そしてその結果、伝統的紐帯に埋没していた個が遊離する現象が起きはじめている。

注

（1）アル＝アラビーヤの放送内容については以下参照。
Khalid Alshayea, “Saudi analysts warn of dire consequences of high divorce rate,” Al Arabiya News, 15 February 2012. <http://english.alarabiya.net/articles/2012/02/15/194847.html> Accessed 24 October 2013.

（2）“Fertility rate, total (births per woman) Table,” Data, The World Bank. <http://data.worldbank.org/indicator/SP.DYN.

TFRT.IN>; "World Development Indicators: Reproductive health, 2013," The World Bank. <http://wdi.worldbank.org/table/2.17> Accessed 24 October 2013.

（3）本研究は、一次資料および二次資料の文献調査に加えて、国際交流基金の平成一九年度知的交流フェローシップ（派遣・中東）、およびＪＳＰＳ科研費（課題番号二二八三〇〇六五および二四七三〇一四八）を受けて行った現地調査に基づいている。

（4）Central Department of Statistics and Information, *Highlights Demographic Survey 1428H* (*2007*), Central Department of Statistics and Information, Kingdom of Saudi Arabia. <http://www.cdsi.gov.sa/english/index.php?option=com_docman&task=cat_view&gid=43&Itemid=113> Accessed 24 October 2013.

（5）なお、週末の曜日は二〇一三年六月から金・土に変更となった。

（6）サウディアラビアでは夫方居住が一般的であるが、この第四夫人については妻方居住となっている。理由は明らかではないが、ハーリドとの結婚の際にも第四夫人であったこと、次の結婚では再婚であったことなどを考慮すれば、彼女には経済力のある男性との結婚が難しかった可能性がある。

（7）詳細は、辻上奈美江「一夫多妻を活用する妻たち――サウジアラビア」『Asahi 中東マガジン』二〇一〇年七月二七日掲載、最終閲覧日二〇一三年五月一八日。

（8）Central Department of Statistics and Information., *Highlights Demographic Survey 1428H* (*2007*). Central Department of Statistics and Information, Kingdom of Saudi Arabia. <http://www.cdsi.gov.sa/english/index.php?option=com_docman&task=cat_view&gid=43&Itemid=113> Accessed 24 October 2013.

（9）Central Department of Statistics and Information., *Unemployment Rates* (*15 Years and Above*) *by Sex*. Central Department of Statistics and Information, Kingdom of Saudi Arabia, 2013. <http://www.cdsi.gov.sa/english/index.php?option=com_docman&task=cat_view&gid=85&Itemid=162> Accesed 24 October 2013.

（10）Central Inteligence Agency (CIA), *The World Factbook*|*Saudi* Arabia, Central Inteligence Agency. <https://www.cia.gov/library/publications/the-world-factbook/geos/sa.html> Accessed 24 October 2013.

（11）Central Department of Statistics and Information, *Change in the Cost of Living (Inflation) for 2012*. Central Department of Statistics and Information, Kingdom of Saudi Arabia. <http://www.cdsi.gov.sa/english/index.php> Accessed 28 April

2013.

参考文献

小串敏郎　一九九六　『王国のサバイバル――アラビア半島300年の歴史』国際問題研究所。

酒井啓子　一九九三　「国家・部族・アイデンティティー」、酒井啓子編『国家・部族・アイデンティティー――アラブ社会の国民形成』三―二八頁、アジア経済研究所。

辻上奈美江　二〇〇四　「女性の経済活動から見るサウジアラビアのジェンダー関係」『中東研究』一巻四八四号：九九―一二六。

――――　二〇一一　『現代サウディアラビアのジェンダーと権力』福村出版。

――――　二〇一二　「拡大する女性の職場」『季刊アラブ』一四〇号：五―六。

冨塚俊夫　一九九三　「ナショナル・アイデンティティーとしての部族意識――サウディアラビアを中心に」酒井啓子編『国家・部族・アイデンティティー――アラブ社会の国民形成』二九―七八頁、アジア経済研究所。

鳥越皓之　一九八九　「親族と社会構造」、合田濤編『現代社会人類学』二九―四九頁、弘文堂入門双書。

中村覚　二〇〇一　「サウディアラビア王国の国民アイデンティティの成立――過程と特性」『サウディ・アラビアの総合的研究』八一―一二四頁、国際問題研究所。

村武精一　一九八七　「部族」、石川栄吉、梅棹忠夫ほか編『文化人類学事典』六五〇頁、弘文堂。

AlMunajjed, Mona. 2010. *Divorce in Gulf Cooperation Council Countries: Risks and Implications*. Booz&co. <http://www.booz.com/media/file/Divorce_in_Gulf_Cooperation_Council_Countries.pdf> Accessed 22 July 2013.

Altorki, Soraya. 1986. *Women in Saudi Arabia: Ideology and Behavior Among the Elite*. New York: Columbia University Press.

El-Hazmi, et al. 1995. "Consanguinity among the Saudi Arabian Population." *Journal of Medical Genetics* 32: 623-626. Accessed 22 July 2013.

Kandiyoti, Deniz. 1988. "Bargaining with Patriarchy." *Gender and Society* 2(3): 274-290.

Yamani, Maha. 2008. *Polygamy and Law in Contemporary Saudi Arabia*. Reading: Ithaca Press.

江戸時代農民社会のシングル

——その生存可能性

岡田あおい

日本社会は戦後長い間安定した皆婚社会であった。誰もが結婚するのは当たり前だった社会に「シングル」という新しい生き方が注目を集め、支持されるようになったのは一九八〇年代後半のことである。マスコミは、「シングル」を支持し実践している女性のライフスタイルを新しい生き方として取り上げた。以降、日本社会は皆婚社会から徐々に非皆婚社会へと変化しつつある、と言ってもよいだろう。現在、家族の構造は大きく変化し、家族単位の社会構造そのものを変える必要に迫られている。皆婚社会から非皆婚社会に変化する過程で、その主役である「シングル」は肯定的に、あるいは否定的にとらえられてきた。この点は、日本社会が戸惑いながら彼らの生き方を受け止めてきた証とみることができるだろう。

それまで「変わり者」というイメージがつきものだった「独身」「チョンガー」という言葉は男性に対して使われ、女性に対しては「いきおくれ」「御局《おつぼね》」という明らかに結婚を逃したものというイメージが付きまとった。「シングル」という語の出現によって、そのイメージは「仕事をバリバリこなす未婚の女性」に変化した。この背景として、雇用機会均等法の施行により、法律上は女性も自分の力（給料）で一生暮らすことが可能になったことがあげられよう。しかし、このように肯定的にとらえられたのも束の間、「パラサイト・シングル」論が浮上し、多くの人々を頷かせた。親に寄生して「シングル」ライフを謳歌するわがままな親離れしない未婚者。山田昌弘によれば、彼らこそが日本の晩婚化の元凶である（山田 一九九九）。この負の評価を払拭しないまま、二一世紀に入ると「おひとりさま」

「負け犬」という語が流行し、負のレッテルを自ら貼りつつも肯定的な自己主張をする複雑な内容が「シングル」に込められるようになる。このアンビバレントなレッテルこそが現代の「シングル」のイメージと言えるのではないだろうか。

1　江戸時代農民の生き方

前述したように、「シングル」は現代社会における単身者の新たな生き方の模索を意味する。戦後、単身者はそのイメージを大きく変えた。それでは、時代をさかのぼり、過去の単身者（シングル）はどのような生き方をしていたのだろう。本章では、江戸時代後半の農民社会における単身者（シングル）に焦点を絞り観察しようと思う。なお、本章では前述した現代社会におけるレッテルを貼られた単身者を「シングル」、江戸時代の単身者をシングルと表記し、使い分けることにする。

有賀喜左衛門は、家を「夫婦の結びつきが基礎となって、家庭生活を営む集団ではあっても、同時に家産や家業の運営の集団とならざるをえなかったので、この意味で社会における生活の単位として存在していたから、それは成員の生死を超えて、連続することを目標とした」とし、続けて「だから家においては、代々の夫婦はそれを担って行く役割を持つものと考えられていた」と述べている（有賀 一九七一：二二）。戦前の日本の「家」の担い手は有賀によれば夫婦である。

歴史人口学の成果によると、江戸時代の農民社会は皆婚社会であった。しかし、意外にも当時の農民は、頻繁に離婚をし、結婚は長続きしていない(1)。一見すると夫婦の絆はもろいようだが、それは現代の私たちの眼で結婚を捉えているからである。江戸時代の農民社会では、結婚は一生に一度きりのライフイベントではなく、再婚という装置により、夫婦の結びつきは再生される。何故離婚が多かったのか、その理由は歴史人口学が主に用いる史料の限界により、残念ながら現在まで明らかにされていない。江戸時代の農民社会では社会の単位は「家」であり、その「家」を代々担う夫婦が重要な役割を担い、「家」という単位同様「夫婦」という単位も重視されていたために、夫婦の再生が必要であったと筆者は考えている。

後述するが、近世ヨーロッパでは結婚可否は続き柄（出生順位）が決定要件となっていた社会もある。しかし、江戸時代の農民社会では、続き柄は結婚可否の決定要件ではない。そもそも生涯結婚しないという生き方は、少なくとも江戸時代後半の社会では不可能である。本章では、この点を宗門改帳という史料に語ってもらおうと思う。歴史人口学では、主に数量的分析による実証研究が行われるが、本稿では人類学のフィールドワークに接近した形で、個人のライフコースを追跡するという方法も取り入れながら実証したいと思う。

2　先行研究における単身者

歴史人口学や家族史の先行研究において、結婚に関する業績は蓄積され、大きな成果をあげているが、その対極にあるシングルに焦点をあてた研究は乏しい。歴史人口学では結婚の分析の一つの指標として生涯未婚率が算出され、家族史では直系家族システムの維持、あるいは家督の継承に関する研究の中でシングルを扱ってきた。

歴史人口学の研究成果の一つとして、江戸時代の生涯未婚率は、近世ヨーロッパと比較し低いことが解明されている。[2]また、家族史の領域では、アントワネット・フォーヴ＝シャムーが、ピレネーの家の継承について論じる中で、フランス南西部では跡取りでない息子や娘が独身のまま生家にとどまり奉公人になることはよくあった、と述べている（フォーヴ＝シャムー　二〇〇九：五三）。森明子もオーストリアのある教区のフィールドワーク調査の中で、「キョウダイのうちエステイトで結婚するのは一人で、他はエステイトに留まるかぎり未婚でいる」と述べている（森　一九九九：六七）。

この結果に対し、日本の歴史人口学の研究では、速水融、成松佐恵子、坪内玲子が、家督継承者の多様性を発見し、江戸時代の農民社会では長男でなければ家督が継承できないといったルールはなかった、と主張している。[3]筆者も二本松藩の二ヵ村の史料、そして会津山間部の史料を用いた実証研究においてこの主張を支持している（岡田　二〇〇二、二〇〇六）。江戸時代の農民社会の家族構造は、主に直系家族であるが、ピレネーのように跡取り以外の子どもたちが未婚のまま労働力として生家に留まることはなく、余剰の男子は婿や養子として他家に縁づくという特徴があり、生家における続柄が結婚するかしないか、結婚できるかできないかを決定する要件にはならない。

家督の継承とのかかわりで、筆者は高齢者の一人暮らしは絶家に結びつきやすいことを指摘した（岡田 二〇〇六）。高齢者の一人暮らしが長期に及ぶと次の世代にその家を継承する戦略が立てづらくなる。この点とのかかわりでは、沢山美果子が岡山城下の事例として、一人暮らしの独身男性や後家が捨て子の養い親になっていることを発見している（沢山 二〇〇八：八〇―八二）。沢山は、「後家や独り者の男のなかには、おそらく褒美金一両の養育料を目当てに養い親になった者も含まれていたことだろう」と述べているが、江戸時代の家は永続する、すなわち、受け継がれていかなければならないものであったから、次世代の担い手確保という観点からこの事例をとらえ直すこともできるのではないかと思われる。

歴史人口学や家族史の先行研究では、シングルは、結婚の分析の中で、あるいは家督の継承の研究の中で扱われてきた。本章ではシングルに焦点をあて、①配偶関係、②居住形態という二つの観点から観察することにしたい。

3　史料の概況と人口

本章では、陸奥国会津郡金井沢村の一七五五（宝暦五）年から一八三七（天保八）年まで残存している「宗門改人別家別帳」を史料として用いる[4]。

一六三九年、第五次鎖国令とほぼ同時期に、日本の全住民を対象にした信仰調査である「キリシタン宗門改め」の制度が開始された。「宗門改帳」は、主に名主（庄屋）によって作成された、個人が仏教徒であることを証明させた記録であるが、全国で統一された表題があるわけではなく、書式もさまざまである。

陸奥国会津郡金井沢村の「宗門改人別家別帳」には、世帯ごとに檀那寺、持高（検地に基づいて算出された土地の評価額）、土地の貸借、家屋規模、屋根の材料、世帯員の名前、年齢、世帯筆頭者に対する続柄、牛馬数、男女別人数、婚入・婚出、出生・死亡、奉公先などが記載されている。他の地域の宗門改帳と比較するとかなり情報が豊富である。

金井沢村は、現在福島県南会津郡南会津町に属し、会津地方南部、阿賀川の支流である檜沢川沿岸、船鼻山南麓に位置する。川沿いに耕地が広がり、北の山麓側に集落が点在する、三五四石一升三合の村高を持つ山間農村である。一八七七（明治一〇）年の物産表によると麻一八〇貫、菜種四石、搗栗六石、平茸干物二〇貫を産出している（「角川日本地名大辞典」編纂委員会 一九九一：二四九；平凡社地方資料センター 一九九三：一〇七二）。

観察期間中の人口は、観察初年三三六人を数え、一七七六年まで微小ながら増加し、その後減少に転じ、一八二二年底をつき、観察最終年の一八三七年には三〇七人まで回復する。徳川幕府の人口調査によると、一七二一年の調査開始時点より奥羽地方の性比は男性過多でありアンバランスな状態が続くが、天明期になるとこの不均衡状態は緩和され全国平均値に近づく。会津地方の性比も、この傾向とほぼ一致し、男性過多である（川口 一九九八：一二三）。

金井沢村の性比は、観察初年から一一五〜一二〇の間を推移しつづけるが、一八二二年の一一六・二を境に均衡状態に近づく。そして、一八三二年には一〇〇を割り、観察最終年には八九・六まで低下する。観察期間前半は、男性過多、その後均衡状態に近づき、観察終了時には前半とは反対に女性過多となった。

4　金井沢村の結婚の特徴

シングル（無配偶者）の割合

まず、配偶関係を観察し、シングルがどのくらい存在するのかを明らかにしよう。観察には、観察期間のデータをすべて合算して利用することにした[5]。史料に登場する観察対象者数は二万五三〇九人×年（うち、男性一万三二六四人×年、女性一万二〇四五人×年）である[6]。

図1は、性別、年齢別の配偶関係を示したものである。男性から観察しよう。この図を見ると、当然ながら若い年齢層で無配偶の割合が高く、無配偶の割合が五〇％を切るのは数え二三歳である（以降、数えは略す）。無配偶の割合はその後急激に減少し、二九歳で二〇％を切る。その後無配偶の割合は減少しつづけ、三六歳で一三・七％となる。ここを底として、その後は微増傾向にあるが五二歳に至るまで二〇％を超えることはない。当然であるが、これとは反対に、有配偶は二三歳で五〇％に達し、三六歳の八六・三％をピークにその割合は減少するが、その後も八〇％前後を安定的

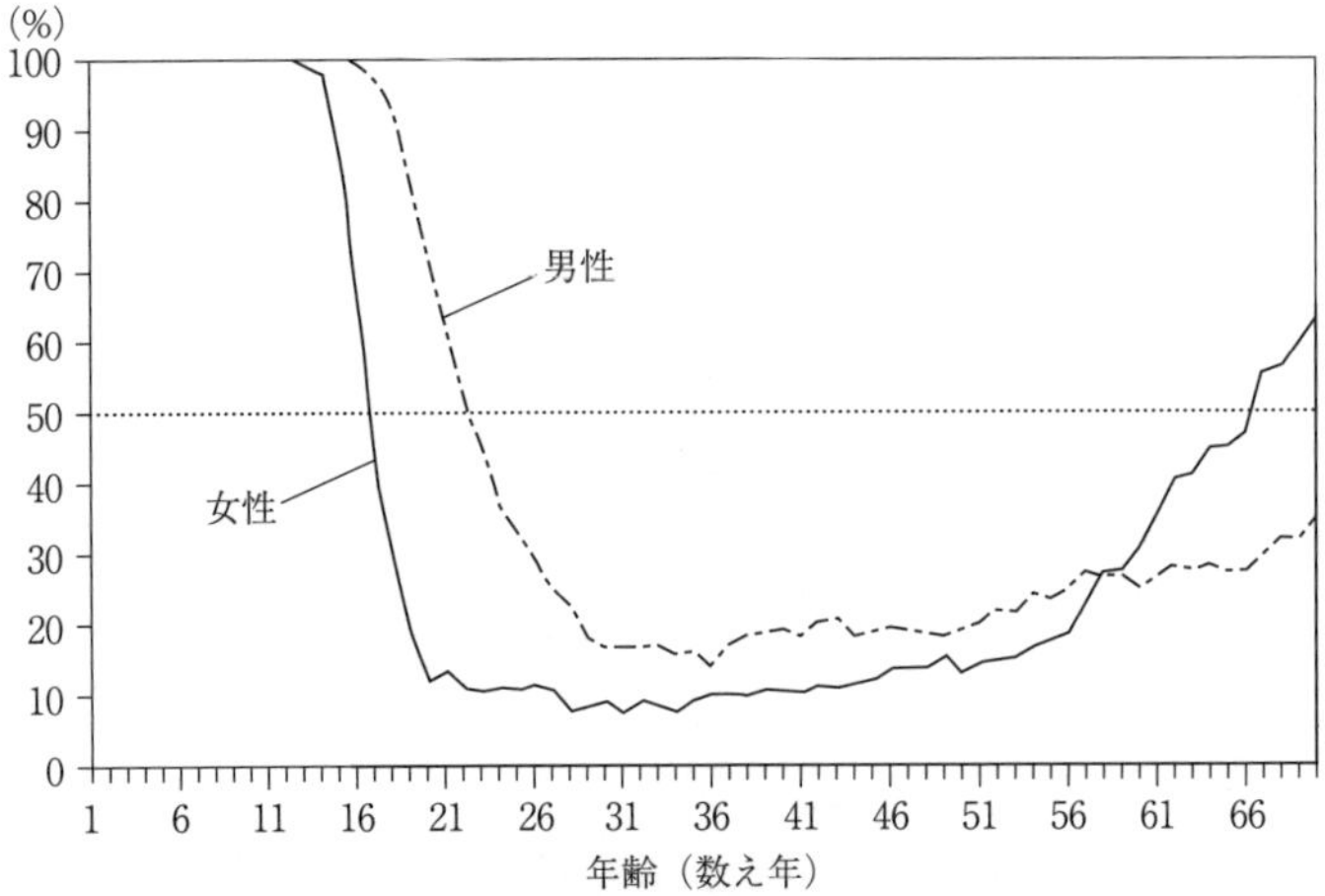

図1　性別年齢階級別無配偶率

に推移し、七〇％を割るのは六八歳以降である。

次に、女性の配偶関係を観察することにしよう。女性の場合、無配偶の割合が五〇％を切るのは男性よりも若い年齢で、一七歳である。一六歳の無配偶の割合が六三・八％、一七歳の無配偶の割合が四〇・四％であるから、この間に急激に無配偶の割合が減少することがわかる。無配偶の割合は、三四歳の七・一％を底に微増傾向にあるが、二〇％に達するのは数え五七歳である。その後の傾向は男性とはかなり異なる。女性の無配偶率は年齢が上昇するとともに急激に増加し、六七歳で五〇％を超えるのである。

当然であるが、これとは対称的に一六歳の時点で三六・一％であった有配偶率は一七歳で一気に五九・六％に上昇する。このカーブは男性と比較し、かなり急激である。その後も有配偶の割合は、上昇を続け数え三四歳には九二・九％に達する。その後有配偶の割合は五七歳まで八〇％台をキープする。

その後有配偶の割合は急激に低下し、六七歳で四五％、七〇歳で四割を切る。

年齢別無配偶者の割合は、若年層に高く、また加齢にともなってその割合が高くなるが、性別による違いが大きいことがわかる。五〇歳を超える頃から女性の無配偶の割合は高くなるが、男性はこれと比較するならば、無配偶の割合は高くならないのである。配偶関係を観察する限り、結婚は非常に安定的であったという印象を受ける。

結婚の特徴

この有配偶率の高さの理由を明らかにするために、結婚の観察をしたい。結婚を観察するには、史料の制約上、本章における「結婚」の開始時点と「初婚」を定義しておかなければならない。本章では、結婚の開始時点を、宗門改帳に「婿」「嫁」と初めて記載された年とする。厳密に言えば、江戸時代には「足入れ婚」（一般に婚姻成立の祝いを婿方で行った後、一定期間嫁が生家にとどまり、婿が妻問いをする婚姻形態）など、地方特有の婚姻慣習が存在した可能性がある。宗門改帳に「婿」「嫁」として記載された年が必ずしも結婚年ではない可能性も十分考えられる。しかし、本章の史料は宗門改帳のみであるため、これ以上の情報を得ることは不可能である。そこで、この史料に配偶関係が記載された年を結婚年と仮定することにする。

次に、「初婚」の定義であるが、以下の三つの条件をもって初婚とみなすことにしたい。①観察期間中一〇歳以下で史料に登場した者が、奉公などの理由で他村に他出することなく、最初に配偶関係が記録された場合、②同じく、一〇歳以下で史料に登場するが、最初に配偶関係が記録される前に他村に他出した経験がある場合、③観察期間中一一歳以上で史料に登場するが、登場時に子どもの記載がないものが最初に配偶関係を記録された場合、である。この三条件のどれかを満たすものを「初婚」とする。

初婚者の婚姻形態から観察しよう。男性は、村内で婚姻関係を結んだものの割合が最も高く七七・一％、村外に婚出したものが六・三％、村外から婚入したものが一六．七％であった。女性は村内で婚姻関係を結んだ者の割合は三二・一％、村外に婚出したものの割合は一九・九％、村外から婚入したものが四八・〇％である。明らかに、男性とはパターンが異なり、村外に婚出する者の割合が男性に比べ高く、また村外からの婚入者の割合も高い。女性の村内婚の割合は四割を切ることから、女性の結婚は村内よりもむしろ、他村への流出および他村からの流入が目立つ。

初婚年齢を観察しよう（表1）。平均初婚年齢は、男性が二三・一歳、女性一八・六歳であり、早婚である。この平均初婚年齢は、会津山間部近隣の村々である、鴇巣村、石伏村、桑原村の平均初婚年齢と比較しても大差は見られない（岡田 二〇一三）。歴史人口学の結婚に関する先行研究では、江戸時代後期の初婚年齢は、時期や地域による違いが大き

表１　性別平均初婚年齢および四分位置

	男性		女性	
	会　津	金井沢	会　津	金井沢
平均(数え年)	23.3	23.1	18.7	18.6
標準偏差	5.8	6.2	5.9	6.7
総数	532	192	716	296
四分位値				
第１四分位値	19.0	19.0	16.0	15.0
第２四分位値	22.0	22.0	17.0	17.0
第３四分位値	25.0	25.0	20.0	19.0
第１と第３の差	6.0	6.0	4.0	4.0
村内婚				
平均(数え年)	22.7	22.1	17.4	16.7
標準偏差	5.4	5.5	3.1	3.4
総数	441	148	282	95
四分位値				
第１四分位値	19.0	19.0	15.0	15.0
第２四分位値	22.0	21.0	17.0	16.0
第３四分位値	25.0	24.0	19.0	17.0
第１と第３の差	6.0	5.0	4.0	2.0
村外からの婚入者				
平均(数え年)	26.3	27.1	20.6	20.6
標準偏差	7.3	7.6	7.9	8.7
総数	55	32	306	142
四分位値				
第１四分位値	21.0	21.0	16.0	16.0
第２四分位値	24.0	25.0	18.0	18.0
第３四分位値	29.0	29.0	22.0	22.0
第１と第３の差	8.0	8.0	6.0	6.0
村外への婚出者				
平均(数え年)	25.4	24.7	17.3	16.9
標準偏差	6.7	4.7	2.9	2.2
総数	36	12	128	59
四分位値				
第１四分位値	21.0	22.0	15.0	15.0
第２四分位値	23.0	23.0	17.0	17.0
第３四分位値	28.0	24.0	18.0	18.0
第１と第３の差	7.0	2.0	3.0	3.0

＊会津は、会津山間部４か村（金井沢村・鴇巣村・桑原村・石伏村）のデータを合算して算出している。

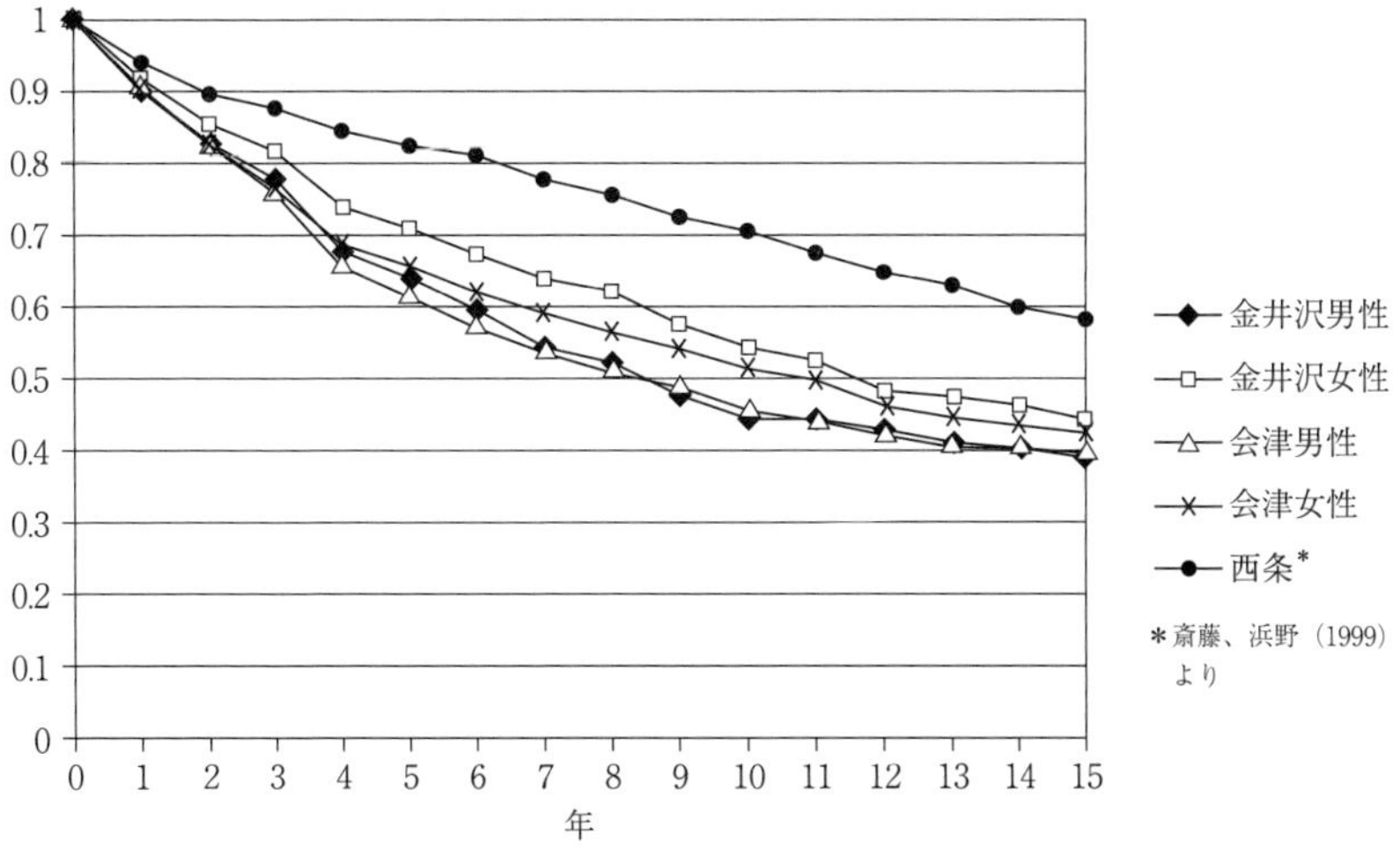

図2　結婚生命表

いことが指摘されている（鬼頭 二〇〇二）。初婚年齢は、既存研究から男性が一七歳から二八歳、女性が一四歳から二五歳という範囲内に収まり、西高東低である。会津山間部の金井沢村の初婚年齢は既存研究の年齢範囲のなかでは低いグループに分類される。

金井沢村の女性の初婚年齢には一つの特徴が見いだせる。女性の初婚の半数が一七歳で、四分の三が一九歳までに結婚している点である。第一四分位値と第三四分位値の開きが小さく、狭い範囲に集中している。これは、婚姻規則といえるかどうかは不明であるが、何らかの結婚年齢に関する慣習（ルール）がこの地域に存在していたものと考えられる。

次に、この結婚がどのくらい長く続くのか、結婚持続期間を観察しよう。観察は、観察期間中結婚が解消しなかったケースを除した村内で結婚を解消した男性一二七ケース、女性一六九ケースが対象となる。

図2は、結婚生命表を用いて初婚の開始から解消までのパターンを描いたものである。男性は九年、女性は一二年以内に初婚の半数が解消している。この年数は、一般に思い描かれている過去の民衆の安定した結婚のイメージとはかなりかけ離れているのではないだろうか。それでは、当時の農民社会において、この結婚持続期間は短いのだろうか。これを先行研究である濃尾平野に位置する美濃国西条村（一七七三〜一八六九年）の結婚生命表と比較してみるとその短さが強調されよう。西条村の場合、三分の一の夫婦が結婚から

表2　結婚継続期間別の結婚終了理由

結婚継続期間(年)	離婚	死亡	欠落	不明	総数
男性					
1-5	0.696	0.261	0	0.043	46
6-10	0.417	0.500	0.083	0	24
11-20	0.063	0.688	0.125	0.125	16
21-	0	0.976	0	0.024	41
女性					
1-5	0.694	0.265	0	0.041	49
6-10	0.357	0.536	0.071	0.036	28
11-20	0.065	0.806	0.097	0.032	31
21-	0	0.967	0	0.033	61

一〇年以内に、約半数の結婚が二〇年以内に解消している（斎藤、浜野二〇一二：一〇八―一〇九）[7]。

なぜ、このように初婚の持続期間は短いのか。初婚の解消理由を観察しよう。初婚の解消理由は、離別、死別、欠落、不明という理由に分類できる。最もその割合が高いのは本人、あるいは相手の死亡によって結婚が解消したケース（死別）であり、男性の五九・一％、女性の六六・三％である。離別は、男性の三三・二％、女性の二二・七％である。サンプルサイズは小さくなってしまうが、これを婚姻持続期間別にみてみよう。歴史人口学の先行研究の成果から離別は婚姻持続期間が短いケースで起こりやすいことが明らかになっている[8]。金井沢村のケースもこれを支持するものであり、持続期間五年までの婚姻解消理由はその約七割が離別による。しかし、婚姻持続期間が一〇年を超えると、離別の可能性は極端に減少する。

結婚継続期間が短いにもかかわらず、有配偶率が高い理由はどこにあるのだろう。その理由を明らかにするために、初婚が解消した人々のその後のライフコースをたどることにしよう。初婚解消後もこの村にとどまり、その後を観察することができるのは男性八八人、女性一〇一人である。しかし、このうち、理由不明で史料から消えるもの、観察期間終了によりその後のライフコースを追えないものが男性二三人、女性四四人いる。したがって、この観察が可能なのは男性六五人、女性五七人になる。男性六五人のうち四九人が再婚し、女性五七人のうち二九人が再婚している。再婚までの期間は非常に短く、半数が二年以内であり、再婚が迅速に行われることがわかる。

以上の観察から、金井沢村の婚姻の特徴は、早婚であるが、結婚期間は短く、結婚持続期間が短いほど離婚・再婚の可能性が高まることが明らかになった。

5　金井沢村の無配偶者の特徴

シングルの観察に移ろう。無配偶者は、結婚という指標を用いることにより二つのグループに分類することができる。第一は、結婚の経験がないもの、第二は、結婚の経験はあるが観察時点でシングルのものである。そこで、図1に結婚の情報を加えてみると、当然ながら若年層のシングルは未婚者、高齢層のシングルは配偶者と離死別を経験した者であることがわかる。

ここで、問題にしたいのは生涯結婚を経験しない者がどのくらいいるかという点と、高齢層のシングルについてである。後者は、第二の視点である居住形態を含めて観察することにしたい。

これまでの観察から、この村は多くのものが結婚を経験する社会であることが判明した。生涯結婚の経験をしないものはどのくらいいるのだろう。人口学では、生涯未婚率を四五歳から四九歳と五〇歳から五四歳の未婚率の平均で算出する。この方法に従って、金井沢村の生涯未婚率を計算すると、男性二・八%、女性は〇%という、驚くほど低い値が出てくる。これを歴史人口学の先行研究の成果と比較してみよう。ナカハラ村の生涯未婚率は、男性一二%、女性四%であり、現在の山形県天童市に位置する山家《やんべ》村（一七六〇〜一八七〇年）の生涯未婚率は、男性八%、女性四%である。両地域と比較してみても金井沢村の生涯未婚率の低さは強調されよう（Smith 1977: 89-95：木下 二〇〇二：六三）。

金井沢村の五〇歳時点における未婚者は、五人であり、すべて男性である、この五人のライフコースについて家族関係を含め、観察してみよう。

A：一七七一年長男として誕生。父親が五〇歳で死亡、これに伴い二一歳で戸主となる。この時点の家族構成は、母と弟の三人暮らし。以後、弟が二五歳で結婚。四〇歳の時点で弟に家督を譲る。

B：一七六四年長男として誕生。Bが二七歳の時、弟が一八歳で結婚するが、弟三九歳で死亡。父の死亡により、五三歳で戸主になる。この時点の世帯構成は、両親と弟の子ども二人。六七歳で甥に家督を譲る。

C：一七八六年次男として誕生。九歳の時、兄一四歳で死亡。父六一歳で死亡。母七六歳で死亡。母死亡に伴い、四七歳で戸主となる。この年の世帯構成は本人一人。翌年一三歳の養女をとる。

D：一七六〇年長男として誕生。父六一歳で病死。これに伴い一五歳で戸主となる。この時の世帯構成はD一人。四七歳で、村内より養子をとる。六二歳で死亡するまで、戸主。

E：一七七四年次男として誕生。世帯構成は祖父母、両親、父の弟夫婦とその子どもからなる複合家族世帯。九歳の時、父の弟夫婦とその子どもたちが分家。翌年父六〇歳で死亡。母が戸主となる。以後、母と二人暮らし。一七歳で戸主になる。三四歳で母死亡。以後一人暮らし。五九歳で結婚。三年後妻死亡、村内より養子をとる。

次に、女性の観察をするのだが、生涯未婚者がいないため、三〇歳時点までさかのぼることにした。その時点での未婚者は三人である。彼女らのライフコースを観察してみよう。

F：一八〇五年長女として誕生。祖父・両親と四人暮らし。祖父六五歳死亡に伴い、父が三三歳で戸主になる（本人五歳）。七歳の時妹誕生。以降史料残存最終年三三歳まで世帯構成は変わらず。

G：一八〇一年長女として誕生。世帯構成は曽祖父母、祖父母、両親と父の妹の八人からなる。五歳の時弟誕生。一七歳の時村内に養女に出る。二九歳の時実家に戻り、三二歳で村内に縁づく。

H：一七八五年長女として誕生。曾祖母、祖父母、両親と父、五歳の兄の七人暮らし。七歳の時母死亡。八歳で兄死亡。祖父六九歳死亡に伴い、父四七歳が戸主になる（G一七歳）。以降、祖母、父との三人暮らし。祖母七七歳死亡、二年後三三歳で村内より婿を取る。

繰り返しになるが、女性の場合五〇歳時点の生涯未婚者は存在しないため、三〇歳までさかのぼって観察した。以上のケースの観察に移ろう。男性と女性ではライフコースにかなり差があることがわかる。男性の場合一ケースを除いて観察期間中彼らは未婚である。次に、彼らは戸主の経験をもつ。第三に彼らは一時的に一人暮らしの経験をすることはあるが、キョウダイ、あるいは養子縁組をし、誰かと暮らしている。彼らが未婚の理由を史料から知ることはできないが、彼らには何らかの事情があったものと理解すべきと思われる。

女性の場合は、長女であるという点が共通している。一ケースを除いて兄が存在しない。一ケースの兄もここで観察した長女が五歳の時点で死亡している。また、彼女らの家族構成が非常に複雑である点も共通している。平均初婚年齢から一〇歳程度遅れて結婚していることから、女性については家族構成上の事情により結婚が遅れたケースとみなすことができるであろう。

したがって、観察期間中の金井沢村では生涯未婚者は例外的な存在であり、結婚をしないで生きるという選択はありえなかった、と述べても言い過ぎにはなるまい。

高齢層シングルと世帯構成

本章では、シングルを二つの視点から観察することにした。もう一つの視点である居住形態を観察することにしよう。性別年齢階層別に誰と暮らしているかを、世帯構造の分類モデルである修正ハメル・ラスレット分類を用いて世帯構造をみることにしたい（図3、4）[9]。

年齢によって波は見られるものの、性別にかかわりなく、全年齢を通して直系家族世帯の割合がもっとも高いことが特徴的である。男女を比較すると、男性は一三歳から七五歳まで一％から二％台ではあるものの、一人暮らしを意味する単独世帯が観察される。これに対して、女性は七五歳時点でこそ単独世帯の割合は三％に達するが、それ以前は〇％から一％の間を推移するのみである。この村の場合、直系家族世帯が典型的な世帯構造であり、例外は存在するものの誰かと一緒に暮らすことが当たり前だったといえそうだ。

そこで、もう一度、図1を見てみよう。高齢層で無配偶率が高くなっていた。高齢層のシングルは誰と暮らしているのかを確認していこう。六〇歳時点を観察すると、直系家族を構成しているもの（直系家族世帯）の割合が最も高く、男性五五・二％、女性五三・七％である。一人暮らしをしているもの（単独世帯）の割合は、男性一・四％（二人）、女性〇％である。高齢層は、配偶者と離死別するものの割合は高くなるが、金井沢村の場合一人暮らしの割合が高くなることはない。彼らは、少なくとも誰かと暮らしていることになる。生涯未婚者の事例としてあげたケースからもわかるように、養子をとるなどの何らかの戦略を用いて一人暮らしを避けている。これは、その家を次世代に継起させる戦略と考えられよう。要するに、江戸時代後期の金井沢村の農民にとって重要なことは、家を永続させることであり、夫婦が担い手となって血縁者以外のものを含め、次の世代を育て、彼らに家を譲り渡すことであった。とすると、結婚をし

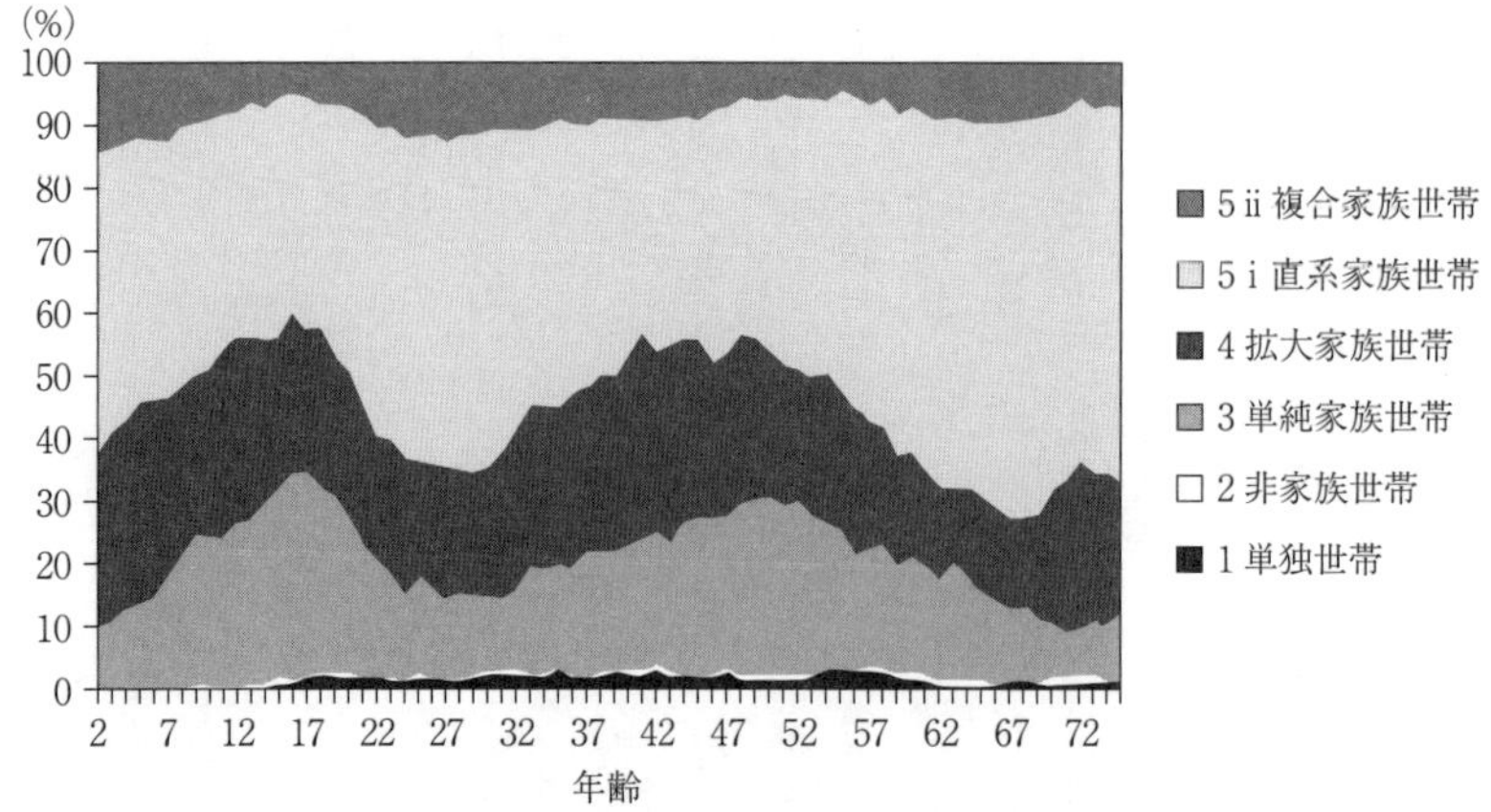

図3　性別年齢別世帯構造の割合（男性）

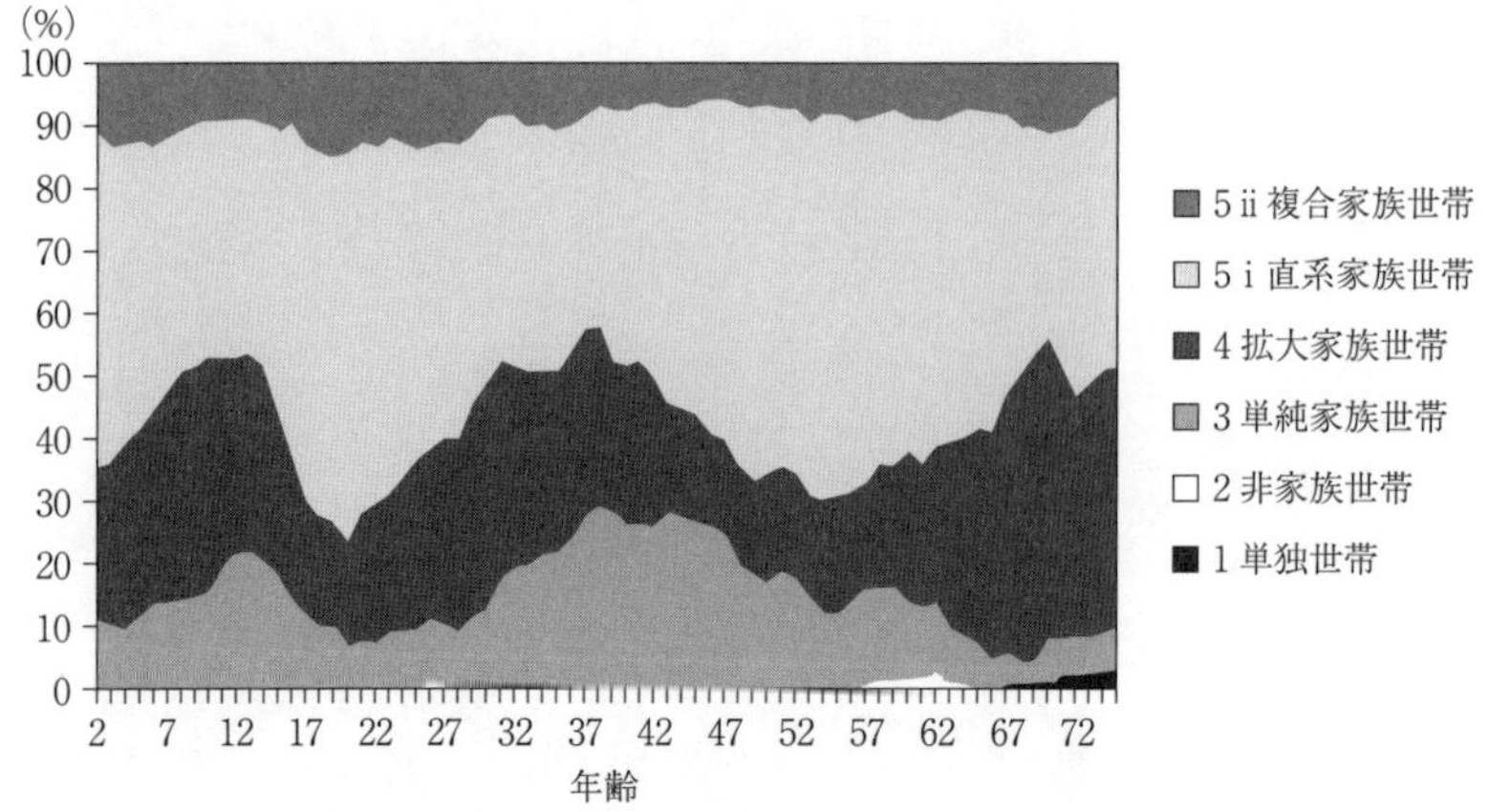

図4　性別年齢別世帯構造の割合（女性）

ないという選択、一人で暮らすという選択はなじまない。これがシングルで生きることのできない社会の理由であると考える。

本章は、陸奥国会津郡金井沢村の「宗門改人別家別帳」を史料に用いて、江戸時代後期農民社会のシングルについて、配偶関係、居住形態の二つの側面から観察した。この村では、シングルは若年層と高齢層に集中している。初婚年齢が低く、特に女性は短期間に初婚というイベントを経験するが、その結婚は必ずしも長くは続かない。結婚持続期間が短いにもかかわらず、年齢別の有配偶率が高い理由は、再婚という装置が存在し、迅速に実行に移されるからである。初婚の持続期間が短く、再婚率が高いことはすでに歴史人口学の成果として、中央日本、東北日本の村々の分析から明らかになっており（西条村・湯舟沢村・二本松藩二か村・山家村などの事例が報告されている）、これは金井沢村の特殊事情ではない。江戸時代後期農民社会の特徴といえるだろう。ただし、高齢になると、特に女性は配偶者と離死別する可能性が高まる。しかし、彼らは、一人暮らしをするわけではなく、家族や親族とともに暮らしている。先行研究から高齢者の一人暮らしは絶家の可能性を高めることを明らかにしたが、金井沢村では高齢者の一人暮らしの割合は非常に低い。そのライフコースを追跡してみると、彼らが一人暮らしになった場合にも、養子縁組するなど家が継続するための何らかの戦略が働いている。

江戸時代後期の農民社会では、夫婦であること、家族とともに生活することが当然の社会であり、シングルとして無配偶であること、そして一人で暮らすことは例外であった。シングルとして一人で生きることは不可能な社会だった、といえるだろう。この点は、ヨーロッパの家族史研究が発見した直系家族を典型とする社会とまったく異なる点である。奉公人として生涯シングルで生家にとどまらざるを得なかったヨーロッパ近世ピレネーなどの村々の次三男と江戸時代農民社会の次三男のライフコースの比較が新たな知見を生みだすことになるだろう。この点を本研究の次の課題としたい。

謝辞：本章で用いた基礎シートは、慶應義塾大学名誉教授　速水融先生からお借りしたものである。基礎シートは成松佐恵子氏、藤田立子氏が作成された。ここに感謝の意を表します。

注

（1）黒須里美編（二〇一二）などを参照。

（2）T・スミス（Smith 1977）、木下太志（二〇〇二）、黒須里美（二〇一二）を参照

（3）コーネル（Cornell 1981）、速水融（一九九二）、成松佐恵子（一九九二）、坪内玲子（一九九二）。

（4）福島県歴史資料館所蔵。欠年は一七五五年と一七八八年の二年分。

（5）データは、各年で観察する必要はあるが、サンプルサイズが小さくなるため、本章では観察期間のデータをすべて合算して用いることにした。

（6）観察対象者の延べ人数は、一〇六一人、うち男性四九五人、女性五六六人。なお、奉公人は除外している。

（7）西条村の分析では、初婚、再婚を区別せず結婚の登録と解消が分析できる事例を用いている。したがって、本章の分析結果と厳密な比較はできない。

（8）鬼頭宏（一九八八、二〇〇二）、斎藤修・浜野潔（一九九九、二〇一二）、黒須里美（二〇一二）などを参照。

（9）歴史人口学では、世帯構造の分析モデルとしてハメル・ラスレットモデルが用いられてきた。このモデルを用いる理由は、他の地域との比較を可能にしたいと考えているためである。しかし、このモデルは、イングランドのような核家族世帯中心の社会を分析するために作られた分類であり、わが国のような直系家族世帯（stem family households）を典型とする社会の世帯を分類するにはなじまない。そこで、修正モデルを作成することにした。

まず、ハメル・ラスレットモデルについて説明をしておこう。このモデルでは、カテゴリーと、その下位に位置づけられた分類であるクラスの二つのレベルで世帯を分類する。カテゴリー1：単独世帯（solitaries）は、一人で世帯を形成している場合であり、カテゴリー2：非家族世帯（no family）は、兄弟姉妹であるとか親族関係にないものを含めた居住を共にするもの、カテゴリー3：単純家族世帯（simple family households）は、夫婦のみ、夫婦と未婚の子供、あるいは片親と未婚の子ども達からなる世帯、カテゴリー4：拡大家族世帯（extended family households）は、カテゴリー3他の親族が同居している世帯、カテゴリー5：多核家族世帯（multiple family households）は、同一世帯内に核

(conjugal family unit)が二つ以上存在する世帯、カテゴリー6：その他、である。
修正ハメル・ラスレットモデルは、直系家族世帯のみが分類されるように、サブカテゴリーという分類単位を設定した。サブカテゴリーはカテゴリー5の多核家族世帯の下位にのみ設定するに留めている。その理由は、もちろん、他のカテゴリーを修正する必要がないからである。カテゴリー5：多核家族世帯をサブカテゴリー5ⅰ：直系家族世帯（stem family households）と、直系家族世帯以外のサブカテゴリー5ⅱ：複合家族世帯（joint family households）に二分する。詳細は岡田あおい（二〇〇六）を参照されたい。

参考文献

有賀喜左衛門　一九七一『家』至文堂。
岡田あおい　二〇〇二「近世農民社会における家督の継承とその戦略――陸奥国安積郡下守屋村人別改帳を中心として」速水融編『近代移行期の家族と歴史』ミネルヴァ書房。
――――二〇〇六『近世村落社会の家と世帯継承――家族類型の変動と回帰』知泉書館。
――――二〇一二「婚姻と家システム」、黒須里美編著『歴史人口学からみた結婚・離婚・再婚』麗澤大学出版会。
『角川日本地名大辞典』編纂委員会編　一九九一『角川日本地名大辞典7福島県』角川書店。
川口洋　一九九八「一七～一九世紀の会津・南山御蔵入領における人口変動と出生制限」『歴史地理学』四〇巻五号（通巻一九一号）。
鬼頭宏　二〇〇二『文明としての江戸システム』講談社。
木下太志　二〇〇二『近代化以前の日本の人口と家族――失われた世界からの手紙』ミネルヴァ書房。
黒須里美　二〇一二「婿取り婚と嫁取り婚　東北農村における女子の結婚とライフコース」、黒須里美編『歴史人口学からみた結婚・離婚・再婚』麗澤大学出版会。
――――編　二〇一二『歴史人口学からみた結婚・離婚・再婚』麗澤大学出版会。
斎藤修・浜野潔　一九九九「徳川農村における再婚と家の継承――美濃国西條村　一七七三～一八六九年」『国民経済学雑誌』一七九号三巻。
斎藤修・浜野潔　二〇一二「離死別と家の継承」、黒須里美編『歴史人口学からみた結婚・離婚・再婚』麗澤大学出版会。

沢山美果子　二〇〇八　『江戸の捨て子たち——その肖像』吉川弘文館。
椎野若菜編　二〇一〇　『「シングル」で生きる——人類学者のフィールドから』御茶の水書房。
坪内玲子　一九九二　『日本の家族「家」の連続と不連続』アカデミア出版会。
永原慶二監修　一九九九　『岩波日本史辞典』岩波書店。
速水融　一九九二　『近世濃尾地方の人口・経済・社会』創文社。
——二〇〇一　『歴史人口学で見た日本』文藝春秋。
速水融・岡田あおい　二〇〇九　「北部日本山村地帯の人口と世帯——一七五〇—一八五〇年の宗門改帳を通して」、落合恵美子・小島宏・八木透編『歴史人口学と比較家族史』早稲田大学出版会。
フォーヴ＝シャムー、アントワネット　二〇〇九　「家の継承——フランス中央ピレネー地方と東北日本の継承システム」、落合恵美子・小島宏・八木透編『歴史人口学と比較家族史』早稲田大学出版会。
平凡社地方資料センター　一九九三　『日本歴史地名大系7巻　福島県の地名』平凡社。
成松佐恵子　一九八五　『近世東北農村の人びと——奥州安積郡下守屋村』ミネルヴァ書房。
——一九九二　『江戸時代の東北農村　二本松藩仁井田村』同文館。
森明子　一九九九　『土地を読みかえる家族——オーストリア・ケルンテンの歴史民族誌』新曜社。
山田昌弘　一九九九　『パラサイト・シングルの時代』ちくま新書。
Cornell, Laurel L. 1981. "Peasant Family and Inheritance in Japanese Community: 1671–1980. An anthropological an Analysis of Local Population Registers." Johns Hopkins University ph.D.dissertation.
Smith, Thomas C. 1977. *Nakahara: Family Farming and Population in a Japanese Village, 1717–1830.* Place: Stanford University Press.

Ⅲ　異分子としてのシングル

「独身者」批判の論理と心理
――明治から戦時期の出版物をとおして

阪井裕一郎

1 「オールドミス」という不安

明治末に刊行された、『若き女の手紙』という書物のなかに次のような語りがある。

女学校を出てからもう丸三年。あなたはもう直ぐお結婚になる、友達の多くも大抵はおかた付きなすつたのに私ばかり相も変はらず小学校教員、夏休みもこれで三度目ですわ。二十二と云へばもうオールドミス株ですわね。いつまで他人の子供を育ててゐるのかと思ふと、呪はれた運命に思はずほろつとすることがありますわ。児童教育が天職だの、人材陶冶の自覚などとよくお友達が仰言るが、虚偽だと思ひますわ。オールドミスと云ふ名前は自分が作るので無くて自然になるのですわね。余儀なく独身主義者にもなるんですわね。(1)

短いながらも、当時の世相をよく表した一節である。近代日本において、「婚期」を過ぎても結婚しない女性を〝オールドミス〟(老嬢)と呼ぶようになるのは、一九〇〇年前後であったといわれている(加藤 二〇〇六:一九九)。その背景にあったとされるのが、一八九九(明治三二)年に発布された高等女学校令であり、それに伴う女性の労働市場への進出である。当時、出版メディアで非難や揶揄の標的になったのは、女子高等教育を終え、職業をもち自活を目指そうとする女性たちであった。以下で見るように、高等教育を受けた女子は、結婚制度に懐疑を抱きやすく、「独身主義」

なる理想に幻惑される存在だと語られたのである。常盤松女学校の創設者であり、女性の地位向上のために献身した三角錫子は一九二一（大正一〇）年に次のように述べている。

学問させると嫁にゆくのをいやがるとは、よく老人のいふ事だ。自分達も散々いはれたものだ。また若い女は誰でも一度は独身で居たいと考へたり、また実行しようとするが、それが通せた例《ためし》はない、某女史を見よ、某某等を見よ、これも敢へて老人とはいはず、男女のすべてから、よく聞かされる事である。その言葉のすべてが女性を軽蔑した場合に用ゐられるのである。女が独身でゐようと考へたり、結婚を嫌つたりする事は、罪悪の様に考へられ、それが教育ある婦人に多いといふ点から、女に学問させるのはよくないといふ論拠になつて、今まで甚しく女子教育を妨害してゐた。(2)

実際、当時の文献を見ると、女学校出身者たちを「利己主義」とか「わがまま」だと非難する言説が目立つ。たとえば、「女学校なぞを卒業なすつた方は、気位ばかり高くて、ヤレ学士を良人にせねば恥ずかしいの、下女を雇はねば家政の整理が出来ぬの、姑は嫌ひだからなるべく独身の者で財産がある家でなくば落附かぬと、色々注文をお出しになる(3)」といった調子である。こうした女学生批判と連動して、「オールドミス」や「独身女性」がスキャンダルの対象となったり、その「人格」批判が語られたりする。

近頃、独身の女教師などが、年下の男教師やその他の異性と猛烈な恋に落ち、醜声を天下に曝け出す事件が多いが、而も独身女教師の年齢を見ると、大抵二十五六歳以上のオールドミスに多い。新聞などに囃し立てられるものの数は極めて少数で、（……）世間に知れないオールドミス醜行事実は、殆ど無数といつてよい。（……）又一般にオールドミスは、妙な僻み根性を持つて居る。(4)

島崎藤村の小説『老嬢』（一九〇三）には、独身を貫こうとした女教師が、婚期を過ぎた後に「私生児」を産み「堕落」をたどるという物語が描かれた。この物語のような、女教師が「独身主義」を貫いたあげくに妻子ある男と関係をもつ、といった「堕落するオールドミス」が新聞や雑誌などで頻繁にとりあげられた。

こうした言説が語られる背景には何があったのか。明治・大正期の女学生文化を検討した稲垣恭子は、女学校も女学生の数もまだわずかであった明治二〇年代以降ずっと、「女学生の堕落問題」は新聞や雑誌を賑わせ、世間の関心を集めていたことを明らかにしている。虚実をとりまぜた、そうした多くの記事は、「新しい時代」を象徴する女学生に対する世間の感情や欲望のあらわれだったのであり、「『堕落女学生』や『不良女学生』は、それまでの社会の規範を破る女学生の文化や行動のもつ新鮮さに期待する一方で、それを抑え込みたいというアンビヴァレントな欲望が生み出す表象」であったと指摘している（稲垣 二〇〇二：一一二）。オールドミスや独身主義者への非難もまたそれらと同種のものであったように思われる。

平塚らいてうは、一九一三（大正二）年、『青鞜』によせた論考のなかで、「あなたや青鞜社の方は独身主義でいらっしゃいますか」という「奇問」をたびたび受けると記している。[5] この「奇問」に対し彼女は、「まだ私はこれまで一度として独身主義を唱えたこともなければ、結婚主義もまた良妻賢母主義とかいうものも主張した覚えはありません」と答えることにしているとし、青鞜社は現行の結婚制度を批判しているが、自らの立場を「独身主義」という言葉で表現したことは一度もない、ときっぱり述べている。第3節で詳しく述べるように、「独身主義」や「オールドミス」といった呼称は、あくまで独身者を批判・揶揄する者たちによって語られた言葉に過ぎず、それらはある種の社会的な不安が生み出したものであった。

三角錫子は次のように回想している。[6] 自分の若い頃にはまだ、「新しい時代」のなかで女性が独身論を語ることも多々あった。しかし、「社会は明治二十三年頃を中軸にしてまた元へ回転して、私達は急に圧迫を蒙つた。（……）良妻賢母主義や、可からず訓の起こつたのは此の頃であつた」。そして、「周囲は独身の女に対しては冷淡」となり、独身女性は「片輪扱ひされ常に白眼を以て見られてゐる」ような状況となった。当時の新聞にも、独身女性を「片輪女」と称し、国家にとって「有害」だと論じる記事を確認できる（『読売新聞』一八八八年五月二五日朝刊）。

三角が「転換期」と述べた一八九〇（明治二三）年は、教育勅語が発布された年にあたる。国家の基盤としての家族制度の確立と儒教道徳の普及が叫ばれたこの時期に、独身者への批判的なまなざしも強化されたようである。この頃の有名な出来事に、『婦女新聞』（一九〇〇年発刊）紙上でおきた「不婚論争」がある。女学校教諭・枯葉女史を名乗る匿名の投書「わが婚せざる理由」（一九〇〇）を皮切りに、紙面では女性の「不婚」の賛否をめぐってさまざまな議論が展開された。枯葉女史は、結婚を「妻は夫の所有物」とする主従関係だと批判し、そのうえで、結婚しない人間は「倫理上の罪人」なのか否かを世に問うた。(7) その投書に対する応答の多くは不婚否定論であった。それらは、「不婚」を「女子の天職」や「東洋の美風」を否定する「罪人」として糾弾するものであった（金子 一九九九、加藤 二〇〇六に詳しい）。

分析の対象と視点

本章の課題は、現代まで根強く存在する日本社会における独身者への批判的なまなざしの起源を探るべく、近代台頭期までさかのぼって、独身者への批判言説を検討することである。

資料からは、独身者への批判言説が登場するのは明治二〇年代から三〇年代であることがわかる。その背景には、一八九〇（明治二三）年の教育勅語の発布や一八九八（明治三一）年の民法制定があると思われるが、それは同時に、歴史社会学の研究が示すように日本において近代的な家族観・結婚観が確立していく時期でもある（牟田 一九九六、小山 一九九九）。それゆえ、この時期に焦点をあてることは、近代日本の結婚観・家族観を考えるうえでも重要だと思われる。

ここでは、明治から敗戦までの期間のさまざまな出版物を分析対象とする。女性誌など特定のメディア資料に限定することも検討したが、思いのほか「独身者」についての言及は少なかった。それゆえ、国立国会図書館のホームページ上の「近代デジタルライブラリー」から抽出した「独身」に言及した文献を主な資料として、そのほかに『青鞜』などの女性誌や教育に関する文献、そして新聞記事などから独身者に言及したものを加えた。対象を限定していないことによる資料の偏りは否定できないが、先行研究がほとんど存在しない戦前の「独身者」言説を数多く提示することで、当時の世相の一端を明らかにできればよいと考えている。

次節からは、「独身者」への批判を以下三つの視点から論じていく。(8)

第一に、家族主義思想との関連である。独身者への批判は「家族主義」の高揚とともに高まったものであった。そこでまず、第2節では祖先崇拝を基軸とする家族主義の視点からの批判言説を検討する。第二に、独身女性への批判に注目する。当時の独身者批判を見ていくとき、女性に向けられたものが圧倒的に多いという事実に気づかされる。それらの批判のキーワードになるのは、「オールドミス」や「独身主義」、「女学校」、「職業婦人」などである。そこで、第3節では女性への批判の論理とそれを支えた集合的な心理を探っていきたい。そして、最後に取り上げる独身者批判の第三の系譜は、優生学や医学、人口学といった近代科学に基づく言説である。特に、一九三〇年代以降は、国家政策の視点から科学的言説と結びついた結婚論が多く語られた。第4節では、こうした言説から独身者を排除する論理を明らかにしたい。言うまでもなく、「独身者」を語る言説空間はその時々の政治的条件や社会的条件に強く規定されている。それゆえ、独身者批判の論理とその背後にある社会心理を検討することは、結果として、近代日本の結婚や家族をめぐる規範や政治を照射することになるだろう。

2 「家族主義」思想と独身罪悪論

一九〇六（明治三九）年刊行の『結婚論』という書物に、独身者は「人間天賦の本能を断絶せんとする者」という記述がある。儒教道徳からすれば、「独身主義」は子孫をのこすという「人類共通の責任」を投げ出し、「自己本位の気儘」に生きる者となる。そこでは、「肉体は死んでも子孫は永遠に存続する」のだから、独身主義は「不倫理」であり、ただちに「放棄すべき思想」だと断罪されている(9)。

最初に取り上げるのは、このような「祖先－子孫崇拝」という儒教的な道徳観・生命観に基づく独身者批判である。個々の人間の生命は決して「一代限り」のものではなく、過去と未来に連なる「永遠性」において意味をなすという思想がそれである。子孫を遺さぬことは「罪悪」とされ、人類や民族の発展を妨げる「利己的」な行動であるとされた。これは、独身であることを民族の永続性を主軸とする「家族主義」を脅かす「個人主義」のあらわれとみなす論理であった。

一九一四（大正三）年、巣鴨学園の創設者として知られる社会学者の遠藤隆吉は次のように論じている。[10]「世の中には独身主義の者もあるけれども是れは理論としては反対すべきこと」である。なぜなら、「未婚の男女は半人分」であり、人は「子孫の繁殖」によって「初めて一人前の働きをするのである」からである。独身主義者というのは、「自分の利益ばかりを考へて居る」人間である。大正期に出版された書物にも次のような叙述がある。

近来、往々にして独身主義を唱へる者がある。唱へて足らず、直ちにそれを実行してゐる者が、男にもあり、女にもある。甚だ潔白のやうであるが、その実は、自然に背く。その男、その女は、半人前の人である。（……）不具なる自覚に由来する所の、極端なる個人主義、利己主義の弊である。（……）家族は、国家の単位であるから、その健全、不健全は、直ちに国家の盛衰となる。儒教では、修身、斉家、治国、平天下と並べ称するが、国民各自、よくその家をととのへることによつてのみ、国家の隆盛、国運の伸長は望まれる。[11]

こうした言説は、明治から敗戦までいたるところで語られた。時代はだいぶ後になるが、一九三五（昭和一〇）年刊行の『結婚読本』の内容も見ておこう。この本では、「女子の使命は、人類の久遠の母性たることにある」と繰り返し説かれており、独身女性に対して次のような批判が語られている。

自分に与へられたる天分を発揮して、人類のために活動することは、尤も大切なことである。然しそれがために、人類全体の大使命たる、母になることを棄ててもかまはないものだらうか。この両者の何れかが、人類にとつてより重要なものであらうか。彼女が自分の与へられた天分によつて、人類文化に貢献することは偉大なことであらう。然しそれは（……）時間的に見れば、僅かに五十年に限られて居るものである。これに比べて見ると、母になることは尚一層偉大なる功績ではあるまいか。（……）即ち自分一人の一時的我儘によつて、未来永遠にわたる人類の系統を、自分限りに於いて中断することは、人間として最上の罪悪だと云はなければならぬ。[12]

このように、独身者は「個人主義」や「利己主義」の弊害として否定されており、「西洋かぶれ」といった言葉も散見される。独身者批判の第一の論理は、以上で見たような家族主義／個人主義という対立軸から独身者を否定するものである。特に明治二〇年代から三〇年代は、西洋の「個人主義」との対峙のなかで「日本は家族主義の国である」という自画像が形成される時期であった（阪井 二〇一三）[13]。独身主義の増加という現象も、西洋から入った個人主義思想の台頭が家族主義の秩序を脅かすという危機意識のなかで語られたのである。これらは、前近代の道徳観に、近代的コンテクストが新たに加わるなかで展開された独身批判論であったといえよう。

3　非難される独身女性──「良妻賢母」と「職業婦人」

一九〇九（明治四二）年に刊行された『現代男女の研究』という書に、「独身主義」という「新しい」風潮が描かれている[14]。そこには、「近頃独身主義を唱へる婦人が大分増加した」が、「男子で独身主義を唱ふるものは至つて少ない」とある。続けて、男子の独身は「女房が貰ひたくとも養ふことが出来ない、已むを得ざる貧乏的独身主義で真の独身主義ではない」のであって、「独身主義」とは基本的に独身女性をさす言葉だと述べられている。この叙述が象徴するように、「独身主義」という言葉は女性に対する批判のために用いられることが多かったのである。

とはいえ一方で、明治末期から大正期にかけては「女性の独立」も声高に叫ばれ始めた。女性が生活のために否応なく家父長的な結婚制度に組み込まれていく現状を批判し、女性が職業をもち独立することの必要を語る論者も多くあらわれたのである。つまり大正期は、「家庭」という理念の称揚とともに中間階層を中心に良妻賢母が規範化されていく時期であると同時に、デモクラシーの風潮のなかで「女性の独立」が叫ばれる時期でもあった。

「家庭」と「良妻賢母」の称揚

明治二〇年代ごろから、従来の「家族」とは異なる新しい家族像をあらわす「家庭」という言葉が活発に論じられるようになる（牟田 一九九六、小山 一九九九）。独身批判の言説もこの明治二〇年代から三〇年代ごろに急増しているため、「家庭」との関連から独身者批判を検討していくことが重要になるだろう。

一九〇六（明治三六）年刊行の『女子と修養』という書では、女子が男子と同様の職業に就こうとする風潮が批判的に語られ、そのような女子は「男とも女ともつかぬ化物然となる」とまで言われている。続けて、女子が「男性と配して家庭を作り、子女を生育し人と交際して、社会の幸福を増進することであるのは自然」であり、「女子教育の一般目的」は「ホーム主義」と「賢母良妻主義」だと述べられる。そして、「徒《いたづら》に独身主義などと空想より割出した高論を唱へずに、真面目に着実にホーム主義を体せよ、賢母良妻たらんことを心がけられよ」とし、「独身主義」は「家庭主義を否定するもの」だと説いている。[15] 一九一一（明治四四）年に刊行された『新女子道』にはこうある。[16]

男子は自分の好きな職業や学問に従事する事が出来るが、女子は中々自分の好きな処へお嫁に行つたり、自分の好きな事をやるわけにはいかぬ（……）女子が独身主義を立つるほど見にくい事はない。例外の場合として、女子の独身主義を認めなければならぬが、女子の独身主義は怪しいものである。高等教育を受けた女子には、間々独身主義を称ふるものがあるそうであるが、僕の思ふには、これは自惚心から来てゐるものが多いと思ふ。これ等の女子の眼には、男が自分以下に見えるから、その処へ行くのは自分を軽んずる様に思ふのであるまいか。

とはいえ、大正期には「女性の独立」や「男女平等」といった新しい理念を頭ごなしに否定するような論者は、「時代遅れ」とか「封建的」だとみなされる風潮も芽生えていた。それゆえ、「良妻賢母」と「女性の独立」の相克をいかに処理するかをめぐってさまざまな論理があらわれる。

たとえば、独身主義は、特権的な身分の者にのみ許される理想であり、「凡人」には認められるものではないという論理が多々見られる。一九一二（明治四五）年、跡見女学園の創設者である跡見花渓は次のように持論を展開している。「近来は、時勢の変遷に伴れて、独身生活の人が殖えるとのこと」であり、学問や芸術のために独身生活を選択する人が一定数おり、その人たちの独身主義は認めなくてはならない。しかし、凡人の「独立生活の空想」には賛成できない。一部の有能な女性が、「自ら信ずる所、道徳の為に、一生を童貞に終ふるが如きは宜しいこと」だが、「一般の婦人に対しては、良妻賢母を目的とし、独立生活など送ってはならぬと、申すほかはございません」。続けて彼女は、婦人は「良妻賢母」を目的に生きるべきで、「男子のやうに、一種専門のことに熱中すること」はできないのであり、「志はあつても、良人の内助、子供の養育、舅姑の世話などで、そんなことは出来」ないので、余計な空想はせずに、「良縁を選んで結婚し、良人又は子女を通じて、国家の為を致したいものです」と述べている(17)。

成城小学校の創設者であり、大正自由教育の推進者とされる沢柳政太郎は次のように主張している(18)。近年の「最も進歩した論」として「婦人は必ずしも結婚すべきものではないといふ主張」がある。しかし、遺憾ながら「男子の独身論は唱へられないで（……）女子の独身論が盛んに唱へられてゐる」。男子に独身論はあってしかるべきだが、「女子の独身は我儘である」。独身生活は「大事業の為めには、希望すべき事」であり、男子に関していえば、独身者も「社会のため国家の為め」に必要である。だが、「常人には独身主義は望」むことはできず、「要するに、女子に就いて云へば、独身論は意義なきものである」と結論づけている。

もう少し教育者たちの見解を確認しておく。青山女学院の教員であり、戦時には国家礼賛の論考も多く残した塚本はま子は、女子教育や男女平等といった理念を肯定していたが、独身女性には強い批判を向けている。彼女は、結婚は「道徳的結合」であり、その外部で生きる女性は「社会の秩序を乱す」存在だという。そして、「独身の婦人が道徳的結合に拠らずして一異性に心身を任せた場合、それは自分を善くし他人を善くすると云ふ使命を忘れ果てたものであつて道徳上、最も低い階級の婦人と云はなければならぬ」と述べている（『読売新聞』一九一七年二月四日朝刊）。

優生思想の観点から女子教育に関する多数の著書をのこした市川源三は、「独身」批判には慎重であるべきだと説く。市川によれば、結婚が「唯一の手段ではなくなった今日」、独身それ自体が悪いという論理は成立しない。独身が悪いという前に、結婚が人々にとって「幸福なもの」にならなくてはならない。市川は、「昔のやうに、どんな不満があらうと、いかに人格を破壊されやうと、すべてを忍んで結婚しなければならないといふことは、最早考へられないやうになつた」と述べつつも、独身者が増加すれば「道徳の頽廃、醜業婦の繁昌、性病の蔓延等を招来する」し、「独身であることはいつしか人格の欠陥を招くことになるのであるから、旁々《かたがた》結婚は出来るならばするがよろしい」と論じている(19)。

良妻賢母と職業婦人

大正期になると、女性の労働市場への進出が議論の的になる。[20] 当時の独身論を理解するためには、「職業婦人」なるものがいったいどのような存在であったのかを確認しておかなくてはならないだろう。というのも、そもそも女性が働くこと自体は決して新しい現象というわけではなかったからである。当時、人口の大半は農業や商業に従事していたし、都市部でも女工や女中はすでに多く存在していた。となれば、「職業婦人の増加」とはいったい何を意味していたのか。

「職業婦人」という言葉は、第一世界大戦後にはじめてあらわれた。[21] 第一次大戦中の経済発展とその後の恐慌によって、日本社会の経営組織には大きな変化が生じた。職業婦人の登場は、こうした経営組織の変化によって、従来の女子労働者とは異なる階層の女性が新たに労働市場に登場したことを意味する。職業婦人は、中間階層の女性を多く含んでいた点にその特徴がある。それゆえ、職業婦人の社会問題のあらわれ方は、従来の女工の場合とは大きく異なっていた。それまでの女工をめぐっては、「母性保護」の対象としてその労働条件がしばしば議論の的になった。一方、職業婦人の場合は労働条件よりも、「職業を持つことがよいか悪いか」ということ自体が議論された。そして、それは「家族制度」との関係から問題視されたのである（岩下 一九六九：四八）。

女工や女中、あるいは家族従業員として労働に従事する女性は多数存在していたが、彼女たちが家族制度の観点から批判されることはほとんどなかった。そもそも「良妻賢母」は、中間階層以上の女性に要求された規範であったといわれる（小山 一九九一）。問題はこの「良妻賢母」になるべき女性たちが労働市場に進出したことにある。つまり、職業婦人の台頭とは、女性の賃労働化が中間層の女性にまで広がったことを意味しており、彼女たちは「良妻賢母」という規範に照らして問題視されたのである。

とはいえ、職業婦人の代名詞的存在であった「教員」と「看護婦」はすでに明治初年より数多く存在しており、その出身階層も高いものが多かった。教員は、教育現場における良妻賢母思想の担い手であり、良妻賢母の延長におかれることで一般に受け入れられていた。看護婦は戦争のときに数多く必要となるため、「お国のため」に献身する名誉ある尊い職業として認められていた。しかし、第一次世界大戦後になると、教員や看護婦も「職業婦人」として一つに括られ、その数が急増するにともない「問題」になったのである。これらの職業婦人は、「女性の本分」を逸脱した、「家族制度」を脅かす存在であるがゆえ非難の対象となった。
こうした時代状況においては、女子教育者の多くも、封建制度を批判しながら、良妻賢母を称揚することになった。当時の言説からは、彼／彼女らがこうした相克に直面し、苦心していた様子が伝わってくる。たとえば、大正期の代表的な女子教育論である宮田脩の『良妻賢母論』にはそのような葛藤が端的に示されているように思われる(22)。
宮田は「新しい女」として、独身生活を選択する女性の増加をあげる。彼は、「世の中の婦人が挙《こぞ》って、従来とかく蔑《ないがし》ろにされて居た卑い地位から、一歩でも半歩でも尊ばれる高い地位に進むために、出来るだけ高い広い教育を受け、出来るだけ困難な職務にも当たり、出来るだけ世間に認められる仕事を成し遂げられるのを、衷心から賛成し、奨励し、加担したいと思ふ」と述べる。しかし、教育や職業が大事だとしても「結婚」は別問題だという。「男女は二にして一であり「二者合体して幸福な生涯を送るやうに出来て居る」とし、女性の自立や職業婦人を擁護しながら独身批判を展開している。当時は、『青鞜』に象徴される「新しい女性」たちの結婚制度への批判がメディアで華々しく取りあげられたが、デモクラシーや近代の理念を擁護する進歩的知識人の多くもまた独身者に対しては否定的だったのである。

「独身主義」とは何だったのか

以上、ここでは独身女性への批判を見てきた。しかし、奇妙なことに、当時の出版物を見ても、「私は独身主義者だ」と自ら主張するような女性の言説を発見することができないのである。先に述べたように、雑誌『青鞜』においてさえ自らを「独身主義」と名乗る者を確認することはできない。再び三角錫子の言葉を手がかりにしよう。

卒業して社会に出たものは、種々の方面から抑へられ、手も足も出なくなつた。(……)自分の周囲では、独身論などを主張したものは、ひとりも聞かなかつた。ただ社会が、さういひ触らして、独立してゐた職業婦人をいぢめたのに過ぎない。

三角によれば、すでに社会は女性が独身論など唱えられる状況にはなかったのであり、単に職業婦人を侮蔑するために「独身」が非難されたにすぎない。つまり、こういうことだろう。この時期、実態として「独身主義」を名乗る者が増加したというよりは、職業婦人の台頭や西洋由来の男女平等という新しい風潮によって高まった社会の不安や動揺に対処するための非難の語彙として「オールドミス」や「独身主義」といった言葉が生み出されたのである。実際、統計数値を見ても、一九二〇（大正九）年時点では、男は二五歳までに、女は二一歳までに結婚するのが「普通の姿」であり、それに遅れた者でも五〇歳までには男の九七・八％、女の九八・二％は一度は結婚の経験をもつ「国民皆婚」社会であった（湯沢 二〇一〇：八二）。つまり、逆説的ではあるが、独身者への批判は、家族制度が整備され、離婚や独身者が急速に減少しはじめた時期に高まったのである。

さらにここでは、独身者への非難が「独身主義」という言葉で表現された点にも注目したい。「主義」という言葉は、当人の主体性を指して使うものであろう。しかし、三角が述べるように、当時の社会では独身主義を名乗る者はきわめて少数であった。独身女性の多くは、決して「主義」と呼びうるようなものではなく、冒頭の小学校教員の言葉を借りれば、「余儀なく」あるいは「自然になる」ものであった。

だが、批判者たちは、それらを「主義」と名指して主体的な行動へと読み替えていく。とりわけ注目に値するのは、独身男性に対しては、経済状況の悪化に関連づけて同情の念が語られる傾向があったのに対し、独身女性の多くに対しては「主義」という表現を用い、その自発性を強調し、利己的だと批判する傾向が強かったことである。ここに、論者たち（特に男性）の思惑を垣間見ることができる。自分たちの認めたくない、あるいは、理解できない異質なものや新奇なものに直面した際、それを社会的要因にではなく、異常な個人の特性によるものとみなし留飲を下げる、というのはあらゆる差別的言説の常套手段であろう。「独身主義」なる言葉もまたそのような性質のものであったといえよう。稲垣恭子は、明治から戦後へといたる「女学生」「女子学生」「女子大生」への批判の系譜を検討したうえで、それらが「彼女たちの現実への批判という以上に語る側の不安や危惧が表出されたものであった」（稲垣 二〇〇七：二二五）と結論づけている。ここで取り上げた、職業婦人や独身女性に向けられた多くの批判もまた、それらと同種の集合的感情の表出だったといってよいだろう。

4 戦争・科学・独身

一九一四（大正三）年一月九日の『読売新聞』に、「独身主義」をめぐる当時の言論状況を紹介する記事がある。そこでは、「独身者は不幸である」という医学者・生物学者の言説が紹介されている。彼らは、独身者は既婚者に比べ死亡率や自殺率が高いという論拠に基づいて独身者批判をおこなう傾向があるとされ、記事には「独身者が好んで自己の生命を短縮し、子孫繁殖を杜絶する点に於いて、国家の生命をも短縮せんとするは解しかねる事情であると云ふのが非独身主義者の言説である」と記されている。

明治後期よりすでにその萌芽は確認されるが、一九二〇年前後より勢力を増していくのが科学的な言説であった。独身者を批判する論拠として、優生学・医学・衛生学・人口学といった科学的知見が動員されるのである。最後に見ていくのは、こうした科学的知見に基づく独身論である。

優生学・医学からの独身論

近代化の一つの潮流に優生思想の台頭があり、これが結婚をめぐる規範を大きく変えた。優生学（eugenics）とは、生殖をコントロールし、人類の質を「改良」しようという学問であり、ダーウィンの従兄弟であるイギリスのF・ゴルトンが提唱したものである。明治期以降、優生学は国家政策の観点から知識人たちの重要な議題となった(23)。優生学と結婚の関係について論じた研究はすでに多く存在しているので、ここでは、優生思想の観点からどのような「独身」論が語られていたのかを確認していきたい(24)。

まず、優生運動の主導者であった池田林儀の著書『通俗応用優生学講話』（一九二六年）を見よう。池田は、「優生学の目的を達するには、種族の優良分子と不良分子との間に現在してゐる比率を優良分子に有利に発展せしめなければならない」と述べている。そして、「優良分子の間に独身者や晩婚者が増加するにおいては、優良分子の結婚率も、出産率も共に低下して、種族の優生学的平均が低下する」とし、実際にこのような事態が進行している現状を嘆く。池田によれば、男子では「知識階級者」に、女子では「高等教育」を受けた者に「結婚回避または延期の傾向」が見られるが、これは「優生学的にはまことに嘆かはしいこと」であった[25]。

いずれにしても、時代の進歩と共に、優良階級の結婚率が減退し、独身、晩婚者の多くなるとゆうことは、優生学者の見て以て最大の憂へとなすところである。（……）既に、優生学者が結婚率の減退に対する憂ふべき結果を予示するにおいて、これに対する教育上、社会上の対策が講ぜられなければならぬ[26]。

とはいえ、優生学的見地からすれば、独身は必ずしも否定されるわけではない。なぜなら、独身でなければならない人間も存在するからである。つまり「不良分子」のことである。精神病者や身体的欠陥を持った人間が独身であることは「種族のために反つて利益である」とされた。優生学を論じた別の書にも、「独身は天啓に反せり」と述べつつ、「健全な結婚」を推進し、「不良結婚」の原因を突き止めることが「政治の任」であり、「無用厄介者を産むは国家の損失なり。寧ろ子女なきに如かず」という主張を確認できる[27]。

医学の立場からは、独身者がいかに精神疾患になりやすいかを論じる文献が多い。雑誌『変態性欲』の主幹で知られる医学者田中香涯（祐吉）は、「独身生活を送らねばならぬやうな境遇に陥ると、その結果神経病ヒステリー等に罹る者の多いことは、世上屡々《たびたび》見聞する処である。（……）独身生活の禁欲が確かに神経病性疾患の原因となることは否定すべからざる処である」と述べている[28]。こうした言説は、戦時中の啓蒙書のなかにも頻繁にあらわれる。一九三二（昭和七）年刊行の『結婚術』という書は、独身者に精神病者と自殺者が多いことを指摘し、次のように述べている[29]。

生殖の使命を果し、完全な社会単位を形造るために男女が結合することは、人間としての義務でありまして、独身生活を送ることは、心霊を歪め、天性を撓め、虚偽の生活に陥る危険に向ふことに他ならないのであります。

この書によれば、独身生活は人間の肉体と精神に悪影響を及ぼし「狂人」の増加をもたらす。そして、「人間の本能なる性欲は、結婚による夫婦の性愛によって始《ママ》めて、個人に取り、社会国家に取り、最も完全なる最も円満なる結実をなすものである」。しかし、世の中には結婚を「厭ったり呪ったりする変物」が多く存在する。そのような「変物」たちは、「或る種の人生観を有する人か、境遇上余儀なくされた人か、乃至は精神的に又は肉体的に何等かの欠陥のある人」である。しかし、「理由の何たるを問はず、結婚をなさぬ人は、人生の落伍者であり、極言すれば社会国家に対する一種の罪人である」。このように、独身者は、その理由が何であれ「罪人」と断ぜられている。

『夫婦読本』（一九三五年）という書でも、医学と優生学に依拠して独身批判が展開されている(30)。そこでは、「嫁いで人妻になる」ことは「女子として最も自然」なことであり、女性は結婚すると「健康になる」ので二十歳までに必ず嫁に行くようにと説かれている。しかし、医学的に見れば「結婚してはならぬ者」もおり、性病や結核の人間がそれであるとも言う。西洋医学のさまざまな最新の学説が紹介され、「独身者には発狂者が多い」と強調されている。

「非国民」としての独身者

一九三〇（昭和五）年には、「優生学による社会改造」を唱えて日本民族衛生学会が設立された。この学会は、遺伝病者や「劣等者」の断種、優生結婚の普及、出産制限の反対、人口増殖をその目標に掲げた。一九三八（昭和一三）年一月に設置された厚生省は、国民の健康や体力を統制するために設けられた機関であり、結婚や性、出産への国家的介入が強まった。そして、「悪い素質を持った人、虚弱で国家の役に立たぬ人間を絶滅し、優秀な強健な人間をどしどし殖やすことが必要」で、「この質と量との両側面より民族の将来を考へること」の重要性から登場したのが「国民優生」なる思想であった(31)。優生政策の一環として国立の結婚相談所も登場し、全国各地に相談所が作られていく(32)。厚生省が一九四一（昭和一六）年に打ち出した「結婚相談ニ於ケル健康問題ニ関スル指導指針」には、はっきりと「生殖能力のない人は無価値である」と書かれている(33)。

一九四一（昭和一六）年八月には、結婚が「報国」の手段であることを鼓舞する結婚報国会が始動する。厚生省人口局長安井洋は、「結婚はもはや個人の私事ではなく、国民としての大切な義務となって来た」と述べ、「国民揃つて結婚を急げ」と説いている。安井は、「晩婚化」の理由として、「教育機関の延長」や「生活難」をあげつつも、最も重大な要因は「結婚に対する国民一般の観念の変化」だとし、その道徳面を問題化する。安井は、「早婚は日本の伝統」、「晩婚は外来の悪風」、「晩婚は堕落の動機」と三つの標語を並べて、次のように述べている。

西洋流の結婚観は個人中心主義であり、日本古来の結婚観は家族中心主義であるところに雲泥の相違がある。西洋流の結婚観では、個人の利益を中心とするために、自由結婚、晩婚、産児調節といつた方向に走るのであるが、日本流の結婚観は家を中心とするために、結婚は父母の詮議による媒酌結婚の形をとり、早婚が奨められ、子孫の繁栄が喜ばれるやうになつて来たのである。「早く嫁を貰つて孫の顔が見たい」といふのは日本伝統の家族的情愛である。この情愛によつて結婚を急ぎ子宝を殖やして来た結果が、一家一門の繁栄を招き、同時に隆隆たる国運の発展を齎《もたら》したのである。(34)

こうした状況下にあって、一九三九（昭和一四）年からは、新聞紙上などで「独身税」の是非も活発に議論されていた。これは、同盟国のドイツやイタリアの政策にならい「産めよ殖やせよ」政策の一環として唱えられたものであり、独身者を「非国民」あるいは「罪人」とみなす当時の国家的意思を反映したものであったといえる。独身税は多くの批判や障害が立ちはだかり実現にはいたらなかったが、人口の増強を目指して「結婚報国」が唱えられる時代にあって、独身者は「非国民」の烙印を免れることはできなかったのである。

5 「独身」をめぐる現代的課題

以上、本章では戦前日本の出版物を通して、「家族主義」「良妻賢母」「科学」という、独身者批判の三つの論理を提示した。資料の精査が不十分であることなど多くの限界を含んだ分析ではあるが、戦前期の独身者を取り巻く社会状況の一端を示しえたと考えている。

今日の日本では、結婚しないことも個人の選択肢の一つと認められるようになったと言われる。しかし、今なお結婚制度の外部にいる人々が、何らかの社会的なスティグマや不利益によって、「生きづらさ」を抱えて生きていることは紛れもない事実であろう。

たとえば、第2節で見たような家族主義的な観念は、必ずしも祖先崇拝や家の継承という形ではないかもしれないが、「孫の顔が見たい／見せたい」とか「だれに老後の世話をしてもらうか」といった日常の語りに現れるように、現在でも多くの日本人の意識を強力に規定していると思われる。また、第3節で見た独身女性に対するスティグマも、「母性」や「性役割」に規定された結婚観によって根強く残存している。そして、第4節で見た国家政策の観点でいえば、それほど露骨なかたちではないにせよ、少子高齢化等のさまざまな社会問題が語られる場面で、独身者はあいかわらずスティグマ化されている。このような独身者が被るさまざまな不利益を解消するうえで何が必要なのか。最後にこの点に触れておきたい。

「既婚／独身」という二項図式

そもそも、よくよく考えてみれば、「結婚しない者」を「独身者」と表現する言葉の用法それ自体が奇妙だといえなくもない。われわれは、既婚者／独身者という二項対立を自明としている。しかし、結婚制度の外部にいる者が文字通り〝独身《ひとりみ》〟にならざるをえないという現実にもっと注意が向けられるべきだろう。既婚／独身という二項図式は、家族と生きるか、さもなければ、独りで生きるか、という、日本社会における関係性の貧困を端的に示すものだともいえよう。

ここでは、独身者の脱スティグマ化のためには、結婚制度や家族関係の外部に存在することが「孤立」に直結してしまうような日本社会の観念的・制度的な現状を脱却していくことが必要だと指摘しておきたい。そのためには、人々の親密な関係性や生活の共同（協同）をもっぱら家族関係に切り詰めてきたこれまでの社会に反省のまなざしを向けることが不可欠となる。そして、結婚制度に集約させられてきたさまざまな役割や機能を、多様な関係性のなかに再配置していくことを検討していかなければならない(35)。

「結婚しないことも選択肢の一つになった」というのは、単にそれが道徳的な非難を受けないということだけでなく、その生活を支えるライフコース・ニュートラルな社会制度が用意されていてはじめて言えることだろう。その意味では、まだまだ日本は「結婚しないことも選択肢になった」とは言うことのできない社会ではないだろうか。

しかし、ライフコース・ニュートラルな社会の実現の前に立ちはだかり、それを困難にしているのが、強固な結婚中心主義であり、それにともなう結婚制度の内部と外部の者の間に存在する「分断」ではないかと思われる。とりわけ、結婚制度への執着を強く支えているのが、それと不可分だと考えられている「再生産」と「依存者へのケア」という二つの問題ではないだろうか。

先進国の中でも、日本は子育てや教育、介護といった福祉への国家支出が著しく低いことが明らかになっている。その背景には、ケア役割は家族が担うべきだとする家族主義的規範があり、ケアの社会政策を推進するために不可欠となる社会的合意が調達しづらい現状がある。

「分断」をのりこえるために

たとえわれわれが「シングル」という生き方を肯定し尊重するべきだとしても、結婚するか否かという問題を単に「自己決定」や「個人の選択」の問題としてとらえるだけでは、福祉政策の社会的合意を形成することや、結婚制度の内外に生じる分断を克服することはできないように思われる。それどころか、分断をより強化してしまうおそれさえある。ここで主張したいのは、再生産やケアを「脱家族化」し、社会的に再編成していかないかぎり、結婚や家族に関連した懐古的言説は繰り返し回帰してくる、ということである。

子どもを生み育てることや依存者へのケアは社会を維持するうえで必要不可欠な仕事であり、その社会的支援は正当化なければならない。しかし、その支援の方策は結婚制度から切り離して正当化していかなければならないだろう（ファインマン 二〇〇九、エスピン＝アンデルセン 二〇〇八）。われわれは、結婚制度の内部にあろうが外部にあろうが、人々が再生産やケアを協力し支えあえるような社会を目指すべきであり、逆説的に響くかもしれないが、実はそれこそが、伝統的な結婚観への回帰を抑え込み、独身者のスティグマや生きづらさを解消するための重要な戦略になるのである。(36)

注

（1）溝口白羊編『若き女の手紙』岡村書店、一九一二（明治四五）年、二五九―二六〇頁。この書物は、詩人の溝口白羊が、若い女性によって書かれた手紙を集め、約二〇〇篇収録したものである。

（2）三角錫子『婦人生活の創造』実業日本社、一九二一（大正一〇）年、一一二―一一三頁。

（3）河添壽々子「婚期を失ひたる事例」『女鑑』第一八年第一二号、一八九八（明治四一）年、二一頁。

（4）宮田貫人『女の弱点』三光社、一九二一（大正一〇）年、一九四―一九五頁。その他にも、オールドミスは「心が僻んで来て、何を見ても聞いても、自分を呪ふやうに思ひ込み（……）人を出し抜く事を、心からの満足と思つて居るらしく、心が段々尖って来て、甚だしいものになると、面相も変わつて来ます」などの叙述を確認できる（藤山豊『母親と子供』中和堂、一九二三年、五―一〇頁）。

（5）平塚らいてう「世の婦人たちに」『青鞜』第三巻四号、一九一三年（堀場清子編『『青鞜』女性解放論集』岩波書店、一九九一年、一九八―一九九頁）。

（6）三角前掲書、一一四―一一七頁。

（7）のちに『婦女新聞』の創刊者である福島四郎は、枯葉女史の正体が自分であったことを明かした。

（8）もちろん、実際の言説には複数の論理が融合したものが数多く見られる。時代の変遷にしたがい、いずれかの論理が消えて新しい論理が現れる、というよりは、独身者批判を語る戦前の言説空間は重層性をもって展開されているといえる。

（9）湯朝観明『結婚論』文禄堂、一九〇六（明治三六）年、一五三―一六〇頁。

（10）遠藤隆吉『理想の人物』金尾文淵堂、一九一四（大正三）年、一六一―一六八頁。

（11）高原緑『国家と自分』修教社出版部、一九二五（大正一四）年、一五八―一六一頁。

（12）川崎利太『結婚読本』佐藤新興生活館、一九三六（昭和一一）年、二〇―二一頁。

（13）戦後の家族研究においても「家族主義」という言葉は、さまざまな意味で使用されてきた。「家族主義」という言葉の歴史的変遷と多義性については、阪井ほか（二〇一二）を参照。

（14）覆面野史『現代男女の研究』現代社、一九〇九（明治四二）年、一三三―一三五頁。

（15）鈴木礼助『女子と修養』佐久良書房、一九〇六（明治三七）年、七―一九頁。

（16）内田節三『新女子道』伸文社、一九一一（明治四五）年、三―四頁。

(17)跡見花渓「婦人の独身生活」棚橋絢子ほか『現代婦人訓』広文堂、一九一二（明治四五）年、一三七—一四一頁。
(18)沢柳政太郎「男女の独身生活」『沢柳全集第六巻』沢柳全集刊行会、一九一二年（明治四五年）、五三八—五四一頁。
(19)市川源三『結婚読本』婦女新聞社、一九三二（昭和七）年、二三—二四頁。
(20)森律子は次のように述べている。「世の中の状態がだんだん変わつて行くにつれて、現今では婦人の職業に従ふことは、決して珍しい事ではなくなりました。婦人が職業に従ふことは、言ひ換へれば婦人が独立することが出来る可能性が多くなつた訳ですから、今後は益々婦人の独身者も多くなることでせう」。森律子『妾の悲哀』日本評論社、一九一九（大正八）年、一五九頁。
(21)ここでは、岩下（一九六九）、村上（一九八三）、山崎（二〇〇九）を参照して職業婦人について論じる。
(22)宮田脩『良妻賢母論』婦人文庫刊行社、一九一六年、六—二〇頁（再録：中嶌邦監修『近代日本女子教育文献集一三』日本図書センター、一九八四年）。
(23)たとえば、一九一四（大正三）年、東京帝大教授の倫理学者吉田静致は著書のなかでこう述べている。「優生学といふものは、これはどういふことを目的とするかといふと、詰り優良なる男女の結婚を通じて次の時代の人間を優良なるものにして行かうといふことを目的とするものであります。其方法は優良なる男女の結婚に依るのであります」（吉田静致『国民道徳の新修養』教育新潮研究会、一九一四年、五六頁）。
(24)優生学と結婚政策の関係については、鹿野（二〇〇一）や加藤（二〇〇四）などを参照。
(25)池田林儀『通俗応用優生学講話』冨山房、一九二六（大正一五）年、一二四—一二六頁。
(26)池田前掲書、一三二—一三三頁。
(27)高浜政哲『愛統漫言』厚生館、一九二二（大正一一）年。
(28)田中香涯『性に基づく家庭悲劇と其の救済』日本精神医学会、一九二三（大正一二）年、一一一頁。
(29)飯野明『結婚術』東洋堂出版、一九三六（昭和一一）年、八二頁。
(30)竹田津六二『夫婦読本』保健出版部曙書店、一九三五（昭和一〇）年。
(31)石田博英・高野善一郎『結婚新体制』一九四一年、四一五頁。
(32)吉田久一によれば一九四一年三月時点で、こうした結婚斡旋施設は、公営四五七、団体経営六六、個人経営二三の計五四六存在していた（吉田 一九七一：一六四）。

（33）厚生省「結婚相談ニ於ケル健康問題ニ関スル指導指針」一九四一年、二頁。
（34）安井洋『結婚新道』広文堂、一九四二（昭和一七）年、一三頁。
（35）阪井（二〇一二）では、「家族の脱中心化」という言葉を用いて、この点について詳しく論じた。また、家族のみが担うべきと自明視されてきた諸機能を多様な関係性のなかに再配置していく必要性を論じたものとしてはRoseneil and Budgeon（2004）が参考になる。
（36）筆者は、エスピン＝アンデルセン（二〇〇八）が述べるように、「再生産」の社会的支援を、それが生み出す外部経済を考慮して、「子どものケアを担わない人々＝フリーライダー」として正当化することが一つの説得的な方法だと考える。それは、結婚制度ではなく「依存関係」を社会維持の基本条件とみなすことを意味する。「社会で結婚に関連すると思われている目標のすべてに対し、結婚を不可欠とするのは誤り」（ファインマン 二〇〇九：一一五）であり、こうした視点より社会政策を見直す必要がある。

参考文献（引用した歴史資料の出典は注を参照）

稲垣恭子 二〇〇二「不良・良妻賢母・女学生文化」稲垣恭子・竹内洋編『不良・ヒーロー・左傾――教育と逸脱の社会学』一一〇―一三二頁、人文書院。
―― 二〇〇七『女学校と女学生――教養・たしなみ・モダン文化』中央公論新社。
岩下清子 一九六九「第一次大戦後における『職業婦人』の形成」『社会学評論』一九巻四号：四一―五三。
エスピン＝アンデルセン、G 二〇〇八『アンデルセン、福祉を語る――女性・子ども・高齢者』林昌宏訳、NTT出版。
加藤秀一 二〇〇四『恋愛結婚は何をもたらしたか』筑摩書房。
加藤千香子 二〇〇六「近代日本の『オールド・ミス』」金井淑子編『ファミリー・トラブル――近代家族／ジェンダーのゆくえ』一七七―二〇五頁、明石書店。
金子幸子 一九九九『近代日本女性論の系譜』不二出版。
鹿野政直 二〇〇一『健康観の近代』朝日新聞社。
小山静子 一九九一『良妻賢母という規範』勁草書房。
―― 一九九九『家庭の生成と女性の国民化』勁草書房。

阪井裕一郎　二〇一二「家族の民主化——戦後家族社会学の〈未完のプロジェクト〉」『社会学評論』六三巻一号：三五—五二。
———　二〇一三「家族主義という自画像の形成とその意味——明治・大正期における知識人の言説から」『家族研究年報』三八号：七五—九〇頁。
阪井裕一郎、藤間公太、本多真隆　二〇一二「戦後日本における〈家族主義〉批判の系譜——家族国家・マイホーム主義・近代家族」三田哲学会編『哲学』一二八集：一四五—一七七。
ファインマン、マーサ・A　二〇〇九『ケアの絆——自律神話を超えて』穐田信子・速水葉子訳、岩波書店。
牟田和恵　一九九六『戦略としての家族』新曜社。
村上信彦　一九八三『大正期の職業婦人』ドメス出版。
山崎貴子　二〇〇九「戦前期日本の大衆雑誌にみる職業婦人イメージの変容」『教育社会学研究』八五号：九三—一一二。
湯沢雍彦　二〇一〇『大正期の家族問題——自由と抑圧に生きた人々』ミネルヴァ書房。
吉田久一　一九七一『昭和社会事業史』ミネルヴァ書房。
Roseneil, S. and S. Budgeon. 2004. "Culture of Intimacy and Care Beyond 'the Family': Personal Life and Social Change in the Early 21st Century", *Current Sociology* 52(2): 135–159.

現代インドにおける女性に対する暴力

田中雅一

本章では、女性に対する暴力（Violence against Women: VAW）をシングルという生き方を阻む暴力ととらえ、その暴力を正当化する観念・イデオロギーを、主としてインドの事例を基に考えてみたい。ここでのシングルは経済的に自立している非婚の女性をプロトタイプとして想定しているが、加害者は厳密に女性を非婚か既婚か区別して暴力をふるっているわけではない。たまたま路上でひとりでいる女性やこれから自立しようとしている女子学生も含まれる。さらに、後述するように、シングル女性に対する暴力は、妻に対する夫の暴力とも連動している。これらの点をことわったうえで、話を進めていきたい。

1　デリーの集団強姦事件

二〇一二年一二月一七日午後九時半ころ、インドの首都デリーで事件が起こった。映画を見た帰りに、ミニバスに乗り込んだカップルが、運転手を含む六人の男性（友人同士）に暴力を受けた後、走行中の車から放り出されたのである。女性は男たちに強姦され、その腸は数センチを残して鉄棒のようなものでかき出されていたという。デリーの病院から一二月二六日にシンガポールの病院に搬送されるが、三日後に息を引き取る。家族をなんとか貧しさから救いだし楽をさせてあげたい、弟たちの教育を支援したいと望んで理学療法士を目指していた女子学生の夢は、男たちの凄惨な暴力行為で一瞬にして打ち砕かれることになる。この事件は女性の死後、インドの各種メディアでセンセーショナルに取り上げられた。

実はインドでは強姦自体が珍しくない。しかし、近代的であるはずの首都でこんな野蛮な事件が起こったということ、被害者がキャリアを目指していた、現代インドの未来を象徴する女性だったことが人々に衝撃を与えた理由と思われる。

同じころ、北西部のパンジャーブ州では、少女が数人の男性に犯されるという事件が生じた。少女の訴えにもかかわらず、警察はこれをまともに取り上げることなく、反対に強姦者の一人との結婚を勧めた。これに絶望して少女は自殺してしまう。この事件もまた、多くのインド人に衝撃を与えた。しかし、デリーの事件がなければ、パンジャーブ州で生じた犠牲者の自殺が全国紙で取り上げられることはなかったであろう。

これらの事件の後、インドの英字新聞はほぼ毎日強姦事件を報道し、頻繁に性暴力をめぐる特集を組んでいる。当初被害者は、本名を公表されることなく「勇気ある女性」と呼ばれていた。デリーの強姦事件の加害者に重罰（死刑や去勢）を下すための性暴力に関する法改正要求、警察や司法への批判を掲げて各地でデモが組織された。それが功を奏したのか、二〇一三年二月には法改正が行われ、強姦の最大刑が終身刑から極刑に引き上げられた。また、性暴力の被害者が訴えやすいように、デリー警察に女性警察官を増やすことが決まった。さらに裁判の過程を早める処置もとられた。三月一〇日首謀者の一人が刑務所で自殺をした。九月には容疑者四人の死刑判決が出された。残りの一人は未成年で、矯正施設に三年間収容されることになった。このような状況で、二〇一三年に入ってからインドでは、性暴力への取り組みがさまざまな領域で注目されている。欧米のメディアもデリーでの集団強姦事件をかなり詳細に取りあげている。

他方、地元インドでは、こうした欧米の報道に対する反発も認められる。というのも、それらは、結局のところインドが野蛮な国、すなわち女性を性欲の対象にしか見ていない男性中心の国という従来のイメージを強化することになるからだ。

インド各地で連日のように報道されている性暴力をどのように理解すればいいのか。またそれを（インドの外部から）どのように記述したらいいのか。本章ではこうした問いを念頭に、まず現代インドに認められる女性一般に対する暴力について、結婚との関係で整理と分析を行う。それによってシングル女性に対する暴力の性格を明らかにする。つぎに、女性に対する暴力の根幹に結婚が存在するという視点から、インドは遅れているから女性への暴力がなくならない、女性が可哀そうだ、といったオリエンタリズム的他者表象を克服する方途を探ることにしたい。

本章の分析枠組みの基底にあるのは、シングルと結婚とを対比的にとらえる見方である。シングルの理念と実践の対極にあるのは、適齢期になれば結婚し、子どもを産まなければならないという、インドにおける結婚至上主義的な考え方である。つまり、女性の本分は結婚して子供を産み、夫と子供の世話をすること、家事と育児に専念することであり、夫以外の男性とは結婚前も後もセックスをしてはいけないとされている。

この結婚至上主義あるいは反シングルの思想は、大きく二つに分かれる。ひとつは自由恋愛に基づく結婚を理想とする考えである。若者は自由恋愛に基づいてかけがえのない相手を見つけ、結婚し、子どもを作って幸せな家庭を築こうというわけである。この結婚もまた強制力を持っているが、男女の自由な選択を前提としているかぎり、全員が適齢期に結婚できるというわけではないから結婚をしたくてもできないシングルが増えることになる。恋愛結婚の社会では「負け犬」は想定内のことなのである。

もうひとつの反シングルの思想は、厳密には恋愛ではなく結婚を強制的なものとみなしている点で、恋愛至上主義と異なる。そこでの結婚は親によって決められることが多く、健康上の問題などがなければほとんどの男女が結婚できることになっている。子どもに良縁を見つけることは親の義務なのである。そこでの結婚は、それまでにお互いはぐくんできた愛の証しの結果ではなく、格式にあった家族を作り嫡出子をもうけることが第一の目的となる。現代インドでは、いまなお結婚の取り決めは親の義務であり、子供は親の取り決めに従うべきであるという結婚観が支配的である。そのため、恋愛や恋愛結婚に対してもしばしば暴力的な措置が取られる。

本章では、厳密にはシングルとは言えないが、夫による妻に対する暴力と同じく、恋愛結婚を目指すカップル間、とくに女性に対する暴力も、シングル女性に対する暴力と連続して考察することが可能と考えている。このため、冒頭で紹介したデリーの強姦事件は、カップルでいたわけだからシングル女性に対する暴力とは言えないとしても、なおシングル女性に対する暴力を考えるうえで有効であるというのが筆者の考えである。この点を念頭に、次節では、シングルに限らず女性一般に対して行使される暴力を俯瞰してみたい。

2　女性に対する暴力について

冒頭で触れた集団強姦のような性暴力は言うまでもなく、世の中には女性に対するさまざまな暴力が認められ、ときにセンセーショナルに報道される。世の中が男性中心主義的な考え方や家父長制度に基づいているとすれば、女性は男性より一段下に見られ、女性に対する差別や暴力が正当化されて当然ということになる。(1) 女性に対する暴力は男性による女性支配の一部でしかない。もちろん、すべての女性に対する暴力が家父長制ゆえというわけではないだろう。しかし、男性に対する暴力に比べると、女性に対する暴力が圧倒的に多いということを考えると、その背景に男性と女性との不均等な力関係が存在すると想定できる。さらに言えば、男性は攻撃的で、女性は暴力を忌避する存在であるといった本質主義的な言説もまた、男性の暴力を正当化するものでしかない。とはいえ、女性に対する暴力をすべて家父長制に基づく暴力と一括することで、かえって見えなくなってしまう側面もあるという問題意識から、本節では現代インドにおける女性に対する暴力について、もうすこし丁寧に整理してみたい。

一般に女性に対する暴力は、①狭い意味で男性優位を維持する暴力、②その優位性が脅かされるときに生じる懲罰的暴力、③グローバル化の進む状況で生じる暴力の三つに分けられる。

①から順に説明したい。インドでは娘を結婚させるためには多額な持参金（中産階級では年収のおよそ三倍）が必要なため、女児を嫌う傾向がある。たとえば、妊娠期間中に胎児の性別を調べ、女児なら人工妊娠中絶をするという傾向は、一九九六年以後法的には厳しく罰せられることになってあからさまな広告は見られなくなってはいるが、今なお行われている。また、男女の出生率や幼児の人口比率が一般の平均値より、男性に偏っていることは、女児に対してなんらかの人工的な操作（人工中絶や出産直後の間引き）が行われていることを示唆している。両親による女児のネグレクトも無視できない。女児だから病気になっても薬を与えない、医者の所に連れていかない、男児に比べて十分な教育を受けさせないという形であらわれる。(2)

これに加え、結婚生活を賛美する暴力が存在する。まず、上層カーストのあいだで見られる寡婦差別がある。差別の背景には、夫が先に死ぬのは、妻（寡婦）のせいとみなす考えが認められる。寡婦は不吉な存在として忌み嫌われ食事などを別にし、結婚式など吉なる行事に参加することはできない、また、年齢に関係なく、寡婦になると剃髪し、白か薄い色のサリーを身につける。また装飾品を身につけることも禁じられている。

寡婦差別を克服する唯一の行為とされているのが、ラージャスターン地方に見られるサティー（satī＝寡婦殉死）である。それは、夫が死ぬと、妻が自らの意志で夫の遺体とともに生きたまま「火葬」される行為を意味し、その場合のみ寡婦は服喪の期間が過ぎると女神（サティー女神すなわち貞女）となって崇拝され、寺院などが建立される[3]。

寡婦差別やサティーは、結婚の役割のひとつが女性のセクシュアリティの統御にあることを示している。すなわち上層カーストの女性は、本来初潮前、彼女が性的に成熟する前に結婚し、夫以外の男性とは関係を持たず、夫より先に死ぬのが理想とされ、その場合、性的な統御は一人の男性すなわち夫によって完遂されることになる。ところが、寡婦として生き延びるということは、管理する夫が不在の「シングル」になるということなので、夫に代わって遺族やコミュニティが寡婦のセクシュアリティを統御する必要が生じるのであり、それが剃髪や色鮮やかなサリーの禁止など、女性の魅力を寡婦から取り除こうとする風習なのである。反対に首尾よく夫より早く死んだ妻は吉なる女性として称賛される。夫の死と同時に妻が自ら死を選択する（とされる）サティーは、インド女性の貞淑さを示すものとしてインドの文化の一部とみなされている。したがって、これを暴力として批判し廃絶しようとするのはきわめて難しい。とくに外部からの非難は、当事者にとって自分たちの価値観を否定されるように感じられ、反発も大きいからだ。

北インドから中東にかけて広く見られる男女の隔離（パルダー）もまた、セクシュアリティの統御という視点から理解できよう[4]。そこには、あからさまな暴力行為は認められないし、女性だけの空間を確保することで、より自由だとする見方もあるだろうし、顔を覆うヴェールなども相手に見られることなく、見ることができるという点でより能動的だとする主張もあろう。しかし、女性が隔離に関する規則を破るとひどい懲罰的暴力を受けることを考えると、そこにはやはり暴力的な性格が認められる。

つぎにそのような懲罰的な暴力②について考えてみたい。これらは家父長制が脅威にさらされるときに発動される暴力と定義できる。それは家父長制を支えるさまざまな規則が破られたり無視されたりするときに、違反者に対して行われる暴力であり、かならずしも女性だけに対して行われるわけではない。たとえば、上層カーストの女性と駆け落ちを決行した男性は、女性と同じかそれ以上に上層カーストの制裁を受けるだろうし、彼だけでなくその家族やカースト成員が放火などの暴力行為にさらされるかもしれない。

懲罰的な暴力は多岐に及ぶが、結婚との関係で述べるなら、とくに自由恋愛や婚前交渉を否定する暴力とみなすことができる。それらは一般に「名誉に基づく暴力（honor-based violence）」と呼ばれる。なぜなら女性の違反者は家に不名誉をもたらすため、名誉を回復するにはその違反者に制裁を加えなければならないからだ。[5]

つぎに、公共空間に一人でいる女性に対する性的な暴力や罵倒などを意味するイヴ・ティージング（eve-teasing：以下ではＥＴと略する）がある。仕事場や学校でのセクシャル・ハラスメントもここに含まれるだろう。ＥＴについては次節で詳述する。

さらに、男性がつきあいや結婚を拒否されたときの行う報復的暴力やストーキングも、個別的なものではあるがこうした懲罰的暴力と考えることができよう。その典型は、男性が硫酸など強力な酸を女性の顔や陰部にぶっかけるという非人間的な行為（acid violence, acid attack）である。

ほかに、妻が義務を怠ったなどという名目での夫による家庭内暴力などがある。妻の不貞についての疑惑が殺人にまで発展することもある。これも名誉に基づく暴力と考えることができる。

最後に、③のグローバル化やその反動ともいえるナショナリズムの強化に伴う女性に対する暴力については、以下のように分けることができる。[6] 比較的因果関係が見えやすいものとしては、市場化によって持参金の額が高騰したり、人気の商品などの欲求が高まったりすると、持参金を用意できない家の娘たちは将来を悲観し、また両親の苦労を軽減しようと自殺にまで追いやられる。たとえ結婚できても、持参金の額が不満で、義母などに妻が殺されてしまう「持参金殺人（dowry murder）」が生じる。これらは市場化や消費主義の進展を背景として生まれる暴力と言える。[7]

より構造的なものとしては、開発が進み、立ち退きや地下水の水枯れ、水質汚染などで生活圏が脅かされ、女性に多大な労働が科せられた場合、暴力はより抽象的で、加害者も国家や企業などになり、被害者は女性だけに留まらない。また、土地を失ったり、失業したりした夫の代わりに、妻が外国に出稼ぎに行って性的な暴力を受ける、親の借金を肩代わりするために娘が売春宿に売られ、ひどい仕打ちを受けるといったことも、かならずしもグローバル化だけが原因ではないにしても、構造的な暴力の結果と位置づけることが可能である。

他方で、グローバル化がもたらす急激な変化に対し、反動的な伝統主義暴力が増加することになる。それらは、先に述べた懲罰的な暴力と考えることもできよう。露出過多のファッションに身を包んだ「西洋かぶれ」の女性が公共の場で辱めを受ける、という事態が生じるのである。また、「外来」とみなされる要素——外国人女性ツーリストやキリスト教徒への攻撃が増す。この場合被害者はかならずしも女性だけとは限らない。

以上のように、女性に対する暴力といっても、その理由や意味はひとつではない。この点をふまえたうえで、以下では、懲罰的暴力のひとつとみなすことのできるETについて詳述したい。

3 イヴ・ティージング

イヴ・ティージングはインド英語のひとつで、容姿などについてコメントする、罵倒する、唾を吐く、女性をつかむといった行為や、強制わいせつや、わいせつなみぶり、レイプなどが含まれ、バスや列車などの公共の乗り物、ショッピングモール、バス停、映画館、学校、職場、レストラン、そして祭りなど、不特定多数の人が集まる場所で行われる。典型的な被害者は、このような場所に一人でいる女性である。それに対し、加害者のほうは複数の男性が一般的である。

バスの中などでの、身体接触を想定すると、ETは日本の痴漢行為に近いものかと推察されるかもしれないが、痴漢との違いは、より公然と行われることであり、より攻撃的かつ暴力的である。また身体接触がなくても、路上にたむろして通行人の女性にコメントするあるいは汚い言葉を吐く場合、はじめは「からかい」に近い。しかし、うまくあしらったりすることに失敗すると強制わいせつやレイプにエスカレートする。したがって、冒頭で紹介したデリーの集団強姦事件もETとみなすことも可能だ。また、職場や学校で行われれば、これは当然セクハラの一種である。

後に見るように「イヴ・ティージング」という言葉は一九六〇年代に現れるが、ETと類似の行為はすでに一九世紀末の新聞記事に記載されている。

もうかれこれ数年になるが、多くのパルシー〔イラン起源のペルシャ人の子孫、ゾロアスター教徒〕のワルたちがバザール・ゲイト・ストリートのあたりに午後七時から九時ころの間毎夜集まってきた。そしてそこをたまたま通りかかるパルシーの女性をあざける。これらの悪党たちはときどき女性たちにわいせつな言葉を投げかけることもあれば、待ち伏せしてからかうこともある。(*Jame-Jamshed* 4 Aug. 1883 from Anagol-McGinn 1994: 223)

一八九六年に当時のボンベイ鉄道局が女性専用車両を増やし女性専用の車掌を雇用したのも、同様の被害に対応するためだった(Anagol-McGinn 1994: 223)。

ETという言葉自体の使用については、『タイム・マガジン(*Time Magazine*)』誌(一九六〇年九月一二日)の文章を参照してほしい。

独立国インドでは、マハートマー・ガーンディーの哲学においては夢想だにしなかった社会問題が発見されつつある。カースト・システムや伝統的なヒンドゥー家族が解体するにつれて、インドでは男女を分かつ障壁ももはやかつてほどの強固な垣根にはならなくなった。先週アグラでは、インド人若手連合が新しい種類の問題をあつかう真面目なセミナーを開いた。それはインドの若者たちが「イヴ・ティージング」と呼ぶ道端でのからかいの問題である。(Anagol-McGinn 1994: 223)

このような問題を受けて、一九八四年にデリーでは「デリー・イヴ・ティージング禁止法(*Delhi Prohibition of Eve Teasing Act*)」が制定されている。しかし、法的な整備が進んだにもかかわらず、ETの数が減ったわけではなかった。司法や警察は、強姦や殺人などに発展しない限り、イヴ・ティージングについてほとんど積極的に動いてこなかった。デリー警察は、二〇〇七年七月一四日にキャンペーン広告を『ヒンドゥー(*The Hindu*)』紙に掲載している(写真1)。コピーは「この写真の中に真の男はいないのか⁉ いたら、こんなことは起こらないはずだ」とある。その前提とするところは、「女性は嫌がらせの対象ではなく、擁護すべき対象だ」ということであり、これが「女性は自分で身を守れないのだから、つねに擁護できる人物と行動しなければならない」というインドの保守的行動規範に転化して受け取られることは想像に難くない。「女性は一人でいたいならそれなりに覚悟している必要がある」というイヴ・ティーザーの論理は、まさにこれを根拠としているのである。デリー警察のキャンペーン広告は、はからずも警察側の保守的な考え方を公にしたということになる。

さて、つぎに加害者像について簡単に紹介しておこう。『ヒンダスタン・タイムズ（*Hindustan Times*）』紙（二〇〇二年一一月二日付）の調査によると、加害者は圧倒的に四〇歳以下の男性が多い。また、『ヒンドゥー』紙（二〇〇三年一月四日付）によると、二〇〇一年に七二件だったのが二〇〇二年には四六六と件数が急増している。しかし、これが現実を正確に表しているのか、警察への訴えが増えているのかは定かではない。

図１　警察のキャンペーン広告

出所：『ヒンドゥー』紙、2007年７月14日

これまでの文献が主張するETの原因は多様だ。シンは性欲のせいにしている（Singh 1999）。同じ年に出た『パイオニア（*Pioneer*）』誌（一九九九年一月二日付）では、映画やテレビで女性の性的イメージが強調され、性的な道義感が変化しつつあるにもかかわらず中産階級は今も男女を分離する傾向が強いため、性的抑圧状態にあり、また現代の若者たちは、こうした変化との関係で未来についての不安や自信のなさを、女性をからかうことで一時的であれ、解消しようとしているという。ここで想定されているのは、メディアの中の女性像と現実とのギャップに戸惑い、恒常的な欲求不満にある中産階級の若者である。

パンディーは、女性についての文化的な考え方、発覚しても罪が軽いこと、そして映画などによる女性を性的対象と見る態度などをETの原因とみなす（Pandey 2004）。

グッドは現実の抑圧的状況にもかかわらず、映画などで性的イメージが氾濫しているため男性たちは一人でいる女性に欲求不満をぶつけようとしていると指摘する（Good 2009）。

シャルマーは、これらの指摘を網羅する形で、伝統的な性に関わる道徳性が緩くなったこと、男子が女性を蔑視するように育てられてきたこと、インド映画に性的イメージが氾濫していること、都市化による匿名性や不特定多数の人々が密集する場の発生、警察が本気で取り締まらないこと、懲罰を恐れないという加害者の心理などをあげている（Sharma 2009）。また、バジルホールは、ジェンダーの視点から、ETという表現が、誘惑者としての女性（イヴ）にあたかも原因があるかのような印象を与えていると批判する。また法律がいくら整備されても実効力がなければ意味がないことを指摘している（Bagilhole 1997）。

最後に、アナログ＝マクジン（Analog-McGinn 1994）の議論を紹介しておく。彼女によると、まずつぎのような社会的背景をあげることができる。仕事にあぶれた農民たちが大量に都会に移住してきた。こうして田舎出身の粗野な男たちが都市部に集中することになる。かれらは妻を田舎に残して単独でやってきたため、つねに性的欲求不満に陥っている。そのような欲求不満をさらに強めるかのように、映画をはじめとするメディアが性的な魅力を強調する女性像をまき散らす。性欲を満たすには売春宿に行けばいい。しかし、毎日女性を買いに行くわけにはいかない。それだけでなく、都会の匿名的状況や不特定の人々を大量に運ぶ電車やバスなどの交通手段の発達もETの増加に寄与している。都会では女性も遠距離を通勤・通学し一人で長い間移動する機会が増える。こうして野卑な男たちと社会進出を目指す女性たちが列車やバス、駅やバス停で出会う。それだけではない。休日にはショッピングモールや映画館などでも出会うことになる。ここでアナログ＝マクジンは、『パイオニア』誌と異なり中産階級ではなく出稼ぎにやってきた労働者を加害者として想定している。ただし、統計上階級的な偏りはないことを考えると、中産階級の若者も、田舎出身の労働者もともにイヴ・ティーザーである可能性は否定できない。

ETをシングル女性に対する懲罰的暴力とする観点からは、イヴ・ティーザーの主張に「ここはお前たちの場所ではない、真の女性のいる場所は家だ。はずかしい恰好をするな。インド人女性らしくしろ」という思いが含まれているという指摘がある（Anagol-McGinn 1994: 229; Bagilhole 1997; Good 2009）。それは性的欲求の表れというより、男性の世界に女性が侵入してきたことへの苛立ちの暴力的表現と言ってもいいのではないか。自立している女性の典型は、欧米の女性であり、また性的にふしだらな女、すなわち売春婦ということになる。さらにここから、公共の場に一人でいるような女性は売春婦と同じだから何をしてもいいとみなされ、彼女に対する暴力行為が正当化されることになる。被害を受けたらそれは、外をうろついていた女性の自己責任だということになる。

ここで売春婦に言及するのは唐突に思えるかもしれない。しかし、アナゴル＝マクジンが紹介する一九世紀の女性医学生の回想についての件《くだり》につぎのような表現があることから、ETを正当化している女性観が売春——厳密には女性を貞淑な主婦と金銭と引き換えにだれとでもセックスをする売春婦に分ける思想——と関係していることが分かろう。

一九世紀の言説によると、女性は教育を受けると、自立し、白人女性のように道徳的にふしだらになるため、学習の機会を与えるのは危険だという。〔一八八〇年代にボンベイ管区ではじめて医者になった女性〕アーマンディバーイに対してたむろしていた男たちによって行われたわいせつな行為には、彼女を売春婦とみなしているというメッセージが込められている。唾を吐きかけることも、インドの伝統から外れる服装や行為を選んだことに対する徹底的な軽蔑を示唆している（Anagol-McGinn 1994: 229）。

以上、本節で取り上げたのは、数ある女性に対する暴力の中で、懲罰的暴力すなわち家父長制の揺らぎを体現しているとされる女性に対する暴力である。これらが増加しているのなら、家父長制が揺らぎだしていると判断することも可能だ。

4　結婚と売春

前節では、現代インドに認められる三つの女性に対する暴力のうち、懲罰的暴力とみなすことのできるイヴ・ティージングを詳述した。これを満たされない性欲のせいにするのでは不十分であり、重要なのは、結婚を理想とする女性像が脅かされつつあるという現状認識を背景にETが生じているということなのである。とするなら、懲罰的暴力が守ろうとしているのは強制結婚であるということになろう。そして、これこそが嫡出子を保証し、家父長社会の基盤となる制度であると考えるなら、そして、強制という点に注目するならこの強制結婚こそが「根本暴力」であると言えるのではないか。嫡出子である男子を優先し（したがって女子は人工中絶の対象となったり、ネグレクトされたりする）、嫡出子を保証し女性のセクシュアリティを統御する結婚を称賛し（寡婦は差別され、妻の不貞は死に値するとみなされる）、親の命じる結婚を受け入れない女性は攻撃の対象になる（名誉に基づく暴力、ET、セクシャル・ハラスメント）ことなどを考慮すると、強制結婚こそが女性に対する暴力が称揚し、擁護しようとしてきた制度であることが分かる。実際、南アジアや中東からのディアスポラのあいだで名誉殺人が多発した英国では、名誉殺人の根本的な問題は強制結婚であると正しくとらえられ、これを取り締まる法律を二〇〇七年に制定、その法律名を強制結婚法（*The Forced Marriage (Civil Protection) Act 2007*）とした。また、強制という点に注目すれば、強制結婚そのものを暴力とみなすことも可能であろう。ただし、女性を大きく貞淑な主婦と売春婦の二種類に分類するという考え方は、強制結婚が支配的な社会においてのみ認められるわけではない。それは、強制であれ自由恋愛であれ、結婚を理想とする社会において一般的に認められる考え方であることに注意しておきたい。

家父長制を支える「根本暴力」が強制結婚であるのに対し、懲罰的暴力は副次的なものである。グローバル化によって生じる変化は、伝統的な結婚制度を解体させる暴力とみなすことも可能であるため、ほかの二つの暴力と異なり、伝統的結婚に敵対し、女性の社会進出を可能にする動きにも貢献している。しかし、本章ではグローバル化によって生じる女性に対する暴力に反動的暴力も含めておいた。この反動的暴力は、個別にはETのように社会進出を果たす女性への懲罰的暴力という形をとる。

では、女性に対する暴力をこの世からなくすためには、結婚という制度を解体し、すべての男女がシングルになればいいのか。すくなくとも、親が決めた相手とかならず結婚しなければならないという「強制結婚」は否定しなければなるまい。しかし、自由恋愛主義に基づく結婚であっても、その内実が女性のセクシュアリティだけを統御するものであったり、また女性の再婚を認めたりしないなどの法的な差別があれば、それを批判していく必要があろう。

ここでもうひとつ視野に入れておかなければならない制度がある。それが結婚と密接に関係する売春である。すでに指摘したように、ETにおいて女性は売春婦として扱われているという指摘があった。また、女性に対する暴力の背後には、女性を貞淑な主婦とふしだらな売春婦の二つに分けるという考え方があると指摘した。一九八七年九月に起こったサティーに対し、各地で反サティーの動きが生じたが、こうしたデモに参加した女性に対して、「西洋かぶれ」とか「売春婦」という言葉が浴びせられていた。ここには、伝統的な貞女の観念を具現化する主婦（その鑑がサティーを行った女性である）と、そうした価値を非難する西欧のフェミニスト思想に影響を受けた都会の女性という対比が認められる。この対比は、さらにヒンドゥーの女性と西欧の女性、貞女と売春婦、結婚と売春といった一連の二項対立という形に対応しているのである。しかし、ここで見落としてはならないのは、売春はなにも、西洋から入ってきた制度ではないということだ。それは、インド社会において結婚とともに（同時に）生まれた伝統と考えるほうが正しい。その売春が西欧女性と結びつけられるところに、売春の位置づけの曖昧さ、性についてのダブル・スタンダードという矛盾が垣間見える。むしろ、二つは一見非なるものに見えるが、根底では共通するのではないか。コルカタで売春の調査を行ってきたコーティスワーランは「家父長制は集合的に、女性の労働力を結婚とセックスワークの両方において搾取する統合的なシステムとして機能する」（Kotiswaran 2007: 293）と述べている。

　結婚を根本暴力と捉えるなら、同時に売春は結婚という制度が生みだしたもうひとつの根本暴力とみなす必要があるのではないのか。根本暴力のひとつである強制結婚は主婦（妻、母）を生みだす。もうひとつの根本暴力である売春は売春婦を生みだす。女性は、こうして二つに分かれ、夫や父でありながら買春できる男性と異なり、主婦と売春婦の生が交わることはほとんどない[8]。家父長制度とは、女性に関して言えばこれら二つの根本暴力から成立する社会であるととらえることができる。懲罰的暴力は、主婦でも売春婦でもない「境界的な生き方」を目指すシングル女性への暴力なのである。そのため、この暴力は、被害者の女性を「売春婦」にしようとする行為遂行的な暴力とも言える。なぜなら家父長社会において、成熟した女性は主婦と売春婦以外は存在しないからだ。

　売春は家父長的な暴力の結果（犠牲者）であり、またさらなる暴力を誘発する要因でもある。すなわち、売春婦たちは強制結婚の規範から（意図して）外れた女性ゆえに、不特定多数の男性による暴力、スティグマ化、周縁化などの対

図2　コルカタの売春街で活動するNGO団体の本部

象となるのである。

懲罰的暴力と根本暴力について、わたしたちはどのように組織的に対処可能なのか。最後にこの点について考えたい。まず懲罰的暴力について考えることにしよう。ゴーシュによれば、ETをこの世からなくすためには、加害者ならびにその可能性がある男性一般に対し、ジェンダー平等の理念に基づく教育を徹底させること、また罪を犯した場合は法に則って厳罰に処する必要がある（Ghosh 2011）。ETに限れば、その原因とされる過激なメディア表現の制限なども考えられよう。そこに認められるのは、基本的には、法の強化、司法過程の透明化、厳罰化など国家の警察・司法機能を通じての規制という方法である。被害女性たちに非はない。非があるのは、彼女たちを売春婦とののしり、その社会進出を疎ましく思う野卑な男性である。かれらを教育と罰を通じて「文明化」する必要がある。これは、かならずしも懲罰的暴力だけに限らず、暴力一般に対しての処置と重なるが、しかし暴力や差別と自覚されていない風習（たとえばサティー）は、暴力であることの合意形成から始めなければならない。強姦でさえ被害者の非が問われる傾向が一般にあることを考慮すると、そうした合意形成にはきわめて長い時間を要すると予想される。

それでは、売春についてはどうであろうか。売春という根本暴力についてはどのような対処の仕方があるのだろうか。この場合売春をどのような暴力ととらえるかによって立場が変わってくる。懲罰的暴力の場合、理由はどうであれ被害者ははっきりしていた。しかし、売春の場合はどうか。

ここで売春をめぐる議論を紹介しておきたい。そのひとつに、フェミニズムの影響を受け、売春婦は家父長社会で男性に搾取される性的な犠牲者であるという考え方が存在する。極端な立場は、すべての売春婦はその主観に関係なく家父長制の犠牲者であるとみなす。より穏健な場合は、未成年と当事者が暴力的な脅威にさらされて売春を強いられているという場合のみ犠牲者とみなす。それ以外の売春婦については、とくに介入しない。前者の場合、女性たちを救出するためには、法の整備を徹底しその実効性を高め、顧客となる男性の教育、ときに女性ではなく男性側の厳罰化などを通じて売春を廃絶しようとする。後者についても救出のために法の整備などを働きかけている。犠牲者とみなされる女性は、救出の対象となり、救出後は矯正施設などに収容される。

一方、こと売春について言えば、このような売春婦＝犠牲者という立場を批判する人たちもいる。それは、売春婦をセックスワーカーとみなす立場である。それは、金銭と引き換えにセックスなどの性的サービスをする人たちを労働者（worker あるいは laborer）として承認すべきであって、「色情魔」とか「犯罪者」、家父長制・資本主義の無力な「犠牲者・被搾取者」とみなすべきでないとする。[9] そこには、自立する労働者としての行為主体性《エイジェンシー》を売春婦に認め、彼女たちを取り巻く労働環境を改善し偏見を軽減し、合法化しようという意図が認められる。すなわち、セックスワーカーとしての女性が要求するのは、救出でも売春制度の廃絶でもない。一般の労働者と同じように彼女たちを扱い（脱スティグマ化、脱犯罪化）、一般の労働者が要求するような労働環境や条件の改善を認めてもらうことである（脱非合法化）。そうすることで、仕事中に顧客によって売春婦が暴力を受けても、警察に届けることができ、保護を求めてヒモなどの男性に頼る必要はない。また不当な中間搾取も減るはずである。さらに警察による恣意的な逮捕や暴力から逃れるために賄賂をわたす必要もない。スティグマ化がなくなり、社会が売春婦を働く女性の一人として認めてくれるなら、「売春婦になら何をしてもいい、公共の場で罵倒したり暴力をふるったりしてもいい」といった態度も変化するであろうし、シングル女性を「売春婦だ」みなす懲罰的暴力の根拠もなくなる。

つまり、売春をまともな仕事として認めよという要求は、すべてのシングル女性を受け入れよという要求と地続きなのである。懲罰的暴力を不当と非難しつつ、売春婦を否定的にとらえるという立場は、この視点からは矛盾するということになる。売春婦への暴力を根絶することで、真にそれ以外のシングル女性も暴力の脅威から解放されるのである。ここでは、売春を女性に対する根本的な暴力だから廃絶せよ、という立場とは別の回路での取り組みを認めることができる。廃絶は女性にとって失業を意味するから、避けなければならない。一方で売春を仕事とみなし脱スティグマ化するという動きは、家父長制を支える根絶暴力としての売春を変化させることと同じだと考えることもできよう。

5 オリエンタリズムを超えて

本章の主要な目的は、現代インドにおける女性に対する暴力をシングル女性との関係で理解することであったが、同時に女性に対する暴力をめぐる記述におけるオリエンタリズムをどのように克服できるのかという問いにも答えようとした。最後にこの点について触れておきたい。

本章では、女性に対する暴力を整理・分析することで、その背後に家父長制とそれを支える結婚と売春という根本暴力が存在することを明らかにした。それは制度的な問題にとどまらず、わたしたちの女性観を支配する貞淑な女性とふしだらな女性といった二分法こそが暴力的な性格を秘めているということを意味する。

インドにおいては親が決める結婚が支配的なため、本章で念頭に置いていた結婚は伝統的なものであった。そこに当事者の考えが考慮されることはないという意味で強制的である。女性はまったく馴染みのない土地で夫とその家族と一緒に暮らさなければならない。家事や育児に追われる。夜になると疲労困憊している妻に夫は「ハゲワシ」のように飛びかかってくる。しかし、問題は結婚の内実ではない。そこに暴力的な関係がなくても、またたとえ恋愛結婚であったとしても、結婚という制度が女性を二種類に分ける制度であり言説であるかぎり、根本的な暴力に変わりはないのである。そこまで思考を徹底させることではじめてわたしたちは、強制的な結婚が支配的でたとえ結婚できても絶えず暴力の脅威にさらされている「可哀想なインドの女性」（結婚できなければ、結婚しても子どもができなければ、子どもができても男児が生まれなかったら、男児が生まれても離婚したら、離婚しなくても寡婦になったら……可哀想になる条件は数限りない）という考え方を克服することができる。なぜなら、結婚に価値を置くかぎり、そこにインドを特殊化する理由はないからだ。シングルとは、たんに現象を意味するのではない。それは、わたしたちを取り巻くさまざまな暴力装置――性暴力からオリエンタリズムまで――を批判するために必要な「思想」であり実践なのである。シングルという概念に先鋭性があるとするなら、それは、結婚をめぐる言説ならびに制度の暴力的性格への異議申し立てであるからに相違ない。

本章で、わたしはインドにおける女性の置かれている状況をあまりに一面的かつ一方的に描いているとして、非難されるかもしれない。しかし、わたしは、インドの女性への暴力が一部の地域に認められるにすぎないとか、強姦犯罪率は合衆国のほうがはるかに高いなどと述べて、インド社会の暴力性を相対化することをあえて避けた。シングル女性への暴力は、結婚制度という、より根本的な地平と密接に結びついていると指摘することで、この問題をインドに特殊なものではない、わたしたちもまた共通して直面している暴力なのだ――その意味で相対化しているのであるが――と主張する道を拓こうとした。このような試みが成功しているかは、本章の議論の巧拙だけでなく、現代日本社会における結婚や売春への関心とも密接に関わっているはずである。

注

(1) 性暴力については鄭（二〇一一）を参照。またインドの女性に対する暴力については、すこし古いが包括的なものとして謝（一九九〇）がある。
(2) 詳しくは、村山（二〇〇九）を参照。一〇年ごとに行われるインドの国勢調査によると、男性一〇〇〇人に対する女性の人数は、人口全体、六歳以下、七歳以上、それぞれ一九九一年、九二七人、九四五人、九二三人で、二〇〇一年、九三三人、九二七人、九三五人である。パンジャーブ州では六歳以下で七九八人（二〇〇一年）であり、恒常的な人為的介入が推察できる。
(3) サティーについては田中（一九九八）が詳しい。
(4) パルダーについては中谷（一九九五）参照。
(5) 名誉に基づく暴力については田中（二〇一二）を参照。
(6) グローバル化に伴う女性の生活の困窮化を構造的暴力とみなす視点については松井（二〇〇〇）から示唆を受けたが、植民地支配がもともと高かった女性の地位を低下させたといった議論と同じものと考えられる。
(7) 持参金殺人については謝（一九九〇）が詳しい。
(8) ただし、売春婦が結婚したり、家庭を持ったりできないというわけではない。また売春婦と主婦との区別も、わたしたちの偏見に基づいている可能性が高い。ここではそういう現実があることをことわっておく。

（9）セックスワークをめぐる議論については別稿を準備中である（田中 n.d.）。ほかに、ワイツァー（二〇〇四）などを参照。

参考文献

謝秀麗　一九九〇『花嫁を焼かないで――インドの花嫁持参金殺人が問いかけるもの』明石書店。
田中雅一　一九九八「女神と共同体の祝福に抗して――現代インドサティー（寡婦殉死）論争」、田中雅一編『暴力の文化人類学』四〇九―四三七頁、京都大学学術出版会。
田中雅一　二〇一二「名誉殺人――現代インドにおける女性への暴力『現代インド研究』二：五九―七七。
田中雅一　n.d.「『やっとホントの顔を見せてくれたね！』――日本人セックスワーカーに見る肉体・感情・官能をめぐる労働について」（草稿）
鄭暎恵　二〇一一「ジェンダー・国籍を問わない性暴力禁止法を！」、高雄きくえ編『思考するヒロシマへ――性暴力・ジェンダー・法』一一―二五頁、ひろしま女性学研究所。
松井やより　二〇〇〇『グローバル化と女性への暴力』インパクト出版会。
中谷純江　一九九五「インド・ラージャスターン州のラージプート女性の宗教的慣行――ヒンドゥー女性にとっての自己犠牲の意味」『民族学研究』六〇巻一：五三―七七。
村山真弓　二〇〇九「文献レビュー：インドの性比問題」、平島成望、小田尚也編『包括的成長へのアプローチ――インドの挑戦』一三五―一六三頁、アジア経済研究所調査研究報告書。
ワイツァー、ロナルド編　二〇〇四『セックス・フォー・セール――売春・ポルノ・法規制・支援団体のフィールドワーク』松沢呉一監修、岸田美貴訳、ポット出版。
Anagol-McGinn, Padma. 1994. “Sexual Harassment in India: A Case-study of Eve-teasing in Historical Perspective.” In *Rethinking Sexual Harassment,* edited by Clare Brant and Yun Lee Too, pp. 220-234. London: Pluto.
Bagilhole, Barbara. 1997. “Sexual Violence in India: ‘Eve-teasing’ as Backlash.” In *Sexual Harassment: Contemporary Feminist Perspectives,* edited by Alison M.Thomas and Celia Kitzinger, pp. 188-197. Buckingham: Open University Press.
Ghosh, Deepa. 2011. “Eve Teasing: Role of the Patriarchal System of the Society.” *Journal of the Indian Academy of Applied*

Psychology 37: 100–107

Ghose, Toorjo. 2011. "'Civilzing' Political Society or 'Politicizing' Civil Society?: Mobilization among Sex Workers in Sonagachi, India." In *South Asian Feminisms*, edited by A. Loomba and R. A. Lukose, pp. 285–305. Durham, N.C.: Duke University Press.

Good, Katheine A. M. 2007. *Eve-Teasing and Gender Equality in the Post-Colonial Framework of India*. M.A.Thesis submitted to the Faculty of the Graduate School of Cornell University.

Kotiswaran, Prabha. 2007. "Wives and Whores: Revisiting Feminist Theorizing Sex Work." In *Sexuality and Law: Feminist Engagements*, edited by Vanessa E. Munro and Carl F. Stychin, pp. 283–302. London: Routledge-Cavendish.

Pandey, Prashant. 2004. "Eve Teasing still Rampant." *The Hindu*, September 4.

Sharma, Rashimi. 2009. *Women, Law and Judicial System*. New Delhi: Deep & Deep.

Singh, Om Raj. 1999. "Eve-Teasing: A Crime Unseen and Unpunished." *Social Welfare* 46(9): 8–10.

独身／既婚兵士の男性性

——一九世紀の植民地インドにおける英国人兵士を事例として

上杉妙子

「属州や外国へ女たちを同伴することを禁じた規則は健全なものだった。女性の取り巻きの存在は、平時には奢侈を生じさせ、戦時には臆病さをもたらす。女たちはひ弱で疲れ易いだけではない。手綱を緩めると、残忍で野心的な陰謀をめぐらせもする。兵士たちの中に入っていき、百人隊長をこき使うようになる。……妻たちは属州内のならず者すべてを引き寄せる」（タキトゥスによるカエキナ・セウェルスの演説、ハイアム 一九九八：一五五からの再引用）

軍隊は兵士の男性性の構築に依拠する組織であるといわれる（Enloe 2000: 16）。その場合、兵士の男性性として想定されるのは、高い戦闘能力やヘテロセクシズム（異性愛の性的嗜好）などであることが多い。つまり、戦闘能力とヘテロセクシズムに最高の男らしさがあるとすることで、軍隊は兵士を鼓舞し内部の人間関係を形作ってきたというのである。そして、その構図にとって変則的存在である女性兵士や同性愛者兵士は、軍隊では長いこと忌避されてきた。

しかし、軍隊で認識されたり期待されたりする兵士の男性性は多様であり、戦闘能力や性的嗜好にかかわるものだけではない。たとえば、アメリカ軍のシングル・ファーザーについての研究（Orthner and Brown 1978）は、経済的扶養者としての父性に加えて養育者という父性が出現したことをめぐる軍の葛藤について報告している。また、フリューシュトゥック（二〇〇八：一六）は、憲法により戦闘行動が制限されている日本の自衛隊の隊員が、複数の男らしさの様式のなかから特定のものを選択することにより、軍人としての男性性を構築しようとしていると指摘する。世界大戦期のドイツ軍では、軍国主義的な男らしさの理想像と、「軟弱」な家族に模された戦友イメージとが併存していたという（キューネ 一九九七：二三）。軍隊が依拠する兵士の男性性は決して単一のものではない[1]。

ところで、超人的戦闘員ないし工作員として世評の高いヒーローには独身男性が多い。アラビアのロレンスしかり、ジェームズ・ボンド中佐しかり、ゴルゴ13しかりである。映画や小説の世界ばかりではない。現実の軍隊も若い独身男性を好んで雇用する。それは、婚姻区分が軍が依拠する男性性と関わっているからではないか。

そこで、本章では、兵士の婚姻区分（marital status）に注目して、軍で期待される男性性について考えてみたい。婚姻区分とは、既婚であるのか独身であるのかの別である。つまり、軍隊が好ましいと見なすのは本当に独身兵士だけなのか。独身であるのか既婚であるのかにより、軍隊で期待される役割や男性性は異なってくるのであろうか。また、その背景は何か。この問いに答えることは、国家による婚姻や生殖の利用の一端を明らかにすることにもなろう。

具体的には、一九世紀の植民地インドにおける英国陸軍および東インド会社軍を例にとって考えてみる[2]。幸いなことに、植民地インドの英国人の結婚や家族生活については、すでに公刊されている研究書などがかなりの事実を明らかにしているので、これらの二次資料を材料として、兵士の婚姻区分と男性性について考えていきたい。

1　軍隊は独身兵士を好む

英国陸軍と植民地支配

英国で最初の常備軍が作られたのは王制復古後の一六六一年である（Childs 1994: 66）。しかし、その実態は王の利益のために奉仕する私兵としての性格を色濃くもっていた。英国陸軍が議会の統制下に入り国益のために奉仕する国家機関となったのは、「権利の章典」が発布される一六八九年のことであった。

英国といえば、「海軍国家」のイメージが強いかもしれない。しかし、大英帝国の命運は、実は、植民地の陸軍、特に旧英領インド陸軍にかかっていた（Tan 2005: 23）。そのため、英国は常備軍を大英帝国全域に派遣しており（Jolly 1987）、歩兵の三分の二以上が海外勤務であったという（Burroughs 1994: 164）。特に、旧英領インドには大量の兵士が駐留していた。一八七四年の『インドの友』誌は、一三万人の在印欧米人のうち、六万人が軍人であるとしている（Mizutani 2011: 18）。それに加えて、英国東インド会社軍（一八五七年以降は英領インド陸軍）が植民地の人民や隣国ネパール人を兵士として雇用していた。

兵士の結婚許可の制限と結婚生活の実態

英国陸軍は、一六八五年に、兵士の結婚を許可制とした（Gibson 2012: 9）。本章が注目する一九世紀には、結婚が許可される兵士の人数が厳しく制限され、許可されたのは定員の六％にすぎなかった（Burroughs 1994: 173）。無許可で結婚した兵士の割合は不明だが、その場合彼らは独身者として扱われた（ハイアム 一九九八：一七〇）。

次に家族を対象とする福利厚生制度はどうか。英軍は、ナポレオン戦争中の一八世紀末にはすでに、人員充足にとって家族が重要な要素となることを認識し、家族を対象とする福利厚生制度を開始していた。たとえば、兵士を集めるために（結婚が許可された）既婚兵士に家族手当を支払うようになった[3]。妻には兵士の二分の一の糧食が与えられたという（Burroughs 1994: 173）。軍人子女のための学校もあった（Lin 2000）。一八五〇年代には家族宿舎の建設が始まった（Burroughs 1994: 173）。

とはいうものの、一九世紀の結婚・福利厚生制度の実態は、今日の基準からみるときわめて不十分なものであった。まず、結婚が許可されたとしても結婚手当の支給は制限されていた。結婚手当は三〇歳になるまで支払われることはなかったのである（ハイアム 一九九八：一七〇）。そのために、「若い兵士が結婚すると妻を養うことができず早死する」とされた（Ballhatchet 1980: 89）。また、家族宿舎のある駐屯地は限られていたため、結婚が許可された妻であっても、兵士と一緒に独身者用の兵舎に住むことが多かった（Burroughs 1994: 173）。その兵舎ときたら、一人あたりの空気が二〇〇～三〇〇立方フィート（五・七～八・五立方メートル）しかないこともよくあった（Burroughs 1994: 172）。刑務所でさえ少なくとも六〇〇立方フィート（一七・〇立方メートル）の空気が必要とされていたことを考え合わせると（Burroughs 1994: 172）、兵舎の居住環境は劣悪であった。したがって、兵舎での家族生活は夫婦のプライバシーなどないに等しかった（Burroughs 1994: 173）。

図1　夫の海外派兵への同伴が許されず港にたたずむ妻子（*The Geographic,* 1884）

出所：Gibson 2012: 10

軍は兵士の妻子にさして関心を持たなかった。彼らは「キャンプ・フォロワー（camp follower）」の一種とみなされ、周辺的な存在であった。[4]キャンプ・フォロワーとは、部隊につき従い移動する妻子や愛人、売春婦、洗濯屋、召使、料理人、針女を総称することばである（Enloe 2000: 37-45; Jolly 1987）。駐屯地で暮らす兵士の子供は「兵舎のネズミ」や「家族宿舎のチビ（pads brats）」などと呼ばれた（Gibson 2012: 21）。「家族宿舎」を意味するpadには「淫売屋」という意味もあり、妻子が軽んじられていたことがうかがわれる。海外駐屯地への家族の同伴は、輸送コストの節約のために制限され、対象者は抽選で決定された（Burroughs 1994: 173。図1）。妻子が夫について植民地に移動する際も、軍は大して面倒を見ず、彼らが途上で病死することも多々あった（図2）。

以上述べたように、結婚許可が制限され、また既婚であっても福利厚生制度が貧弱であったために、植民地では多くの兵士が独身暮らしを強いられた。

ただし、結婚が制限されていたのは、階級の低い兵士だけではなかった。士官も結婚が制限されていたのである。ハイアムによると、一九世紀の軍隊では少佐より下の階級の人物が結婚するのは稀であり、二四歳前に結婚したのは二％以下であったという（ハイアム　一九九八：一六九）。すべての士官が独身である連隊すらあった（Gould 1999: 221）。そもそも、英国植民地の支配エリート（英国人高級官吏や専門職）に属する人々は総じて、結婚しなかったり、晩婚であったり、破滅的な家庭生活を送ったりしていたという（ハイアム　一九九八：六〇）。シャーロック・ホームズの親友のワトソン医師のように単身で植民地インドに渡った男性は珍しくはなかった。

独身兵士の風紀問題

図２　行軍する兵士と女性、子供（G・M・ウッドワード画、1811年）

出所：Gibson 2012: 18

結婚許可の制限は風紀上の問題をもたらした。植民地の独身兵士は英国本国社会との交流がなく（Jolly 1987）、戦争でも起きない限り「日がな一日することが」なかった（Ballhatchet 1980: 66-67）。ビクトリア朝期の英国では、女性を守り、性欲をスポーツにより「昇華」する男性が男らしいとする規範があった（Streets 2004: 42）。しかし、植民地に駐屯する兵士が性欲の「昇華」を試みようとすると「単なる偏屈者になってしまうだけだった」という（ハイアム 一九九八：一七〇）。

そこで独身兵士たちは、現地人女性との愛人・内縁・婚姻関係をもち、あるいは買春や同性愛にふけった。ビルマでは士官がビルマ人女性を妻にしたが（Ballhatchet 1980: 148, 152）、軍は妻よりも愛人をもつことを奨励した（Ballhatchet 1980: 96, 150）。「結婚は永続的だからより悪い」のだという（Ballhatchet 1980: 154）。軍団が兵士にインド人の愛人を持たせると、ヨーロッパ人女性を妻とするより兵士の健康を保つことができるとされていた（Ballhatchet 1980: 14）。多くの「蝶々夫人」が英領インド全域で出現していたのである（図3）。

買春はというと、道徳的に非難されることもなく、懲罰制度もなかった（Ballhatchet 1980: 20, 173）。多くの兵士が買春を行い、その結果、性病患者が多数発生したことが知られている。一八三八年の資料ではヨーロッパ人兵士の性病罹患率は三二～四五％と、高率であった（Ballhatchet 1980: 23）。

そこで、性病防止のためとして、一八五〇年代半ばから一八八八年にかけて、インドの二五の駐屯地において公娼制度が実施された（Ballhatchet 1980: 89、ハイアム 一九九八：一七一）。買春公認地域は「赤い盛り場（lal bazar）」と呼ばれた（Ballhatchet 1980: 11）。しかし、「ロマンスを求めて」兵士は買春公認地域の外へも流れていった（Ballhatchet 1980: 54）。工兵よりも歩兵のほうが性病が多かったことから、「貧乏な男は安くて無認可の女を好む」とさ

図3　ウィリアム・パーカー少佐と彼のインド人の妻、子供たち（18世紀後半）

出所：Ballhatchet 1980

れ（Ballhatchet1980: 54）、性病罹患は兵士の貧しさとも関連づけて理解されていた。しかしながら、公娼制度を導入しても性病は減らなかった。そこで、軍はラクナウとミアン・ミアに初の性病専門病院（lock hospital）を設立した（ハイアム 一九九八：一七一）。また、一八六〇年代には伝染病諸法が制定された（Burroughs 1994: 173）。

2　なぜ兵卒の結婚を制限したのか

社会的・制度的背景

結婚制限の背景には英国陸軍の財政の逼迫があった。
なぜ、財政難だったのか。

一つには英国陸軍と英国社会の間の民軍関係が疎遠であったためである。[5] 英国人は一般に陸軍を常備することを嫌悪し、無関心でもあったという（Burroughs 1994: 161, Roy 1994: 45）。というのも、英国は島国であり、本土防衛の必要性が比較的低かったからである。平時の「海軍国家」にとって陸軍の人員は多すぎると見なされ、陸軍に対しては、支出削減の要求が常にあった（Burroughs 1994: 163–164）。

二つ目に、海外駐留には莫大な経費がかかった（Burroughs 1994: 164）。植民地の気候に慣れていない英国人兵士の損耗率が高かったことも、財政難に拍車をかけた。インドで長期勤務する多数の兵士が病気・障害を患い、死亡し、あるいは脱走をした（Burroughs 1994: 164）。一八一五〜三九年に本国における兵士の死亡率が平均して年間一〇〇〇人中一五・三人であったのに対し、一八二五〜三六年にインドでは一〇〇〇人あたり六九人であった（Burroughs 1994: 165）。医療衛生改革により兵士の健康状態が改善した一八六〇年代になっても、インドに駐留する七万人のヨーロッパ人兵士のうち年間四八三〇人が死亡していた（Burroughs 1994: 165）。英国陸軍は常に多数の兵士を補充して海外に送らなければならなかった。

財政難のため、英国陸軍は人件費や福利厚生費を厳しく抑制していた。兵士の結婚許可を制限したのも、家族手当の支払いを節約するためであった。給与も低額であり、港のドック労働者と比べても競争にならなかった。さらに、日給一シリングの中から食費や洗濯費などとして六ペンス程度が天引きされた（Burroughs 1994: 173）。一シリングは一二ペンスに相当したので、日給の半額が天引きされていたことになる。

英国では徴兵制に対する抵抗が強く、一九世紀を通して全志願兵制であったのであるが、薄給のため志願者は集まらなかった。軍は落伍者やならず者の逃げ場と化し、酒を飲ませたり騙したりして入隊させもした（Burroughs 1994: 168）。出身身分の低い兵士は「社会のクズ」とみなされており、労働者階級でさえ兵士が名誉ある仕事だとは思っていなかった。一方、士官はというと、貴族や郷紳の出身者が多かった。低い階級の兵士が士官に昇進するのは稀であった（Burroughs 1994: 170）。貴族や郷紳は官位の売買により士官になり、なかには軍務に向かない者もあった。つまり、英国陸軍は、貴族・郷紳などの上流階級と都市の最下層の人々から構成され、その中間、すなわち中流階級や労働者階級を欠いていたのである。貴族・郷紳出身の士官と貧民出身の兵士の間には、乗り越えがたい社会的な隔たりがあった。

そのために、高級士官から構成される軍の上層部には、兵士に対して同じ人間としての共感が欠如していたという（Burroughs 1994: 169）。軍の上層部は、兵士が下層階級の生まれであるために、克己の生活に必要な道徳と知性を欠いているとみなしていた（Ballhatchet 1980: 162）。昔気質の士官は特に、兵士が怠け者で無頼漢、自堕落であるから、彼らの動物的本能を抑制するためには厳しい規律が必要であると考え、体罰を与えることもためらわなかった（Burroughs 1994: 171）。個人的には兵士に父性的な関心をもつ士官も多かったが（Burroughs 1994: 170）、その同情心に制度的な裏づけがあるわけではなかった。前述したように、兵士は買春や蓄妾、暴行に走り、性病に罹患した。その主因は結婚や家族同伴の許可が制限されていたことにあった。しかし、士官と低い階級の兵士との間の出身身分の隔たりがあまりにも大きかったために、軍の上層部は兵士の不品行の原因が彼らの出身身分にあると考え、結婚許可の制限を見直そうとはしなかった。

軍事的背景

軍が兵士の結婚を制限したもう一つの背景は、独身者自体に軍事的利点があると考えていたことにある。軍人は未婚のほうが効率性が高いと信じられていた（Ballhatchet 1980: 35；ハイアム　一九九八：一七〇）。

第一に、独身者であれば、家族と軍隊との間で忠誠心が分断されることは少ない。特に高位の士官は、軍人は結婚すると軍務や連隊に集中できないと見ていた（Burroughs 1994: 173；McCubbin, Dahl and Hunter 1976: 291-292）。たしかに、既婚者のなかには妻の貞操が気になり、軍務に身が入らない者もいた。「急いで結婚したあげく、避暑のための駐留地にいる自分の妻が誘惑されるのではないかと絶えず気に病んでいる者たちもいた」という（ハイアム　一九九八：一七〇）。軍は「男の領分」であり（Burroughs 1994: 173）、たとえ許可された結婚であっても、妻子は不要の闖入者だった。家族生活に投じる時間と労力、感情的紐帯の強さと、軍隊生活に投じるそれとは、ゼロサム関係にあると考えられていたのである。

第二に、戦闘能力に関しても独身者のほうが勝っていると考えられていた。植民地各地の戦争で指揮を執ったH・H・キッチナーは、自分の幕僚の中に既婚者を決して加えようとしなかったという（ハイアム　一九九八：六二）。ちなみに、独身者のほうが戦闘能力が高いとする考えは、英国の植民地全域で共有された考えであった。北ボルネオ・サラワクの白人ラジャであるチャールズ・ジョンソン・ブルックは結婚することによって士官の能力の九九％が失われると考えていたという（ハイアム　一九九八：七三）。

第三に、英国陸軍では、「少年らしさ」が誉められるべき資質として高く評価されていた。「帝国に貢献した偉大な男たちの多くは本質的に少年のような人々」であり、「少年時代の理想を卒業できなかった」のだといわれてきた（ハイアム　一九九八：七八）。また、士官たちは「部隊はパブリック・スクールのようなところ」ともいっていた（Gould 1999: 223）。

少年らしさの概念は、東インド会社軍に雇用されていたグルカ兵（ネパール人兵士）を称揚するときにも、用いられた。グルカ兵はほぼ全員が既婚であったが、英国人士官の回想録では、父親としてのグルカ兵についての言及は乏しい(6)。グルカ兵は boy と呼ばれ、「大隊は家族のようなもの。グルカ兵は子ども」であるとされた（Gould 1999: 266）。

3　兵士の結婚をとりまく視線の変化

一九世紀も後半になると、保守的な陸軍にもさまざまな変化が生じた。その一つが軍の諸改革であり、二つ目が既婚者の男性性の認知、三つ目が人種の「劣化」についての懸念であった。

軍の諸改革

一九世紀には軍事学が目覚ましい進歩をとげた。この世紀の前半には、近代戦の戦法やその政治的意義について分析したクラウゼヴィッツの『戦争論』が刊行されている。また、産業革命の進展は戦争のあり方を一変させた。そのため軍人にはより高度の専門知識が求められるようになりつつあった。

しかし、英国では、一九世紀初頭の対仏勝利の記憶が残存し、軍の習慣や権威主義的組織が正当化されていたために、世紀半ばに至るまで、改革はなかなか進まなかった（Burroughs 1994: 161-162, 178）。抜本的改革の必要性が痛感されることとなったのは、クリミア戦争（一八五三～五六年）やインド大反乱（一八五七～五九年）、南アフリカ戦争（一八九九～一九〇二年）といった、大きな戦争を経た後のことである。

まず、クリミア戦争期には、英国社会と英国陸軍の間の民軍関係が激変した。通信技術の発達により、戦況や軍の様子が逐一イギリス本国に報道され、高い関心を呼んだ（Streets 2004）。英国社会は陸軍の現状に関心をいだき、時には称賛し、時には批判して改革を迫るようになった。たとえば、貴族士官の無能さが一般の人々の知るところとなり、貴族による権力の独占が批判の対象となった（Burroughs 1994: 183）。

クリミア戦争ではまた、軍の関係者がさほど問題視していなかった兵士の買春や家族の劣悪な生活状況がとりあげられ、報道された（Streets 2004）。その結果、英国本国における社会改革の矛先が、保守的な陸軍にも向かうこととなった。社会改革の担い手となったのは、欧州全域で勃興しつつあった、経済ブルジョアジーと、社会運動家や牧師、医師などの教養ある中流階級の人々である。たとえば、ビクトリア朝期のフェミニストは、英軍兵士による買春を批判し廃娼運動を展開した（Streets 2004）。その他の運動家は、階級の低い兵士の家族生活や貧困問題に大きな関心を寄せた。彼らは陸軍の内部に節酒会をつくることを奨励したり、兵士の心を奮い立たせるために教会と協力して娯楽設備のある「兵士の家」をつくったりもした（Burroughs 1994: 186）。最も哀れな存在と考えられた兵士の妻子のための慈善組織「陸海軍兵士家族協会（Soldiers' and Sailors' Families Association）」が設立されたのも、このころのことである（Jolly1987: 1-3）[7]。

軍の内部でも、効率的な軍隊の必要性が痛感され、改革が進んだ（Gibson 2012: 12）。特に重視されたのが専門的な軍事知識をもつ士官の育成である。士官を対象とした人格教育と専門教育が実施され、階級の低い兵士についても学力が昇進の基準となるなど、教育改革が実施された（Spiers 1994: 210）。一八七一年には官位の売買が禁止された（Spiers 1994: 188）。

兵士の待遇も改善された。一八七一年に焼印、一八八一年に鞭打ちなどの体罰が禁止され、食事も改善された（Spiers 1994: 189）[8]。一八九〇年代には大型兵舎の建築がはじまり、軍が節酒対策として娯楽にわずかなお金を出すようになった（Spiers 1994: 189-190）。兵士の健康状態を改善するための衛生改革も進んだ（Burroughs 1994: 185）。軍が後方支援業務を担当させる人員を雇用した結果、キャンプ・フォロワーの大半が姿を消した。一八六八年から一八七四年にかけて実施された改革では、兵士のための病院・家族宿舎・学校が設立された（Gibson 2012: 12-13）。

既婚軍人の男性性の認知

一九世紀後半には、新たなタイプの軍人が英雄として称賛されるようになった。それは中流階級出身の既婚士官である。このことは軍における新たな男性性の認知につながった。

インド大反乱では、マスメディアの発達により、戦況が迅速かつ詳細に英国に伝えられた。その結果、それまで軽蔑されていた兵士の社会的評判が上昇することとなった。「英国人婦女子を殺戮したインド人叛徒」と戦った英国人、シク教徒、スコットランド人、グルカ兵こそが、騎士道の体現者であり、「マーシャル・レイス（martial race）」（軍務に適した種族）であるとして称揚されることとなったのである（Burroughs 1994: 185; Streets 2004）。なかでも、ラクナウの攻略においてた活躍したH・ハヴロック将軍は新たなタイプの英雄であった。というのも、彼は、貴族でも郷紳でもなく、専門的教育を受けた中流階級出身の士官であったからである（Dawson 1994: 107）。

このようなタイプの軍人が称揚される背景には、一つには、先に述べたような軍事の専門性の確立があった。もう一つは、ブルジョアジーと教養市民層を中心として新しい家族の規範（近代家族）が登場したことである。家族は両親と独立していない子どもの生活共同体となり、「公」と「私」の空間的分離と性別分業、夫婦・親子の情愛と排他的な親密さなどの特徴を帯びるにいたった（姫岡 二〇〇八：二一―三、二三―二四）。ハヴロック将軍の活躍も、天使のような妻が夫を待ちながら守っている家庭と戦場とを往復する英雄の物語として語られた。すなわち、家庭的であるということ（domesticity）が、新しい種類の英雄の冒険譚の一要素となった（Dawson 1994）。新しい家族規範にのっとって、植民地における軍人の活躍の物語が紡がれていたのである。

軍も既婚軍人の男性性を評価するようになった。

まず、既婚者の「品位」を評価するようになった。たとえば、性病検査が導入されたときにも、既婚軍人は生殖器の検査を受けずにすんだ（Enloe 2000: 56）。既婚者はきちんとしているから、独身者ほどには売春婦から誘惑されないというのがその理由であった。

また、妻子を経済的に扶養するという男性性が軍隊において肯定的に評価されることとなった。英軍では第一次世界大戦（一九一四～一八）までには、きちんとした家族生活を送っていることが昇進にとって有利となった。妻子持ちのほうが頼れる存在であり善良、かつ常識的な道徳の持ち主であるので、高い地位によりふさわしいという見方が確立したためである（Jolly 1987）。新しいタイプの士官には、部下である兵士の合法的ないし慣習上の妻子にも父のような関心を注ぐことが期待された。軍は、夫や父としての男性性に、指揮官としての適性と軍事的利点を見出したのである。

ただし、英国人士官の結婚相手として想定されていたのは、インド人女性ではなくヨーロッパ系女性であった。というのも、後述するが、一九世紀後半には、人種間結婚が望ましくないとする風潮が強まったからである[9]。

人種の「劣化」と独身兵士

一九世紀後半になると、植民地インドでは、独身兵士の存在が英国の植民地支配の正当性を損なうとして問題視されるようになった。よく言われることではあるが、植民地支配は、白人を頂点にすえる社会進化論的認識と、白人には非白人を文明化する「高貴な使命」があるとする考えにより、正当化されていた。ところが、植民地インドでは、植民地支配の正当化の論理を損なうような事象が起きていた。それは、「貧乏な白人（poor whites）」や「永住ヨーロッパ人」の存在、そして人種間結婚がもたらすとされた人種の「劣化」である。そして、このことに関わっていたのが英国人兵士である。

英国本国では当時、貧民の存在が西欧文化の優越を損なうと考えられ、貧困対策が実施されるようになった（Mizutani 2011: 80）。貧困問題は、植民地インドでは植民地支配に直接的な影響をもたらすゆえにより深刻であった。というのも、すでに述べたように、植民地に駐留する階級の低い英国人兵士は貧民の出身であり、しかも、兵士による買春と暴行が「支配人種の名をけがして」（Ballhatchet 1980: 140）いたからである。実際、土着のエリートは貧乏な白人を軽蔑していた（Mizutani 2011: 54）。

また、軍が兵士に結婚許可を出し渋ったことは、植民地インドにおける貧乏な白人の再生産と、「永住ヨーロッパ人」の生産、および人種間結婚・性関係による「ユーラシア人」と「インド人」の生産へとつながった。まず、インドにおける貧乏な白人の多くが兵士の寡婦や遺児であった（Mizutani 2011: 55）。結婚が許可されなかった寡婦・遺児には寡婦手当や遺族手当も支給されなかったため、夫が亡くなると彼女らはただちに貧乏白人に転落するのが常であった。さらに、渡航費を払って英国に帰国することもかなわずインドに残留し、永住ヨーロッパ人の一部を構成するにいたった。永住ヨーロッパ人とは、血統的には白人に属するがインドに永住する人びと、およびその子孫である。（ちなみに、いずれ英国に帰国することが予定されている人びとは「英国人」と呼ばれた。）

前述したように、結婚・家族同伴を厳しく制限された兵士はまた、植民地の女性との間に性的関係をもったり人種間結婚をしたりした。彼らの子孫は「ユーラシア人」を構成した。「ユーラシア人」とは、ヨーロッパ人男性とインド人女性の性的関係により生まれた人びととその子孫のことをいう。したがって独身兵士は「ユーラシア人」の文字通りの産みの親であった。

最後に、婚姻許可を取ることができなかった兵士の寡婦のなかには「インド人」となるものもあった。「インド人」とは第一義的には植民地インドの人民であるが、それのみならずインド人男性と結婚したヨーロッパ人女性およびその子孫のことも意味した。インドに残留した寡婦たちは時に、インド人男性にもビヤホールで酒を出す英国人酌婦となった。彼女たちとインド人男性との間に生まれた子孫も、「インド人」には多く含まれていたのである。英国人たちは、英国人酌婦がインド人男性に酒を出すことに対しても嫌悪感をもっていた（Ballhatchet 1980: 138–139）。

要するに、軍は貧民の出身である兵士をインドに送り込み、さらに兵士に結婚許可を出し渋ることで、意図せずして、貧乏白人や永住ヨーロッパ人、インド人、ユーラシア人を再生産しつづけた。そのことは、英国人がなくてはならないと考えていた、植民地のヨーロッパ人コミュニティの同質性を破壊し、支配人種と被支配人種の間の社会学的・生物学的人種の境界を攪乱したのである。

4　それでも兵士は独身でいつづける

先に述べたように、一九世紀後半には、軍の改革が進み、既婚兵士が称揚され、独身兵士がもたらす人種の「劣化」が懸念されることとなった。しかしながら、そのことが婚姻制限に与えた影響は限定されたものであった。

まず、クリミア戦争後の改革熱は感情的なものであったため早晩収まった。軍の上層部は内側からの改革にも外側からの改革にも頑強に抵抗した。特に政治家の介入を嫌い抵抗したという（Burroughs 1994: 170）。政府のほうに軍事に関係する部局が六個もあったことも、改革が進まない一因であった（Burroughs 1994: 176）。結局、参謀幕僚の制度設立などの大規模の構造改革が実現したのは、大量の死傷者を出した南アフリカ戦争の後であった。

また、一九世紀を通して、英国陸軍の身分構成はあまり変化しなかった（Spiers 1994: 210）。確かに、クリミア戦争の後で官位の売買が禁止され、専門的な教育を受けた士官が徐々に増えたが、士官の出身身分自体は一九世紀を通してほとんど変化しなかった[10]。それというのも、諸経費の自己負担が大きいにもかかわらず給与が安かったために、副収入でもないと勤めあげることができなかったからである。士官の多くは相変わらず貴族・郷紳の出身者であり、私立のパブリック・スクールの卒業生であった（Spiers 1994: 190）。

低い階級の兵士の出身身分も変わらなかった。軍は恩給受給者を減らすために短期勤務制度を導入した。それはたしかに功を奏したが、訓練コストがかえって高くついた。そのため陸軍は兵士の給料を増額するもそれはわずかであった。当然のことながら志願者は増えず、軍は相変わらず都会の失業者に頼らざるをえなかった（Spiers 1994: 188-190）。インド大反乱の際に、中流階級のあいだでは陸軍の評判が高まったが、潜在的志願者である労働者階級のあいだでは軍務は依然として不人気の仕事であった（Burroughs 1994: 186）。植民地経営における兵士の役割が評価され兵士に対する同情は高まったものの、劇場でもレストランでも乗合バスでも、貧民出身の兵士は差別を受けつづけたという（Spiers 1994: 189）。

このように士官と低い階級の兵士の間には、相変わらず、出身身分の大きな隔たりがあったのである。

そのために、陸軍は、階級の低い兵士に対して依然として、結婚を思いとどまらせようとした（Spiers 1994: 190）。一九世紀の後半には、結婚を許可すべきとする提案が何度もあったが（Ballhatchet 1980: 35, 40, 79）、兵士の婚姻に対する否定的な意見は強く、そのたびに却下された（Ballhatchet 1980: 66）。軍の内部で伝統主義者と温情主義者および改革派との間に対立があり、兵士の待遇の改善はなかなか進まなかったのである（Burroughs 1994: 174）。一八六七年になると結婚許可はわずかに緩和されたものの、階級により大きく異なり、「士官と連帯付き曹長（Regimental Sergeant Major）は六〇％、それより下は七％」となった（Gibson 2012: 12）。「兵士は結婚してはならず、大尉はしてもよく、少佐はするべきであり、大佐はしなくてはならない」（Gould 1999: 221）ということが、陸軍内部で共有された見解であった。戦闘に直接携わる階級の低い兵士と、彼らを指揮する士官とでは、結婚許可のとり扱いが大きく異なることとなった。

結局、一九世紀の間に階級の低い兵士の結婚許可の制限が撤廃されることはなかった。軍の上層部や政策決定者は、貧民出身の兵士が、結婚生活とそれがもたらす財政負担に値する存在であるとは見なしていなかったのである。インド大反乱後に出現した、既婚者に対する肯定的な評価は、階級が限定されたものであった。

この章では、一九世紀の英国植民地インドを例にとって、兵士の婚姻区分と男性性について見てきた。英国陸軍は兵士の結婚や家族同伴を制限していたが、一九世紀後半に制限を緩和した。それは軍と市民社会との接近がもたらしたものであった。しかしながら、制限の緩和は部分的なものであった。その結果、英国陸軍では、結婚することが望ましい士官と独身でいることが望ましい階級の低い兵士という区分ができることとなった。これは、夫や父としての男性性と独身者としての男性性という、複数の男性性が軍の中で認知されたことによるものであった。この複数の男性性は出身身分と軍隊の階級・役職に対応したものであり、英軍はそれを使い分けていたのである。近代の軍隊における役割の構造化は、婚姻区分が作りだす複数の男性性と相関しながら展開していくこととなったといえよう。

軍隊にとって、兵士の婚姻・生殖は決して私的な事柄に留まるものではない。それは財政や階級構造、効率性、民軍関係にかかわる事柄なのである。

謝辞：研究の実施にあたり、以下の科学研究費の助成を受けた。

●平成二〇―二一年度科学研究費補助金（基盤研究（B）（一般））（研究課題：アジアの軍隊にみるトランスナショナルな性格に関する歴史・人類学的研究、研究代表者：田中雅一京都大学人文科学研究所教授、研究課題番号：二〇三二〇一三四）

●平成二二―二四年度科学研究費補助金（基盤研究（C）（一般））（研究課題：植民地における通婚と家族をめぐる法制・慣習の研究、研究代表者：宮崎聖子福岡女子大学准教授、研究課題番号：二二五一〇二九三）

●平成二三―二五年度科学研究費補助金（基盤研究（C）（一般））（研究課題：在英ネパール人移民の多重市民権をめぐる社会運動と理念、生活実践についての研究、研究代表者：上杉妙子専修大学文学部兼任講師、研究課題番号：二三五二〇九九八）

この場を借りて関係者の皆様に深く御礼申しあげます。

注

（1）女性性については、エンローが、軍の政策立案者が多様な女性と無数の見せかけをもつ女性性の概念そのものに依存し、それをコントロールしてきたと指摘している（Enloe 2000: x）。エンローが軍事化の対象となる多様な女性として挙げているのは、売春婦やレイプの被害者、母、妻、看護師、フェミニスト活動家などである。

(2) 東インド会社は一八五八年に解散し、軍の施設や人員は英領インド陸軍に受け継がれた。

(3) リンは軍では他に先駆けて社会的権利を重視する社会的市民権が生じたと指摘する（Lin 2000）。一九世紀半ばには、旧英領インド陸軍も、戦死した現地人兵士の相続人（子か妻かは不明）に遺族年金を支払っていた（Mason 1974: 201）。

(4) もっとも、キャンプ・フォロワーが軍にとって無用の存在であったというわけではない。兵站部門が未発達であったため、キャンプ・フォロワーは実は重要な役割を果たしていた。アメリカ独立戦争時の英軍も、二万人もの女性を引き連れて渡米した。彼女たちは酒を売り、兵士の衣類の洗濯をし、寝具を縫い、傷病兵の看護をするなどしていたという（Burroughs 1994: 173; Enloe 2000: 41–43）。海軍では、母港に群集まっていた同種の人びとを「取り巻き連中（hangers-on）」と呼んでいた（Jolly 1987: 37）。

(5) 「民軍関係（civil-military relations）」とは、①市民・国民から選挙を通して権力を委託された文官である政治家と武官である軍人との政府内部における関係（日本では「政軍関係」という訳語が当てられている）、②軍隊・軍人と帰属国の地域社会や民間団体、民間企業、民間人との関係、③駐留軍と駐留先の政府との関係④駐留軍と駐留先の社会の民間人や民間団体、民間企業等との関係など、四種の関係を指す（上杉　近刊）。本章で取りあげる民軍関係は上記の②に該当する。

(6) 軍は、現地人兵士については結婚を制限していなかった。それは、現地人兵士の給与が英国人兵士のそれに比してきわめて低かったためかと思われる。一八九〇年にグルカ兵の第三連隊で性病が蔓延したときにも、軍はグルカ兵に結婚を推奨している（Gould 1999: 133–134）。

(7) 陸海軍兵士家族協会は、現在も存在する慈善組織である「陸海空軍兵士家族協会」（Soldiers', Sailors' and Airmen's Families Association, SSAFA）の前身の団体である。

(8) ドイツでは早くも一八〇八年頃までには体罰が禁止されていたが、これは、徴兵制の導入を見越したものであったという（フレーフェルト一九九七：七四―七五）。より詳しい比較研究が必要ではあるが、兵士の待遇は、その出身身分の構成が帰属国社会のそれをどの程度反映しているのかによっても規定されるのではないか。

(9) 人種間結婚に対する厳しいまなざしは、一八世紀末には生じていた。ハイアム（一九九八：一五五―一五八）によれば、一八世紀には、異人種間の性的関係・婚姻の結果として生まれた子供たちが東インド会社社員となり、領土拡大が図られた時期の人手不足を補っていた。そのため、会社は異人種間の結婚を奨励した。しかしながら、こうした政策は一七九〇年代には逆転したという。なお、インドおよびセイロンでは一八五〇年代末までに、愛人をもつ風習すら廃れ始めた（ハイアム 一九九八：一七一）。

（10） 一九世紀末の南アフリカ戦争（一八九九～一九〇二）の後もしばらくは、身分構成が変わらなかった（Spier 1994: 210）。

参考文献

上杉妙子 近刊「趣旨説明 軍隊がつくる社会、社会がつくる軍隊――トランスナショナルとナショナル、ローカルの接合と再定義」田中雅一編『軍隊がつくる社会、社会がつくる軍隊――トランスナショナルとナショナル、ローカルの接合と再定義 日本文化人類学会第四五回研究大会・分科会発表A発表原稿・発表要旨集』平成二〇―二二年度科学研究費補助金（基盤研究（B）（一般））報告書（研究課題：アジアの軍隊にみるトランスナショナルな性格に関する歴史・人類学的研究、研究代表者：田中雅一京都大学人文科学研究所教授）。

キューネ、トマス 一九九七「序 性の歴史としての男性史」、T・キューネ編『男の歴史――市民社会と〈男らしさ〉の神話』星乃治彦訳、七―二六頁、柏書房。

ハイアム、ロナルド 一九九八『セクシュアリティの帝国――近代イギリスの性と社会』本田毅彦訳、柏書房。

姫岡とし子 二〇〇八『ヨーロッパの家族史』山川出版社。

フリューシュトゥック、サビーネ 二〇〇八『不安な兵士たち――ニッポン自衛隊研究』花田知恵訳、原書房。

フレーフェルト、ウーテ 一九九七「兵士、国家公民としての男らしさ」、T・キューネ編『男の歴史――市民社会と〈男らしさ〉の神話』星乃治彦訳、六五―八三頁、柏書房。

Ballhatchet, Kenneth. 1980. *Sex Race and Class under the Raj: Imperial Attitudes and Policies and Their Critics, 1793-1905.* London: Weidenfeld & Nicolson.

Burroughs, Peter. 1994. "An Unreformed Army? 1815-1868." In *The Oxford History of the British Army*, edited by David Chandler and Ian Beckett, pp. 161-186. Oxford: Oxford University Press.

Childs, John. 1994. "The Restoration Army 1660-1702." In *The Oxford History of the British Army*, edited by David Chandler and Ian Beckett, pp. 46-66. Oxford: Oxford University Press.

Enloe, Cynthia. 2000. *Maneuvers: The International Politics of Militarizing Women's Lives*. Berkeley: University of California.

Gibson, Clare. 2012. *Army Childhood: British Army Children's Lives and Times*. Oxford: Shire Publications.

Gould, Tony. 1999. *Imperial Warriors: Britain and the Gurkhas*. London: Granta Books.

Lin, Patricia Y. C. E. 2000. "Citizenship, Military Families, and the Creation of a New Definition of 'Deserving Poor' in Britain, 1793–1815." *Social Politics*, spring, 2000: 6–46. Oxford: Oxford University Press.

Mizutani, Satoshi. 2011. *The Meaning of White*. Oxford: Oxford University Press.

Orthner, Dennis and Richard J. Brown, III. 1978. "Single-Parent Fathers: Implication for the Military Family. In *Military Family: Adaptation to Change*, edited by Edna Hunter and Stephen D. Nice, pp. 81–102. New York: Praeger Publishers.

Roy, Ian. 1994. "Towards the Standing Army 1485–1660." In *The Oxford History of the British Army*, edited by David Chandler and Ian Beckett, pp. 24–45. Oxford: Oxford University Press. .

Spiers, Edward. 1994. "The Late Victorian Army 1868–1914." In *The Oxford History of the British Army*, edited by David Chandler and Ian Beckett, pp.187–210. Oxford: Oxford University Press.

Streets, Heather. 2004. *Martial Races: The Military, Race and Masculinity in British Imperial Culture*, 1857–1914. Manchester: Manchester University Press.

Tan, Tai Yong. 2005. *The Garrison State: The Military, Government and Society in Colonial Punjab, 1849-1947*. New Delhi: SAGE Publications.

Ⅳ　シングルの選択

移動するシングル女性
——コモロ諸島における越境と出産の選択

花渕馨也

1　移動とシングル

「ボートはぎゅうぎゅう詰めで、膝を抱えたまま身動きもできませんでした。男と女が半々ぐらいで、小さな子供や、大きなお腹をした妊婦もいました。波が高く、みんな船酔いで吐いていました。私はコーランを唱えて、ボートが沈まないよう神の御加護を祈りました。月のない暗い夜の海はとても恐ろしかったです。だって、たくさんの人が死んでいるのですから。でも、私にはほかに選択がなかったのです。子供たちを育てるには、マヨット島に渡るしかなかったのです……[1]。」

まだ幼い六人の子供を村に残し、コモロ諸島のグランドコモロ島から、同じコモロ諸島の島でありながら仏領のマヨット島へと密航したザイナバ（仮名）という女性は、当時のことを思い出しながら、口癖のように「ほかに選択がなかった（Il n'y a pas d'autre choix）[2]」と何度もくり返した。彼女がマヨット島に渡ってからすでに一八年が経っていた。「結果として、それがよい選択だったか、悪い選択だったかは分かりません。でもあの時にはほかに選択がなかったのです」と、彼女は深くため息をついて首を振った。

生まれ育った故郷を離れ、家族や仲間を残し、ひとりで見知らぬ土地へと移住するという彼女の選択が、いかなる状況において残された選択となったのか？　そして、その選択は彼女の人生に何をもたらしたのか？　本章では、このザイナバのライフヒストリーを題材とし、故郷《ホーム》から離脱し別な社会空間へと移動することで人生を切り拓こうとしたひとりの移民女性が、ホームに留まる女性たちとは異なるどのような主体になりえたのかという問いを、シングルという視点から考察してみたい(3)。

人は集団の中に生まれ育ち、他者《ひと》との関係の中で生活するしかない。人は社会の関係の網の目に生まれながらに絡みとられているのだから、もし「ひとり」になろうとするならばあえて関係を切断しなければならない。近くにいても縁を切ることはできる。だが、身体的にもひとりになるためには、知り合いと顔を合わせることのない別な場所へ移動しなければならないだろう。距離を置くこともひとりになるための一つの方法である。

その意味で、ザイナバのように故郷を離れ、ひとりで移動する女性をシングルとみなすことができるだろう。しかも、それは単一の、固定的な意味をもつシングルではない。移動による社会環境の変化にともないシングルの意味は変化し、多重的な意味をもつようになる。また、シングルの状態は時間によって変化するものであり、移動によって開かれる新たな関係の切断と結合の動態の中に見出されるものである。本章が焦点を当てるのは、移動によって生じる、そのようなシングルの様態の変化である。

コモロ諸島では、一九九〇年代後半からザイナバのように単独で仏領マヨット島に移住する女性が増加してきた。こうした現象は、グローバリズムの加速化にともないますます大量化し、流動化する移民の動向、とりわけ「移民の女性化」(Feminization of migration) の傾向と連動したもの捉えることもできるだろう。かつて女性の移民は、男性移民が家族結合として呼び寄せるか、夫とともに移住するケースが多かったが、一九八〇年代から単独での女性の移民の増加が顕著になり、一九九〇年代以降「移民の女性化」とそれに伴う再生産労働や家族構成の構造的変化などがよく議論されるようになってきた (cf. 伊豫谷 二〇〇七)(4)。

しかし、グローバルな動きの中で、女性が単独で移動することの意味を、実際の移動の経験から明らかにしようとする研究はまだ少ない。ザイナバのライフヒストリーを追うことで見えてくるのは、マクロな動きでは捉えがたい、コモロ諸島内での移動をめぐるきわめてローカルなコンテクストであり、そこにおいて女件がシングルで移動することがもつ意味の多重性や流動性である。

本章では、そうした移動するシングルの意味を捉えるために、ザイナバのライフヒストリーを三つの局面に分け、それぞれのコンテクストにおけるシングル主体としての彼女のふるまいについて検討していきたい。

第一のコンテクストは、故郷における未婚女性というシングルである。ザイナバは密航する直前に離婚したばかりの「シングル・マザー」であった。イスラーム社会でありながら母系的特徴をもつコモロ社会において、未婚の女性や、子供のいる離婚した女性がどのような社会的立場にあるのかを明らかにすることがまずここで課題となる。

次に、第二のコンテクストは「移動」によるシングルである。ザイナバのように単独で移住するということは、少なくとも空間的に故郷における家族や仲間との関係から距離を置き、それらの関係の規制と保護の下から離れるということである。コモロ社会からマヨット島に移動することによって、彼女はどのような規範や関係から離脱したのか、そして新たな土地において、どのような異なる規範の下に、新たな関係の可能性の開かれた主体となったのかを問うことが第二の課題となる。

第三のコンテクストは、移動先の社会において「よそ者の単身の未婚女性」であるという意味でのシングルである。移動はジェンダー化されており、ひとりで移動する女性には特有な性的意味が与えられてきた（クリフォード 二〇〇二：一五）。移民女性にとって移動先の社会においてよそ者のシングルとみなされることは、現地の男性にとってセックスや結婚の対象となりうるということを意味している。そのことは、シングルの移民女性がそこで新たな関係を築き、生き残るための戦略上重要な意味をもっている。シングルの身体として、彼女たちがどのような主体的選択によって新たな地位を獲得しようとしているのか、それが第三の課題である。

本章では、2～4節においてこれら三つの課題を取り上げ、ザイナバの具体的事例に基づき、故郷と移動先の社会コンテクストにおいて再定位される移民女性の多重的なシングルのあり方を検討して行く。

2　女の家／男の村

南フランスのマルセイユ市で暮らすザイナバは、コモロ出身の四〇代半ばの女性であり、コモロとフランスに分かれ

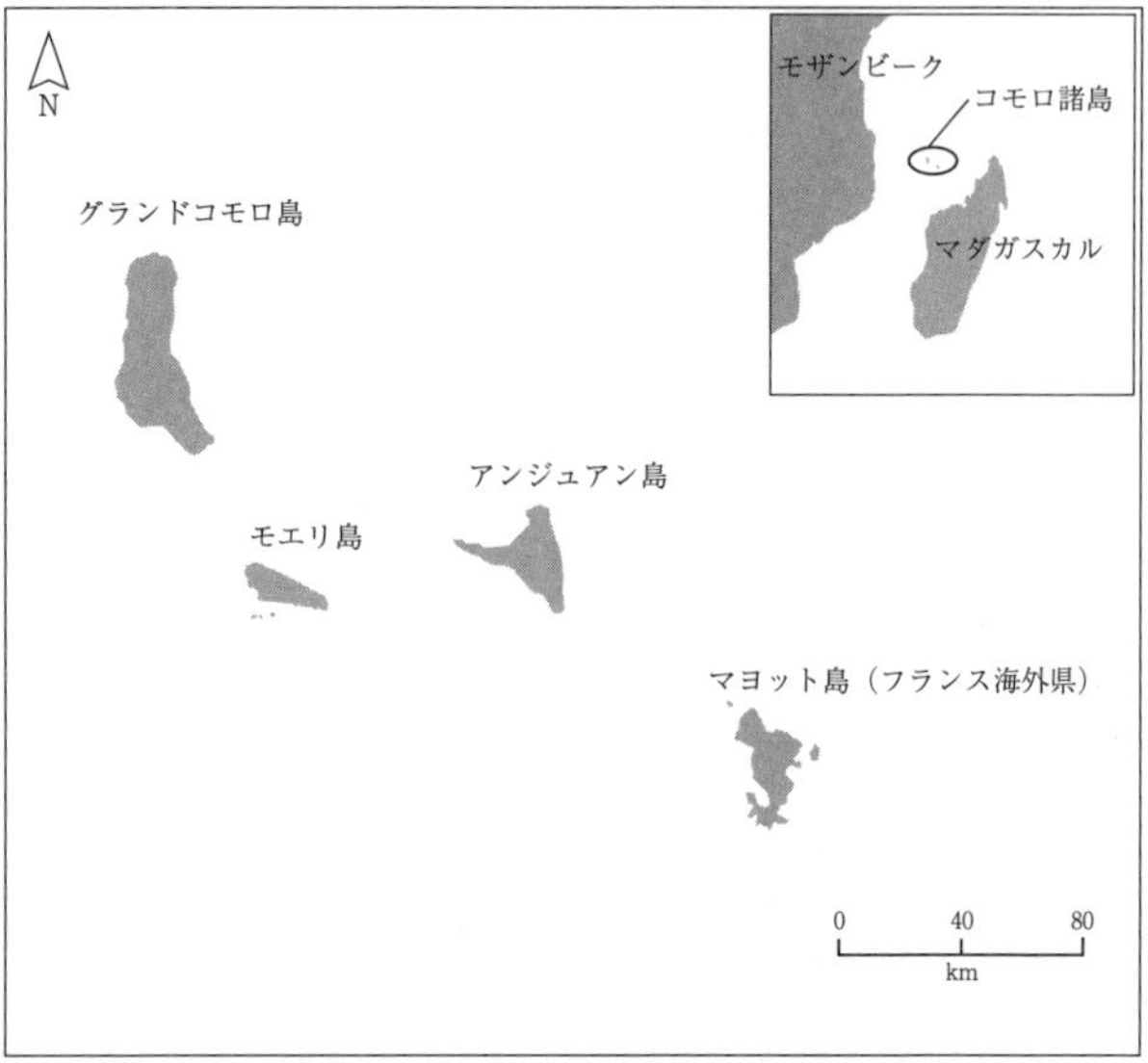

て暮らす九人の子供の母親である。[5] 現在は、旧市街にある古いアパートの一室にコモロ人の内縁の夫と四人の子供と住んでおり、彼女も夫も無職のため、母子手当などのフランスの社会保障手当に頼って生活している。二〇〇六年以来、縁があって彼女の家族と知り合いになった私は、マルセイユに行くたびにほぼ毎日彼女の家に寄り、故郷のグランドコモロ島からマヨット島へ、そしてマルセイユへと移動してきた彼女のライフヒストリーの聞き取りを行ってきた。

　コモロ諸島は、東アフリカとマダガスカルに挟まれたモザンビーク海峡にあり、グランドコモロ島、アンジュアン島、モエリ島、マヨット島の四島からなる。[6] ザイナバは最も大きな島であるグランドコモロ島の南西部にあるハンブ地区のS村で一九六八年に生まれた。S村は海に面した小さな漁村で、男性の多くは漁師をしている。両親ともにS村の出身で、父親も漁師をしていた。同父同母の姉が一人と男兄弟が二人、同父異母の男兄弟が三人いた。

　ザイナバは一九八〇年、一二歳の時に最初の結婚をした。相手は二〇代の漁師の男性Aで、父親と男性との間で決められた結婚である。次女であったため結婚式は親族だけで執り行う「小さな結婚式」（後述）で、新居は母親の家だった。生活は貧しかったが、二人の男の子を授かり、平穏に暮らしていた。ところが、ある日突然に夫Aが家を出てしまい、結局そのまま一方的に離婚されてしまう。ザイナバが後で聞いた噂話によれば、彼女のことを好きになった男が呪薬を食べさせたためにAが家を出たのだという。コモロでは恋愛や結婚の問題に呪術の噂はつきものである。

　その後、一時的に余所者の男性Bと恋人関係になり、三男を産んだ。しかし、子供が産まれるとすぐにBは家を出て行ってしまい、それ以来、Bは一切子供を見に来ることもなかった。Aの二人の子供たちも、Bの三男も、彼らが成長するまで父親との交流はなかった。三男はもの心つくまで自分の父親が誰なのかさえ知らなかったという。

一九八八年、ザイナバは運転手をしていた村の男性Cと三度目の結婚をした。二人の息子と二人の娘を授かったが、娘の一人は幼くして病死してしまう。Cの給料は少なく生活は苦しかったが結婚生活は七年続く。しかし、一九九五年、Cが村の年齢階梯制度に則った「大結婚式」(後述)を行うため、村の別の女性とも結婚したいと言いだしたことで大喧嘩になり、一方的に離縁状をつきつけられて離婚する。

その時、彼女は二七歳でまだ若かったが、すでに高齢の両親と六人の子供を抱え、生活は困窮していた。コモロには現金収入を得るために女性が働く場はほとんどない。三人の元夫たちからの養育費などの援助は一切なく、わずかな畑の収穫と親族の援助を頼りに暮らしていた。「お金がなく、長男に湿疹ができた時には病院に行くことも、薬を買うこともできず、海の水で洗うしかありませんでした。子供たちを寝かせるベッドもなく、ヤシの葉を編んだゴザに寝かせていたのです」とザイナバは当時の苦しい生活をふり返る。彼女には子供たちを育てる手段がまったくなかった。

そして、ザイナバはある決断をする。それはマヨット島へと渡ることであった。

母系制、イスラーム、アンダ

コモロ社会は、アフリカのバントゥー語族系の民族、五世紀頃までに東南アジアからマダガスカルに渡来してきたオーストロネシア語族系の民族、そして、七~八世紀頃から東アフリカに移住してきたペルシアやアラブ系の民族など、多様な起源をもつ民族と文化が混交を繰り返して形成されてきた。さらに一九世紀半ば以降フランスにより植民地化された影響も大きい。

そうした歴史的背景により、コモロ社会の法的規範や社会制度には、イスラーム法やイスラーム的慣習、土着の伝統的慣習(*Mila na ntsi*)、そして一九七五年の独立時に制定されたフランスの近代法を模した民法という、三つの異なる規範コードが併存しており、時には法的解釈が対立する複雑な状況を生み出している(Blanchy 2010; Mas 1979; Sermet 2008)。民法に関しては、イスラーム法との整合性をめぐり法的整備と改定が行われてきたが、一般的に、少なくとも村の日常生活では民法が問題になることはほとんどないので、ここでは取り上げないこととする(7)。

コモロ社会は母系的な社会構造をもつ。親族は父方とも母方ともに双方的なつながりをもつが、母系親族集団がより重要とされている。村（*mudji*）はいくつかの「ヒニャ」（*hinya*）と呼ばれる母系出自クランから成り、その中に母系出自集団である「ダホ」（*daho*＝本来は家を意味する語で、一般に家族や親族を意味する）が存在する。兄弟姉妹のうち年長の兄が「ダホの長」（*itswa daho*）となり、ダホのまとめ役を担う。

ダホの中では母方オジが重要な存在である。親族呼称では、子供は父方オジを父（*mbaba*）、父方・母方オバを母（*mdzadze*）、父方・母方イトコをキョウダイ（*mwanama*）と呼ぶが、母方のオジは特別に「ジョンバ」（*mdjomba*）と呼ぶ。ジョンバは姉妹の保護者であるとともに、オイやメイの教育係であり、子供の割礼や結婚などにおいて指導的役割を果たす。子供にとって重要なのは実の父親よりもジョンバであり、しばしば、よそ者である「父親は意味がない（*ba mafitsi*）」とさえ言われる。

母系制の特徴は相続制度や婚姻の居住形態にもみられる。同じ母親の姉妹は「マニャフリ」（*manyahuli*）という母系的に相続される共同所有地をもっている。同じ母親の兄弟もマニャフリの使用権をもち、農地や宅地として利用することができるが、所有権は姉妹にあり、勝手に売却することはできない（Le Guennec-Coppens 1987）。

また、新婦の両親が母親のマニャフリの土地に新居を建て、新郎が婿入りしてくる「妻方居住婚」が行われている。結婚式において、新郎が花嫁の家まで行列をなしてやってくる「家に入る」（*undjiya da'ioni*）儀式は、結婚式のクライマックスである。

このような母系制の特徴をもつ制度は、女性の親族間の紐帯を強め、土地や家を所有することで女性の生活を保障し、女性の社会的地位を相対的に高めているといえるだろう。しかし、コモロはイスラーム社会であり、母系制とは相容れない父系的な規範が存在している。

コモロのイスラームは、神学的には大多数がスンナ派・シャーフィイー学派に属している。法的には《Le Minhadj at-tâlibîn》(8)を基本法典とし、村のイスラーム司法官が、結婚や離婚の手続き、家族や相続に関するもめ事など民事の裁判を行っている。男女の関係や結婚に関するイスラーム法やその解釈は、一夫多妻や、娘の結婚に対する父親や兄弟の強い権限、男性側からの一方的離縁など、明らかに家父長的で男性優位な傾向がある。

また相続に関しても、娘は息子の相続分の二分の一しか相続できず、女性にとっては不利な条件になっている。マニャフリの不動産以外の財産の相続に関しては、イスラーム法に則った相続が行われることが多い。

公的領域におけるイスラームの権威が男性中心的であるように、村の社会構造において支配的地位にあり、政治的権力をもつのは男性であり、女性は周縁的立場に置かれている。村は位階的な社会構造をもっており、「アンダ」(*Anda*)と呼ばれる伝統的な年齢階梯制度によって男性の地位が決められる。アンダには「村の子供」という意味をもつ「ワナ・ムジ」(*wana mudji*)と「一人前の大人」を意味する「ワンドゥ・ワズィマ」(*wandru wadzima*)という二つの階層がある。ワナ・ムジには「ヒリム」(*hirimu*)と呼ばれる四つの階梯、ワンドゥ・ワズィマには五つの階梯があり、各階梯は二つの同世代グループに分かれている。[9]

男性は一五歳頃になるとアンダに加入し、他のメンバーに対し慣習に則った御馳走やお金をふるまうことで階梯を上昇する。ワンドゥ・ワズィマへと上昇するには、三週間ほどかけて「大結婚式」(*ndola nkuu*)を開催しなければならない。ワンドゥ・ムズィマの名誉を手にすることは、男性にとって人生の最大の目標である。ワンドゥ・ムズィマになることで、男性は社会的威信を獲得し、公的な場での発言権をもつ。上下関係は絶対であり、公的な場でワンドゥ・ワズィマが議論する時に、ワナ・ムジが発言することは許されない。

このアンダの制度から女性は表面的には排除されているように見えるが、実際には、アンダは女性とその親族の働きによって支えられる制度である。[10] アンダのために新居を用意するのも、ご馳走の費用の大半や料理を請負うのも花嫁側である。また、村の女性は自分の母親と同じ「ベヤ」(*beya*)という互助的な世代組に属し、花嫁と同じベヤの女性たちが花嫁のために寄付を出し合い、アンダの料理や花嫁の世話などをすべて行う。

村に生きる女性は、このベヤを通じて家族や親族を越えた村の女性たちとの強いつながりをもつ。母親は長女のために大結婚式を行うことが義務だとされており、その義務を果たさないことは恥とされ、同じベヤのメンバーから非難される。長女のためにアンダを行った母親は「アンダの母親」(*mdzadze wa Anda*)と呼ばれるようになる。しかし、それは村の女性たちの間での名誉にすぎず、男性のようにアンダの地位階梯を上昇することはない。

結婚と離婚

男性優位な社会にあって、母系的な社会制度の存在は、女性、特に独身の女性や、離婚したシングル・マザーにとって、住む場所や親族による保護を保障するものになっているといえる。しかし、それは十分に独身の女性やシングル・マザーの生活を支えるものではなく、たとえ住む家や多少の畑があったとしても、現金収入を必要とする現代の生活において、多くの場合、母子家庭が十分に食べていくのは難しい状況がある。そのため、コモロ社会においても、女性が生活して行くためにはやはり結婚が大きな重要性をもっている。

コモロにおける結婚は、いかなる手続きもしない事実婚も多いが、正式にはイスラーム法に則った宗教的結婚を基本とし、イスラーム司法官と証人によって執り行われる。役所に婚姻届を提出する法的結婚はほとんど行われていない。結婚式には、アンダの「大きな結婚式」のほかに、「小さい結婚式」(*ndola ntiti*)があり、一般には長女以外の女性や、お金がない場合は小さな結婚式で済まされる。小さい結婚式は、イスラームの結婚の手続きと、花婿側から花嫁側への小額の婚資(*mahari*)の支払い、近親者や友人の祝宴のみで済ませられる。

男子は一〇歳頃になると母親の家を出て、同世代の仲間と小屋を建てて共同生活するようになる。それに対し、女子は家に留まり、結婚するまで母親の家事手伝いをしなければならない。特に長女の場合には、アンダを行う娘として一族にとって重要であり、結婚前に妊娠したりすることのないよう両親の厳重な監視下に置かれる。現在ではあまり重視されなくなっているが、かつては処女であることがアンダの花嫁の条件であった。

長女はアンダでの結婚の対象として家の、そして母親の名誉を背負う存在である。長女が生まれると家族は将来のアンダのことを考え、花嫁の家を建てる準備をし始める。三番目の夫Cが二番目の妻として別な女性と結婚したがったのは、長女である別な女性と結婚することでアンダの階梯を上昇することを望んだからである。家族にお金があれば次女でも大結婚式を行うことはできるが一般的ではない。ザイナバは次女であり彼女の家族はアンダを行う資金をもっていなかった。次女であることはザイナバにとって離婚の原因になったわけだが、見方を変えるならば、長女のように村にとどまり母系親族の土地と家を守り、家のためにアンダの結婚を行う義務がないことで、マヨット島へ渡るという別な選択の道が開かれたのだともいえる。

現在では男女の自由恋愛による結婚も認められているが、女性は父親や母方オジ、兄弟の命令に従うべきだとする規範は強くあり、婚資の値段によって父親が決めた相手と強制的に結婚させられることも未だに多くある。ザイナバのように一〇代前半で若くして結婚させられることも珍しくない。結婚しても、夫婦関係や家庭において女性は男性に従うべきだとする考え方が強く、反発に対しては暴力的な制裁が加えられることもある。しばしば夫は嫉妬深く、妻が昼間に外出することさえ嫌うため、女性は家で過ごすことが多い。

女性は子供の頃から農作業や家事の手伝いをさせられ、結婚すると、薪《たきぎ》拾い、水汲み、炊事、洗濯、掃除といった家事全般を女性が行う。女性が食用バナナやキャッサバなどを栽培する畑仕事を行うことも多いが、一般に、農業による収穫は家族が生活するには十分な量ではなく、男性の労働による現金収入が必要となる。

コモロの女性の合計特殊出生率は四・九人（二〇一〇年度）と高く、生涯に一〇人以上の子供を産む女性も少なくない。ザイナバのように、複数の結婚によってそれぞれ父親の異なる子供が一つの家族として育つことも多い。子供は母親の家で、母親の親族と密接な関係をもちながら育つ。一般に、婿入りである父親の存在が子供にとって希薄であるのに対し、家族の中心的存在は母親であり、子供と母親の紐帯は強い。

コモロ社会は離婚が多く、ザイナバのように結婚と離婚をくり返すことも多くみられる。それは、男が浮気性ということもあるが、相性の悪い相手とは離婚し、よりよい相手と再婚したほうがよいという離婚に対する肯定的価値観があることや、イスラーム法により夫からの一方的な「離縁状」（*twalaka*）が認められていたり、書類による行政的管理がないため、離婚の手続きが比較的容易だという条件によるところも大きいだろう。

夫婦が離婚すると、土地と家は妻に所有権があり、妻方居住婚であるので男性は家を出なければならず、ほとんどの場合子供は母親の家に残る。離婚しても子供と父親との関係は継続すべきだという考えはあり、子供の割礼や結婚などの行事には父親として参加することが求められる。しかし、離婚した父親が子供に対し継続的に経済的支援を行うことはほとんどない。ザイナバの場合も、子供たちの三人の父親は、離婚してからは自分の子供たちへの経済的支援をほとんど行わなかった。

離婚率が高いこともあり、村にはシングル女性が多くいるため、女性がシングルであることへの社会的評価は必ずしもあからさまに否定的ではなく、それぞれの事情によって異なる。しかし、長くシングルでいる未亡人やシングル・マザーには、「愛人」(*hawara*)や「売春婦」(*susu*)といった陰口が言われることもあり、また、実際に男性の経済的援助に頼ってしか生活できない状況に置かれている場合も少なくない。

ザイナバが故郷から旅立った背景として、シングル・マザーをとりまくこのようなコモロ社会の制度や状況が存在していた。離婚した後、ザイナバは六人の子供とともに母親の家で暮らしていたが、当時、父親は母親と離婚しており、長女の姉も二人の兄弟もそれぞれ結婚して別の村で暮らしていた。そのため家には男の働き手がおらず、畑の作物を売ること以外に現金収入はなかった。隣に住む同世代の母方イトコがいろいろと子育てを援助してくれたが、母親と六人の子供を食べさせるためには経済的には限界であった。

離婚したザイナバはまだ若く、また誰かと再婚して家族を養ってもらうという選択もあったであろう。しかし、ザイナバは、当時多くのコモロ人女性が選び始めていた、一つの冒険に人生を賭けることを選択した。それは、仏領マヨット島に行くことであった。

3 密　航

一九七五年のコモロ独立以来、コモロ諸島四島のひとつでありながら、マヨット島はフランスが実効支配してきた島である。一九九〇年代半ばにフランスが渡航の自由を制限した後、密航という手段で他の三島からマヨット島へと渡る移民が急激に増加するようになった。貧困から抜け出す手段を見出せないコモロの人々にとって、マヨット島は最も身近な豊かな国への入り口である。エルドラドを求めてS村からも多くの人がマヨット島に渡って行き、その中にはザイナバの知り合いの若い女性たちも多くいた。彼女たちの中には、マヨット島で仕事を見つけたり、運よく結婚して子供を産んだりし、冷蔵庫やテレビなどの電化製品とともに村に帰ってくる女性たちもいた(花渕 二〇〇六)。

「マヨット島にいけば仕事がある」。そういう噂話が村中に広がっており、ザイナバもその話を信じることにした。

「コモロで女性が生きていくのは難しいです。でも、マヨット島は誰に対しても自由であり、女性たちは人生を探しにマヨット島に渡るのです」。彼女にとって「ほかに選択はなかった」のだ。

同世代の独身の友人を誘い、マヨット島へと密航することを決心したザイナバは、そのことを母親と姉にだけは打ち明け、当時首都モロニに住んでいた姉にS村に戻って子供たちの世話をしてくれるよう頼む。引き止められることを恐れて、親族の男性には話をしなかった。出発の前日には、子供たちはまだ小さかったので、当時一二歳だった長男にだけ、「もし私がマヨット島に無事着くことができたら、あなたたちも助かるのよ。もし私が海で死んだら、あなたたちも終わりなの」と話をしたという。

ザイナバは友人とともに「モロニに買い物に行く」と告げ、そのまま首都モロニの港からアンジュアン島のドモニ市に渡った。マヨット島から近い距離にあるドモニ市には密航を仲介する業者が多くいる。彼女は友人から借金をして集めた一〇万コモロ・フラン（約二〇〇ユーロ）を業者に支払い、夕方になってから「クワサクワサ」(*kwassas-kwassas*)[11]と呼ばれる小さなモーターボートで出発した。

小さなボートは男女合わせて三〇名ほどが乗りぎゅうぎゅう詰めで、波が高くひどく揺れた。約一〇〇キロメートルの距離を六時間ほどかけてマヨット島に着き、暗くなってからボートを岸に近づけて海の中を歩いて上陸した。ずぶぬれのまま崖を登り、道路に出た後、手配されていた車に乗ってマヨット島の首都ムツァムドゥに向かった。ムツァムドゥには以前にマヨット島に渡った母方のイトコが住んでいたので、彼女に住む部屋を紹介してもらった。周囲には同じ密航者が多く住んでおり、生活手段についていろいろと聞くことができたという。しかし、最初の一月余りは警察による取り締まりが恐ろしく、日中は部屋に隠れてじっとして外に出られなかった。夜になると不法滞在者たちがいっせいにぞろぞろと町に出てきたという。

「でも、すぐに慣れて平気になりました。だって、マヨット島には密航者の人たちばかりが住んでいて、コモロと同じだったのですから。でも、時々警官による一斉の取締りがあり、そういう時は、みんな山に登って夜までそこでじっと隠れていました。仕事を見つけるまでは、本当にそういう生活でした」。

まもなくして、ザイナバは近所の女性から、彼女を見かけて気に入ったという八〇歳近い高齢の男性の家で家政婦として働き始めるようになる。給料は一月一二〇ユーロとひどく低かったが、わずかだがその一部を子供たちに送金することができるようになった。

マヨット島の分離と越境

一九世紀半ばのコモロ諸島は統一された政治体ではなく、複数のスルタンによって統治されていた。グランドコモロ島には一二のスルタン領があり、他の島もそれぞれ別なスルタンが統治していた。フランスは一八四一年にマヨット島をスルタンから購入した後、一八八七年までに他の島のスルタンと保護領化の条約を結び、一九〇四年には正式にコモロ諸島全土を仏植民地とした。その後、一九〇八年からはフランス植民地「マダガスカル及び属領」に併合される。マヨット島に植民地総督が置かれ、香料を生産する植民地会社が開発を行った。

コモロは一九七五年に独立を宣言し、国連やアフリカ統一機構など国際機関は、コモロ諸島の四島全島での独立を承認した。しかし、フランスは住民投票において独立反対票が多かったことを根拠にマヨット島の領有権を主張し、実質的な領土支配を続けた。一九七六年にフランスはマヨット島を「領土的共同体」、二〇〇一年からは「海外準県」とし、二〇一一年にはフランス本土と同じ法律が適用される一〇一番目の「海外県」とした。コモロ連合国はマヨット島の領有を主張しているが、フランスとの協議は進んでいない。

コモロ語を話し、ムスリムであり、同様の文化を共有するコモロ人が住む島でありながら、マヨット島はフランスとなった。独立したコモロ国家は、度重なるクーデタによる政権交代や、政治汚職により政治が安定せず、資源もなく、主要な香料の輸出産業も衰退したことで経済的に危機的な状況が続いてきた。それに対し、フランスによるマヨット島の開発は急速なものではなかったが、コモロ社会に比べればその発展には格段の差があり、コモロ人にとっては豊かな世界への入り口となった。

このような格差から、コモロからマヨット島に仕事を求めて渡る人が次第に増加してきた。フランスは一九七六年から一九八一年までコモロからマヨット島への渡航にヴィザの発行を課していたが、その後社会主義政権によって廃止され、自由な渡航が許されていた。しかし、コモロ人渡航者の急激な増加と、マヨット島を中継地としたフランス本土へ

表1　年別マヨット島からの退去強制者数

（人）

2001年	2002年	2003年	2004年	2005年	2006年	2007年	2008年	2009年	2010年	2011年
3,733	3,998	6,241	8,536	7,714	16,246	16,174	16,040	19,972	26,405	24,278

の不法入国に対する対策として、一九九五年には再びヴィザを課すようになった。当時の首相バラドゥールの名前をつけて「バラドゥールのヴィザ」（Visa Balladur）と呼ばれる滞在許可証の義務化により、コモロ人が自由にマヨット島に行くことはきわめて困難となり、以後、密航による不法入国が急増した。その数は二〇〇〇年代前半にかけ、マヨット島の社会構造を変えるほどに著しく増加した。

　密航者の半数以上は、人口が多く、貧困がきびしいアンジュアン島民であるが、他の島からの密航者も多い。アンジュアン島とマヨット島は七〇キロメートルしか離れておらず、密航者のほとんどはザイナバと同様に、アンジュアン島の密航請負業者に一〇〇～三〇〇ユーロ（二〇〇八年の相場）ほどの金を払い、クワサクワサで海を渡る。

　マヨット島の人口は二一万七〇九一人（二〇一二年）だが、そのうち三〇～四〇％近く、六万～八万人が密航してきた不法移民者であり、移民を起源とする島民が六〇％に達していると推計されている[12]。また、不法移民が増加する一方で、それに押し出されるかのようにフランス国籍をもつマヨット島民が教育や仕事を求めてインド洋の仏領レユニオン島やフランス本土へと出ていくという現象も起きており、不法移民の割合が増加する原因の一つになっている[13]。

　一九九五年以降、フランスはマヨット島への密入国者の上陸を阻止するために、水際での取締りを強化してきた。国境警備隊や海上憲兵隊による不法入国の取締りが強化される二〇〇六年以降いっそう厳しくなってきた。密航船の取締りに関しては、二〇〇二年にはわずか七艘の拿捕《だほ》数であったが、二〇〇五年には五三艘に増え、二〇〇九年には二九〇艘が拿捕され、三五八人の密航業者と、六七二一人の密航者が逮捕されている。

　上陸に成功した密航者の数は不明だが、マヨット島の入国管理局によるコモロへの国外退去者の数は、二〇〇一年には三七三三人、二〇〇四年には倍以上の八五九一人、二〇一〇年には二万六四〇五人（そのうち六四〇〇人が未成年者）と急激に増加してきた（表1参照）[14]。溢れるほどの人を乗せた小さなボートはたびたび事故を起こし、多くの犠牲者を出している。一九九五年以降、死亡した密航者の数は七〇〇〇人から一〇〇〇〇人に上るとも推計されており、コモロ社会では「バラドゥールのヴィザによるジェノサイド」と批判されている。

境界を生きる移民

マヨット島への移住の目的は、アンケートによれば経済的理由が四九・四%と半数を占め、家族結合が二六・四%、その他に子供の養育、治療、教育、政治的亡命などの理由である（Florence et al. 2008）。密航者の性別や年齢についての統計は不明だが、密航者の三分の二が女性であるとする推計もあり、実際、国外退去強制者の半数が女性である。また四分の一は未成年者と推計されている。元密航者に聞くと、若い男性も多いが、ザイナバのように単身で海を渡る若い女性や、生後間もない子供を連れた女性や、妊娠中で大きなお腹をした女性も多くいるという。

多くの密航者がマヨット島に住んでいるため、住居や仕事の見つけ方や、不法滞在者の取締りを逃れる方法などについての情報がやり取りされている。ザイナバが密航した一九九五年にも、すでに同じ島や同じ村の出身者同士のネットワークが存在しており、そこで不法滞在者が生きていくためのさまざまな情報を得ることができたという。

二〇〇〇年代半ばになると不法滞在者の取締りが厳しくなり、密航者の労働市場も限られてきたというが、ザイナバが密航した頃には、まだ密航者が雇用される機会は多くあった。密航者の多くはマヨット島に定住するのではなく、お金を稼いだら故郷に帰ることを考えている。マヨット島には不法滞在者を期間労働者として雇用するケースが多くあり、少なくとも一万〜一万五千人が働いていると推計されている。仕事には、農業、漁業、建設業、タクシーの運転手などあらゆる職種があり、ある調査によれば、農業従事者が九五〇〇人、建設業が五〇〇人、家の使用人が四五〇〇人と推計されている（Florence et al. 2008）。

女性たちの主な仕事は家政婦や子守りなどの家事労働であることが多く、その賃金は非常に低い。パレーニャス（二〇〇七）が指摘しているように、「移民の女性化」により増大した移民女性は、ホームの家父長的制度や家族内での責任や労働から解放されるわけではない。むしろ、移民であり、女性であるという二重の属性によって、より不安定な状況で家事労働職を担うことを強いられる存在である場合が多いといえるだろう。マヨット島社会において、故郷における母系的制度による親族のつながりや保障をもたない移民女性の立場は非常に弱いといえる。

不法入国者に対するマヨット島民の態度は複雑である。増え続ける不法移民の脅威に対する反発から、その排除を要請する声も強いが、多くのマヨット島民はコモロに親族をもっており、不法移民にはその親族を頼って来る者もいる。また、安い給料で雇用することのできる不法移民の労働力の需要も大きい。不法移民の労働条件は悪く、主に危険で汚い仕事を任されることが多いうえ、社会保障はなく、給料はマヨット島民の平均給与が月額六四七ユーロであるのに対し、月額一〇〇〜一五〇ユーロ、よくても二五〇ユーロと非常に安い（Brunod and Sourisseau 2007）。しかし、それでも仕事のまったくないコモロに比べればましであり、一人当たりの名目GDPが六五八・六五米ドル（二〇〇六年度）のコモロ社会に帰ればその額も大金である（Quentin 2006）。

運よく仕事を見つけることができたザイナバは、自ら働いてお金を稼ぐようになった。それは、家に縛られる故郷の女性にはかなわなかったことである。コモロから、村から、家族から離れて異郷の地へと移動することを選択し、ひとり（シングル）になったザイナバは、二つの社会、二つの文化の境界を越えることで境界的な存在となり、それゆえに新たな関係を創造する可能性をもつようになる。移民であることは、故郷の文化的規範や社会的関係から離脱する、あるいは距離を置くことを可能にするとともに、また移動先においても、よそ者として地元の社会的規制を逃れうる存在となりうる。そういう意味で、移民はどちらの社会的規制からも解放される可能性に開かれているといえよう。

マヨット島に渡る女性のなかには、自分の夫や子供を捨てて、一切の関係を断って密航する女性もいる。ザイナバは子供たちとの関係を継続したが、可能性としては、故郷との関係を断って、マヨット島において彼女ひとりで新たな人生を歩むこともできたはずである。子供たちに送金するお金を自分の人生のためだけに使うこともできたはずである。移動するということはひとりで生きていくという、少なくともそういう可能性をもつということだ。

しかし、ザイナバがそうであったように、多くの移民は故郷とのつながりを維持し、故郷の文化的規範や社会的関係をひきずりながら、移動先の新たな社会空間において新たな関係を築き、その社会の社会的規制を受けて生きるという、二重の社会を生きるという意味で境界的存在であるというほうが適当であろう。二つの社会の間にあり、どちらの規制からもある程度の距離をもちながら、あるいはその間を揺れ動きながら、その新たな社会空間の中に自らの居場所を作りだしていくこと、それが移民という境界的存在の生き方の特徴だといえるだろう。

4 紙をめぐる駆け引き

ザイナバが家政婦として雇われた家の男性は一人暮らしで、すでに八〇歳を過ぎ年金で生活していたが、かつてマヨット島の議員を務めていた比較的裕福な人物であった。働き始めてから数か月が過ぎた頃、男性はザイナバに結婚を申し込み、ザイナバはそれを受け入れた。ザイナバによれば、暮らしていくためには「他に選択はなかった」のだ。結婚は事実上のものであり、役所への届け出をすることも、イスラーム式の結婚式をすることもしなかった。そのためザイナバは滞在許可書をもたない不法滞在者のままであった。彼女は男性の家に住むようになり、男性に頼んで、故郷の家族へ少しは仕送りをすることができるようになった。

男性が高齢なため子供はできないと思っていたが、ザイナバは妊娠し、一九九七年にムツァムドゥの産院で娘が産まれた。子供を産んだことは、ザイナバにとって大きな意味をもっていた。フランス国籍の夫との間に生まれた娘は、少なくとも五年間フランスに居住すれば、フランス国籍を取得できる可能性をもっている。また、子供の母親という身分により、ザイナバの滞在許可証を正式に取得することも可能になる。

しかし、夫は娘の出生届は出したものの、ザイナバとの婚姻届は出そうとせず、また滞在許可申請のために必要な書類をザイナバに渡そうとしなかった。夫は、もし書類を渡せばザイナバが彼の許を離れて行ってしまうのではないかと恐れたのだという。そのことが原因で喧嘩となり、ザイナバは娘を連れて家を出た。その後元夫を説得して必要な書類をそろえてマヨット島で一〇年の滞在許可証を取得するまで二年かかった。

離婚した後、運よくザイナバは看護師の白人女性の家で家政婦として働くようになり、月に二〇〇~三〇〇ユーロほどの給与をもらうことができるようになった。少しはお金を貯めることができるようになったことで、やがて、彼女はさらなる移動について考えるようになり、そのための準備を始めた。彼女は、マヨット島を移動の最終地点とは考えていなかった。多くのコモロ人密航者と同様に、マヨット島はフランスへの入り口であり、フランス本土へと移動するためのステップであると考えていた。そうした考えはマヨット島に密航してきた時には漠然としたものであったが、結婚し、子供が生まれ、密航女性にとっての理想的なライフコースのモデルに近づくことで、現実的に可能な選択へと変化した。そして、フランス本土への移動は、故郷に残してきた子供たちとの暮らしを再び手に入れるという願いを実現するための手段でもあった。

まず、彼女は貯めたお金でマヨット島の男性から身分証明書を購入し、航空券を買うお金とともに故郷の長男に送り、長男は二〇〇〇年にフランスに渡った。そして、二〇〇三年、ザイナバもまた娘とともにフランス本土に渡る。フランスで立派な大人になった長男と再会したのは実に八年ぶりであった[15]。

不法移民の結婚と出産

マヨット島に密航し不法滞在者としての不安定な状況に置かれる女性は、より安定した身分と生活を獲得するために、さまざまな方法で「カラタシ」（*karatasi*）の取得を目指す。カラタシとは本来「紙」を意味する言葉だが、滞在許可証や国籍、パスポートなどさまざまな身分証明となる「書類」を示す言葉として使われている。不法移民にとってカラタシを獲得することは移住の一段階における「成功」であり、いずれはマヨット島で捕まり強制送還される立場から、フランス本土へとさらに移動し、新たな生活を築く可能性を開くドアである。出稼ぎ目的でマヨット島に来る移民に対し、女性、特に若い女性や妊婦がマヨット島に渡るのは、結婚や出産を通じてフランスに留まるという選択の可能性があるからであり、彼女たちはマヨット島を足掛かりにして、さらにレユニオン島やフランス本土へと移動することを考えている。そして、そのために女性たちは子供を産むという自らの身体能力を有効に活用する。ザイナバもその身体によって新たな身分の獲得に成功した一人である。

不法移民の単身女性にとって、男性との関係は重要な意味をもっている。最も理想的なのは、フランス国籍をもつマヨット島民の男性と正式に結婚することである。正式に市役所に婚姻届を出せば、フランス人の配偶者として滞在許可証を得ることもできるし、フランス国籍を取得することも可能となる。そのため、不法移民の女性は「愛情」（*mahaba*）よりも「金」（*mapesa*）と「カラタシ」のために非常に高齢の男性とも結婚することが多い。

実際に、密航した女性とマヨット島の男性が結婚するケースは非常に多い。しかし、結婚しても正式に役所に婚姻届が出されることはほとんどなく、事実婚のままか、イスラーム式の結婚で済まされるケースが多い。ザイナバによれば、マヨット島の男性は、不法移民の女性が滞在許可や子供の国籍を取得すると去ってしまうと考えているので、婚姻届を出すことは滅多にないし、子供の出生届を出さないこともあるという。

マヨット島の男性と結婚することができない不法移民の女性の場合は、不法移民の男性と結婚することも、カラタシを得るための選択の一つである。この場合でも、もし子供が生まれた場合には、その子供は生地権によりフランス国籍を取得することができ、また子供の母親として滞在許可証を取得する可能性がある。不法移民女性が結婚できずに、仕事を見つけることもできない場合には、より不安定な立場の「愛人」として生活費をもらうか、「売春婦」として生活することになるが、そこにも妊娠というチャンスはある。

密航する女性にとって、男性との関係と同様に、子供を「産む」ことは大きな意味をもつ。マヨット島で子供を産むということは、その子供がフランス国籍を取得する可能性をもち、母親もまた滞在許可証を取得し、いずれはフランスに帰化する可能性をもつことを意味する。そのため、ザイナバのようにマヨット島に来てから結婚し、妊娠する女性だけでなく、子供の将来を考える妊婦たちが、マヨット島で子供を産むために大きなお腹を抱えて危険なクワサクワサに乗って海を渡ってくる。

フランスの国籍法は、血統主義と出生地主義を組み合わせており、フランス人の子供でなく、フランスの国内で外国人の両親から生まれた子供も出生届を出し、一一歳になるまでに五年以上フランスに居住し、一八歳になって手続きをすれば国籍を取得することができる。

実は、一九九四年に初めてフランス国籍に関する法律が導入されるまで、コモロの植民地時代から一九九三年までマヨット島には「生地権」(le droit du sol) によるフランス国籍を認める法律はなかった。そのため、一九九五年に渡航ヴィザが必要になって以来、多くの女性がマヨット島で子供を産むこと目的にして密航するようになったのである。二〇〇五年以降、国籍取得のための密航者の増加に対し、フランスでは「生地権」の見直しについての議論も出ている。

二〇〇六年の報告によれば、マヨット島の産院での出生数は一〇年の間に五〇%増加しており、急激な人口増加をも

表2　マヨット島の産院における年別出生数

（人）

1958年	1991年	1997年	1999年	2000年	2001年	2002年	2003年	2004年	2005年	2006年	2007年	2008年
1300	3849	5326	6206	6579	6678	7128	7197	7452	7489	7486	7660	8250

典拠：INSEE 2008

たらしている（Quentin 2006）。出産が集中する首都マムズゥの産院では、二〇〇八年には年間で約八〇〇〇件以上の出産があり、これはフランスの病院で最も多い件数である（表2参照）。

出生数の八〇％は密航者の女性による出産であり、そのほとんどがコモロ人女性である。マヨット島では出産の費用はいらないため、お金をもっていない不法移民の女性でも病院で子供を産むことができるのだ。二〇〇五年から過去一五年間の「生地権」の機械的な結果として、出産届の登録により約五万人が「帰化」（naturalisation）の対象となった。産婦の年齢は、フランス本土で二九・四歳に対し二六・二歳と若い。二〇〇二年にマヨット島で出産した女性のうち四四％が二五歳以下である。マヨット島で子供を産んだコモロ人女性の一五％がコモロに戻るが、多くの母親は子供とともにフランスでの生活を続ける（Torre 2008）。

両親ともに外国人の子供でも、母親がマヨット島で産んだ場合には、条件を満たせば子供はフランス国籍を取得できる可能性がある。しかし、より確実に、そしてすぐに子供のフランス国籍を取得できる方法は、フランス国籍をもつマヨット島の男性に父子関係を認知させることである。しかし、子供ができると女性との関係を断つ男性や、ザイナバの場合のように、カラタシを手にした母親と子供が家出することを恐れて、父子関係の認知を拒む男性が多いという。結局、ザイナバはそれが原因で離婚したが、高齢の夫が娘を愛していたため、最後には父子関係を証明するのに必要な書類一式をザイナバに送ってきたことで、娘はフランス国籍を取得する資格を得ることができた。

父子関係（母親がマヨット島民の女性であるケースはほとんどない）によってフランス国籍を取得する方法は、例え父親がフランス人でなくとも、あるいは売春によって妊娠した場合のように父親が誰であるか分からない場合であっても、父子関係を偽装することによって子供のフランス国籍を即座に取得する裏の方法を可能とすることになる。マヨット島では、二〇〇一年から二〇〇五年に父子関係の認知件数が六倍になり、八八二件から五四二三件に急増した（REM 2012）。そして、この増加には偽装された父子関係が多く含まれているとマヨット島行政府は推定している。

父子関係の偽装は、コモロ人の母親が相当な額のお金を払って父親を「買う」ことで行われる。また、子供を産むことができなかった女性が妊婦から子供を「買う」というケースや、不法移民の男性が妊婦から子供を「買う」ことで、マヨット島で生まれた子供の父親という身分を獲得するというケースもある。その相場は不明だが、偽の父親に対し4000ユーロを支払ったという女性もいる。偽装の父子関係（paternité de complaisance）を防止するため、二〇〇六年一月施行の法律により、マヨット島は例外的に、フランス人の父親による不法滞在者の母親の子供に対する父子関係の申請に条件を付けて制限するようになった。

シングルという身体資本

故郷S村におけるザイナバの最初の結婚は、父親によって決められた強制的結婚であった。まだ12歳だった彼女は、ただ父親の命令に従い結婚した。だが、最初の夫も、恋人であった男も、そして二人目の夫も、子供だけを残して去っていった。子供の多いシングル・マザーがコモロ社会で生活するのは厳しい。適齢期をすぎて長く未婚の女性や、離婚した女性やシングル・マザー、まだ若い未亡人などは「売春婦」と陰口を叩かれる。結局は男に頼って生きるしかないが、男はふらふらと家を出てゆく……「父親は何の意味もない！（*Ba mafitsi!*）」。

ザイナバはそうした状況から脱け出し、ひとりで新たな土地へと旅立った。マヨット島において彼女はシングルの女性、しかも不法移民という地位に置かれるが、それは社会的に弱い、不安定な立場であり、安い賃金で働かされ、男性に利用される危険性にさらされている。

ザイナバのように、たとえ故郷の家族との関係を断つことがなくとも、単独で海を渡る移民女性はシングルとみなされる。マヨット島に密航する人々の半数近くは女性であり、その多くは未婚であるが、マヨット島の男性にとって密航してくる若い未婚女性たちはお金でどうにかなる「都合のよい女性」とみなされており、しばしば性的なイメージが強調されて語られる。よそ者であるため地元のしがらみもなく、愛人としても批判を浴びにくい。実際、移民女性の家政婦と雇用主の男性との性的関係や暴力についてもよく噂を聞く。また、仕事に就くことのできない若い女性は売春をするか、特定のマヨット島民の愛人となることで暮らしていることも多いことは確かであり、当初からそれを目的としてマヨット島に渡る女性たちもいる。
しかし、そうした状況はある意味移民女性にとっても都合のよい状況であるといえる。マヨット島の男性と関係をもつことは、不法移民女性にとっても大きな価値をもっている。コモロ社会におけるシングル女性の立場とは異なり、マヨット島でシングル女性であることは、結婚し、子供を産むことによってカラタシを取得し、新たな地位を獲得する可能性に開かれている。たとえ愛人の立場であっても、子供さえ産めばフランスで生き残る未来が見えてくるのだ。

「男をみつけること、セックスして子供を産むこと、それはチャンスなの（*Nde bahati!*）」とある移民女性が言ったように、マヨット島においてシングル女性であり、男性と関係をもつということは、彼女たちの新たな移動と成功へのステップとなりうるのである。

マヨット島において移民女性がシングルであること、そしてその身体によるセックスや結婚や出産といった行為は、コモロ社会とは異なる意味をもつようになる。シングルの意味が変化するのだ。シングルであることの可能性として、結婚し出産することは移民女性とその子供の未来をひらくための一つの成功の鍵となり、マヨット島からフランス本土へとさらに移動するためのチケットとなる。そのために、シングルの移民女性は、自らの身体を賭して危険な海を渡り、子供を産むという身体資本の可能性を活用することで運命を切り拓こうとするのである。

5　シングルの選択

本稿では、ザイナバというひとりの女性のライフヒストリーから、コモロからマヨット島へと二つの社会の間を移動するシングルの移民女性が人生を切り拓く生活戦略について検討してきた。男性優位で、女性を家に閉じ込める伝統的価値観をもつ社会では、独身の女性やシングル・マザーが生きるのは困難である。ザイナバはひとり故郷から離れ、異なる社会へと参入することで家族の生活を守ることを選択した。故郷とのつながりを保ちつつも離れた存在であり、移動先の社会においてはよそ者として生きる移民は境界的存在となる。マヨット島の文脈において、シングルの不法移民女性は身体資本としての新たな価値を帯びた存在となり、男性との恋愛、結婚、そして出産は、新しい身分を獲得する手段にもなる。ザイナバは移動するシングルとしての可能性に賭け、そして自らの人生を切り拓いたのだ。

だが、こうした語り口、つまり移民女性が自らの身体を利用してカラタシを手に入れるといった語り口は、あまりにも移民女性を功利的で、戦略的な主体として描いてしまうことになってしまうだろう。マヨット島に密航するシングル女性たちのふるまいを、一般化し、説明する語り口は、彼女たち一人ひとりの生き方からは大きくずれてしまう。男と女が出会い、恋をしたり、セックスをしたりして、恋人になったり、愛人になったり、結婚したり、子供を産んだりする……そこには、偶然や運命があり、一般化された語り口には還元できない、個々の人生の物語があるはずである。そして、そうした物語は、ザイナバが自らのライフヒストリーを「ほかに選択がなかった」と語るように、単に功利的な戦略や自立的主体の選択としては語りえないものである。

ザイナバは「自分は運がよかった（*tsikana bahati*）」という。何の当てもなくマヨット島に渡った彼女は、結婚し、子供を産むことによって、コモロに送還されることなくフランス社会で生きるための身分を手に入れた。彼女がマヨット島にいた時期もまだ恵まれていたといえる。マヨット島では、二〇〇五年頃から密入国や不法滞在に対する取り締まりが強化され、滞在許可証やフランス国籍の取得は一層困難になってきた。また、移民が増えすぎたことにより、移民の働く場所は少なくなり、賃金など労働条件は悪化したとされる。マヨット島民による不法移民に対する非難も高まり、不法滞在者の家が焼打ちにあう事件も頻発するようになっている。マヨット島をめぐる移動の状況も大きく変化して行くことになるだろう。だから、今後マヨット島に密航する女性たちは、ザイナバのようにうまく結婚と出産というライフコースに乗ることはより困難になるだろう。

ザイナバもマヨット島に渡った時には、自分がこれからどうなるかまったく分からなかったという。高齢の男性と出会い、結婚したことも。子供にめぐまれて、それによってカラタシを取得し、フランス本土に渡ることができ、息子に再会できたのも、彼女が置かれた状況の中で、彼女が自らの選ぶべき道を主体的に選択した結果ではあるが、彼女自身が言うように、そうした選択は「ほかに選択がなかった」からであるし、「選択の結果がよかったかどうかは分からない」のである。

「シングル」であることや「移動」することは主体的選択なのか、それとも受動的運命なのか。それは、ザイナバが彼女自身のライフヒストリーをどのような物語として語るのかによって変わってくるし、私という書き手による彼女の物語の翻訳や解釈によって変わってくるだろう。

いずれにしても、ある世界の内にとどまり、その規範の中で生きる凡庸な人生の物語に対し、異なる世界へとひとりで移動し、自らの選択によって人生を切り拓いてきたザイナバの人生は、人を惹きつける物語性《ストーリー》をもっている。それは、われわれの生の本来的な偶然性と、そこでの選択の賭博性を、シングルという生き方、そして移動する生き方の選択が人生をよりドラマティックなものとし、唯一無二な物語としているからではないだろうか。

注

（1）二〇一一年の聞き取り調査資料からの書き起こし。

（2）ザイナバへの聞き取りは基本的にコモロ語で行ったが、フランスのマルセイユ市に長年暮らしているため、彼女はしばしばフランス語を交えて話す。この表現をする時は常にフランス語であった。ここで彼女は現在形で語っているが、文脈から過去形で訳している。

（3）本稿は、二〇〇六年以降のマルセイユ市での六度の調査、一九九三年以降継続してきたコモロでの調査資料に基づく。調査は文部科学省・科学研究費補助金により実施された。

（4）コモロ社会における移民女性の増加は、伝統的な社会構造における「移動しない女性／移動する男性」、「家の女性／外の男性」というジェンダーの空間関係を変化させ、さらに「従属する女性／支配する男性」といった権力関係を変化させつつあるといえるが（cf. Blanchy 2010）、本稿では移民がもたらす社会構造の変化については扱わない。

（5）二〇一三年現在の情報。ザイナバのライフヒストリーについては、マルセイユとコモロで行った本人とその家族や同郷者からの聞き取り調査に基づいている。

（6）コモロ諸島全体の面積は二二三六平方キロメートル、総人口は七三万七二八四人（2012年）である。

（7）イスラーム法と慣習法を適合させ、女性の権利を認めた婚姻や相続などに関する家族法は二〇〇五年に制定された（Sermet 2007, 2008）。

（8）一三世紀にナワウィ（An-Nawawi 1233-1278）による法典。一九三九年にフランスによってコモロに民法が導入された時、正式にイスラーム法の基本法典とされた（Sermet 2000）。

（9）S村のワナ・ムジは maguzi/wafomanamudji/wazugwa/washonje の四階梯、ワンドゥ・ワズィマには wanaikofia/wabalajumbe/wafomamudji/wafuwalahaya/wazee の五階梯がある。村によってアンダの階梯の数や名前、地位上昇の制度には多少の違いがある。

（10）Blanchy（2010）は、アンダにおける家族間での交換を実現するためには母系親族の存在が不可欠であり、男性を家に迎え入れ、その地位と威信を高めることが母系親族集団の存続と地位のためにも必要であるという相互的補完的な関係について分析している。

（11）「クワサクワサ」（*kwassa-kwassa*）はコンゴ発祥のダンス音楽を指す言葉だが、コモロではそのリズミカルなエンジン音から小さなモーターボートのことを指す言葉として使われている。密航にはよくクワサクワサが用いられるので、密航を表す象徴としても用いられる。

（12）二〇〇三年にはすでに不法移民の数が人口の三〇％を超えたとされている。この数字には、マヨット島で生まれた密航者の子供の数が含まれておらず、それを含めるとマヨット島の人口の半数が不法移民やその子供だとする推計もある。

（13）二〇一一年までは海外準県であったマヨット島は、フランスと同等な社会保障がなかったため、フランス本土へと移住するマヨット島民も多くいた。

（14）不法移民の統計は Préfecture de Mayott（2011）、Torre（2008）、Legeard（2012）、Dumont（2005）による報告を基に作成。

（15）フランスに渡ったザイナバが、その後どのように子供たちとの縁をとり戻したかというライフヒストリーのつづきは本シリーズ第二巻所収の論文において書いている。

参照文献

伊豫谷登士翁編　二〇〇七『移動から場所を問う――現代移民研究の課題』有信堂高文社。

クリフォード、ジェイムズ　二〇〇九『ルーツ――20世紀後期の旅と翻訳』毛利嘉孝・有元健・柴山麻妃・島村奈生子・福住廉・遠藤水城訳、月曜社。

花渕馨也　二〇〇六　「密航する女性たち——コモロ諸島におけるポストコロニアルな境界と移動」『北海道医療大学人間基礎科学論集』三三号：一—一六。

パレーニャス、ラセル・サルザール　二〇〇七　「女はいつもホームにある——グローバリゼーションにおけるフィリピン女性家事労働者の国際移動」、伊豫谷登士翁編『移動から場所を問う——現代移民研究の課題』一二七—一四七頁、有信堂高文社。

Blanchy, Sophie. 2010. *Maisons des femmes, cités des hommes, Filiation, âge et pouvoir à Ngazidja (Comores).* Nanterre: Société D'éthnologie.

Burnod, Perrine et Sourisseau, Jean-Michel. 2007. “Changement institutionnel et immigration clandestine à Mayotte: Quelles conséquences sur les relations de travail dans le secteur agricole?.” *Autrepart* 43: 165–176.

Dumont, Gérard-François. 2005. “Mayotte,une exception géopolitique mondiale.” *Outre-Terre* 11: 515–527.

Florence, Sophie, Jacques Lebas, Sophie Lesieur and Pierre Chauvin. 2008. Santé et migration à Mayotte. *Rapport final à l'agence française de développement.* Paris: Institut national de la santé et de la recherche médicale (ISERM).

GISTI (Groupe d'information et de soutien des immigrés). 2008. “Notes sur l'accès à la nationalité française à Mayotte.” <http://www.gisti.org/spip.php?article1057> Accessed July 7, 2013.

Le Guennec-Coppens, Françoise. 1987. “Le manyahuli grand-comorien: un système de transmission des biens peu orthodoxe en pays musulman.” In *Hériter en pays musulman, Habus, Lait vivant, Manyahuli,* dir., Marceau Gast. Paris: Editions du Centre national de la recherche scientifique.

Legeard, Luc. 2012. “L'immigration clandestine à Mayotte.” *Outre-Terre* 33–34: 635–649.

Mas, Jean. 1979. “La loi des femmes et la loi de dieu (à propos d'une coutume Grand-Comorienne).” *Annuaire des pays de l'Océan Indien* 6: 103–126.

MOM (Migrants Outre-Mer). 2008. “Contre-rapport sur la réalité de ce que dissimule le terme d'immigration clandestine' à Mayotte.” <http://www.gisti.org/spip.php?article1199> Accessed July 7, 2013.

Préfecture de Mayotte. 2011. *Le rapport d'activité 2011.*

Quentin, Didier. 2006. Rapport d'information: sur la situation de l'immigration à Mayotte. *L'Assemblée nationale* No. 2932.

REM (Le Réseau Européen des Migrations). 2012. "Mauvais usage du regroupement familial dans les États membres: mariages de complaisance et fausses déclarations de paternité." *PREMIERE ETUDE CIBLEE 2012*. Paris.

Sermet, Laurent. 2008. "Droits de la femme et pluralisme aux Comores." *Revue Aspects* 1: 87-97.

——— 2007. "Un code de la famille pour les Comores." *Ya mkobe* 14-15: 87-100.

Torre, Henri. 2008. Rapport d'information: au nom de la commission des finances, du contrôle budgétaire et des comptes économiques de la Nation (1) sur l'immigration clandestine à Mayotte. *SÉNAT (Session extraordinaire de 2007-2008)* 461.

ケニア新憲法とキプシギスのシングルマザーの現在

小馬　徹

ケニアでは、一九六三年一二月末の独立以来二〇〇二年末まで、ケニア・アフリカ人民族同盟（KANU）の初代ジョモ・ケニヤッタ（ギクユ人）と第二代ダニエル・アラップ・モイ（カレンジン人）、二人の大統領による独裁的な長期政権が続いた。彼らに超法規的な強権の行使を許してきたのは、皮肉にも、植民地的な性格を色濃く温存した独立当時以来の憲法だった。

それゆえ、二〇〇二年末にKANU政権がついに打倒されると、新憲法制定が焦眉の国民的課題となった。だが、二〇〇五年一一月末、キバキNARC（虹の連立国民連合）政権が実施した国民投票では、利害の対立するいくつかの政治課題をめぐって国論が民族系列に沿って二分された結果、新憲法草案は否決の憂き目を見た。次いで、内戦に近かった「二〇〇七年総選挙後暴動」後の危機を乗り越えるべく大連立内閣を組んだ第二次キバキ政権の下、二〇一〇年八月初めにあらためて実施された国民投票では、新憲法草案に約六七％の信任票が投じられた。こうしてようやく日の目を見た新憲法では、国家社会刷新の重要な支柱の一つとして、男女平等の相続権が明確に保障されている。

ではこの新憲法は、今やその存在がキプシギス民族には大変な重荷となっている、数多い未婚の母たちの境遇を具体的にどう変えることになるのだろうか。本章は、新憲法制定前後の現地の状況を基にして、この問題を考察する。

1　問題の歴史的な背景

一九世紀末、英国に植民地支配される以前、キプシギス民族は、数多くの小さな父系外婚氏族間の通婚による政治的な同盟を忠誠の核として民族的に団結する、非中央集権的（無頭的）で半定住的な牛牧の民だった。中央集権的な英国植民地政府の統治を受けて以来一世紀余を経た今日、氏族連合としての民族の属性は薄れたものの、父系的な氏族・家族観や宗教観（祖霊観）とそれと密接不離の慣習法は、民族社会の存立基盤として生き残っている。

その反面、全女性を残らず結婚させて彼らに生存と財産を保障するという、一夫多妻の複婚を構造原理とする婚姻制度は、一九八〇年代頃から未婚の母の数の急増が顕著な社会現象となるに従って動揺し始め[1]、今や男たちはその崩壊の強い危惧を隠そうとしない。

キプシギスの慣習法は、父系的に財産を相続すべき兄弟がないがゆえに、あるいは結婚前に死亡した兄弟の身代わりとして、実家に居残って家系を継ぐべく未婚のまま子供を産み育てる場合を除けば、父親の財産の相続権を娘には一切認めてこなかった（小馬 二〇〇七）。それゆえに、「近代的な存在」である未婚の、特に子持ちの娘は、どこでも冷遇され、いわば「三界に家無し」というべき寄る辺ない状況に追いこまれることになった。彼女たちが、やむにやまれず母親を頼ってその小屋に居つけば、子供たち共々永続的な不和の種として、兄弟とその家族たちから忌み嫌われるのが常である。

しかし、特に子持ちの場合、未婚の娘がやっと生きていける程度（通例一エーカー＝〇・四ヘクタール）の土地の耕作をしぶしぶ認める、現実的な妥協策が近年次第に見られるようになっている。

2　新憲法制定への動きと問題の背景

さて、右に述べた新憲法制定の眼目は、ケニアの植民地化に続く急速な近代化（西欧化）の流れに大きく遅れをとり始めた憲法の諸規定を眼前の現実に即応させ、諸変化に伴う社会的な矛盾をできるだけ速やかに解消して、近代化に棹さすことだったといえる。そこで、地方分権制の導入や土地保有制度改革と共に、既婚、未婚を問わず娘に息子と同等の相続権を認めようとする施策の是非が、国民投票の主な争点の一つになったのである。

とはいえ、英米法的な国家法の他に各民族集団が固有の父系的な慣習法をもつケニアの二重法制の下では、事は単純ではない。筆者の長年のフィールド、ボメット州（Bomet County）住民のほとんどを占めるキプシギスの人びとのあいだでも、新憲法制定を念頭に置いて、男女平等の相続権の是非をめぐる様々な声が聞かれた。しかし、総じていえば、父親からの相続権を、既婚ならもちろん、未婚の娘にも平等に与えることには、男性は老若を問わず反対であり、女性たちのあいだにも賛成する者はまずなかった。

写真１　ケニア、ボメット州 Nd マーケットで毎週金曜日に開かれる青空市

第一に、ボメット州は大都会から遠く隔たり、生計を大きく農牧業に依存する保守的な地域である。しかも、植民地化以来持続している激しい人口爆発と共に土地の細分化が急速に進んで[2]、未婚の娘はおろか、息子たちにすら割き与えてやれる土地もない貧しい家も決して少なくない。

さらに、いっそう重大な問題の淵源は社会の構造原理にある。今や牛に代わる最重要の資産となっている土地を未婚の娘にも温情的に相続させれば、未婚の母の増加を助長し、氏族や家族同士を連帯させて民族としての政治的団結を導く婚姻制度の存続が脅かされ、民族としての凝集性がはなはだしく脆弱になろう。キプシギスでは、娘は結婚と同時に夫の氏族（ならびに年齢組）へと自動的に編入される。それゆえ、従来、未婚の母の存在も、またその相続権もいわば想定外だった。既婚の娘が実家から相続するなどは、さらに論外とされてきた。

ところが、先に述べたように二〇一〇年八月制定の新憲法は、未婚・既婚を問わず、すべての娘に息子と同等の相続権を認めた。キプシギスの慣習法は、ここに国家法による全面的な挑戦を受けることになったのである。

ただし、実は二〇一〇年新憲法制定以前も、法律上、ある意味では娘にも息子と同等な相続権が認められていたことを看過してはならない。二〇一〇年新憲法があえてその権利を再度前面に押し立ててその保障を高らかに謳った事実は、この課題に関する西欧的・民主的な国家法上の理念と、ケニア各民族の慣習法の日々の暮らしにおける実勢の間の乖離の容易ならざる大きさを、はからずも物語っていよう。(3) 次節では、本論に入るのに先立って、この事情をあらかじめ概観しておきたい。

3　二〇一〇年新憲法制定以前の娘の相続権

次にその全体を要約して紹介するピーター・ムワウラの評論（Mwaura 2007）は、新憲法公布直前の娘の相続権のあり方の実態を俯瞰するうえで便利な資料である。まず、その骨子を忠実に辿ってみよう。(4)

相続権法条例（Law of Succession Act）が一九八一年に成文法として発効し、遺書か遺言が存在しない限りは、性別と未婚・既婚を問わず、すべての子供に平等な相続権を認めた。だとすれば、その後もケニアのほとんどの民族集団の慣習法ばかりか、国家法による法廷裁判までもが息子と同等の相続権を娘に認めたがらない事実は、実に驚くべきことだ。二〇〇七年七月三〇日、ニエリ法廷は、二人の既婚の娘が夫から相続すべきだとし、父親からの相続を認めなかった。相続権法条例が慣習法を無効化すると見るべきであるにもかかわらず、キクユ（＝ギクユ）民族の慣習法を適用したようだ（**判例A**）。その場合、息子だけが父系的に父親から平等に遺産相続ができ、娘には未婚のまま家に残された場合に限って同じ権利が認められる。不幸にも、大概の人びとは「相続権法条例」を無視するか、その存在さえも知らないのだ。だが、国家法を司る法廷ではむろんそんな言い訳は利かない。

さらに、相続権法条例発効以前でも、明らかに不公正な場合、判事は裁判官職権条例（Judicature Act）を適用して、慣習法の適用を阻止できた。裁判官職権条例は、慣習法を法階梯の最底辺に置いて、「正義と道徳に反しない」限りで適用できると規定している。例えば、次の訴訟（**判例B**）ではジョージ・カリウキ判事（ギクユ人）がこの根拠に則って、ルイア民族の慣習法の適用を退けている。

この事例では、シモレラ・マデグワの農場を相続できる者は娘であるゼムベタ・アカラと彼女の甥ゴドウィン・アシモレラの二人だったが、ルイア慣習法が既婚女性であるゼムベタに遺産相続権を認め得るか否かが争点だった。マデグワは、相続権法条例発効六年前の一九七七年一一月二八日に遺書も遺言も残さずに死んだ。だから、ゼムベタが一七年後の一九四年に法廷に訴え出たにもかかわらず、ルイア慣習法を適用できた。ところがカリウキ判事は、既婚の息子に相続権を認めても既婚の娘には認めないルイア慣習法が正義に反して差別的であるがゆえに、ケニアの現代社会に占めるべき位置はないと宣言して、ゼムベタの相続を認めた。

しかし、「慣習法は疑問を抱く者も稀なほど深く我々の魂に染みついていて」、それを排撃する「ゼムベタ型の判例が普通ではない」という事実を次の諸判例が示している。

一九八七年六月六日（相続権法条例発効の約六年後）、父親の逝去後、アナスタスィア・ンジェリ（ギクユ人）は、平等な五・五五三エーカーならぬ三・七六エーカー（つまりその三分の二）の土地を兄弟たちから与えられ、法廷に訴え出た。二〇〇一年五月二一日の判決文で、ジョン・オスィエモ判事（ルオ人、またはルイア人）は、兄弟たちの肩をもって、次のように言う。「私は、既婚女性である原告が亡父の農地からきちんと分け前を得たことに満足し、確定した地割りに介入すべき理由を見出せない」（**判例C**）。

二〇〇四年、フィリップ・ランズレイ判事（英連邦出身の白人）もまたギクユ民族の慣習法に則って、モニカ・ワンブイに、彼女の兄弟、スティーブン・ンドアティと対等な相続権を認めた。判決文は、「キクユの慣行と法の下では、既婚の娘は彼女の父親の土地を他のどの息子とも対等に相続する権利を有する」と述べる（**判例D**）。だがギクユ慣習法は、既婚の娘に兄弟たちと対等な相続権を認めてはいない。実際、娘は「わずかな取り分でも、まったく取り分なしでもよしとされる」。ギチュルとガチュヒ（ともにギクユ人）の間の裁判の控訴院（＝最高裁）の判決（一九九八年一一月一三日）は、「既婚の娘は兄弟と対等の取り分を得る権利を持たない」と述べ、この事実を確証している。なお、この例では、父親は相続権法条例制定以前にすでに没していた（**判例E**）。

遺書も遺言もない場合、相続権法が慣習法に代わって普遍的な妥当性をもつとされる。しかし、今でも法廷の判決の振れははなはだしいものがあり、相続権法は伝統的な慣習法に押されて退潮気味だ。さらに相続権法条例は、司法を所管する「大臣が農地、作物、家畜の相続に関して官報で告知して特定した地域については同条例の適用を除外し得るので、効力が限定される」。くわえて、イスラーム教徒は同条例の適用を免れ、娘の二倍の遺産相続を息子に認めるイスラーム法に従うことを認められている。

さて、以上のように概観できるムワウラの評論の内容に基づけば、ケニアの二重法制の下での娘の遺産相続の現状を、ほぼ次のごとく要約できることになろう。

①ケニアのほとんどの父系民族の慣習法は、娘に相続権を認めていない。

②ただし、未婚の娘は例外で、その境遇それ自体によって、または特定の条件下で、息子と同等かそれ以下の相続権を認める民族がある。

③一九八一年に成立した相続権法条例は、父親が遺書も遺言も残さずに没した場合には、普遍的に慣習法に優越する。

④慣習法（「村の裁判」）に異を唱えて国家の下級地裁（magistrate court）に提訴した場合、慣習法は正義と道徳に反しない限りで適用可能である。

⑤しかし、「正義と道徳に反しない」とは見なせない不公正な場合には、相続権法条例制定以前でも、裁判官職権条例に基づいて、慣習法ではなく国家法を適用することができた。

⑥それにもかかわらず、慣習法は自明化されてケニア人一般の心に深く染み込んでいる。法曹の場合も決して例外ではなく、娘に不利な判決を下すことが圧倒的に多い。

⑦慣習法が娘にも息子と同等の相続権を与えていると見る英連邦出身の白人判事による判例もあるが、その判断は事実に反しており、控訴院が明確にそれとは逆の判断を示した。

⑧法廷による判決は、無定見であるがゆえに信頼性を欠く。実際、慣習法が優勢となる趨勢が見られ、それが相続権法条例を無力化させ続けてきた。

⑨くわえて、相続権法条例には司法上の適用除外地域の規定があって、同法の普遍的な適用力を弱めて慣習法に道を譲っており、自らの無力化を助長している。

4 「ケニアの類なき埋葬物語」と慣習法の再強化

ここで、本論の円滑な展開のために、あえていくつか注釈を付けておきたい。

同じ旧英国領の隣国、タンザニアとウガンダが独立直後に慣習法の定義を明文化したのに反して、ケニアはそうしてこなかった。そこで、実務上の必要から、ロンドン大学のアフリカ法研究者たちがケニア各民族の婚姻と離婚、ならびに相続に関する慣習法を調査し、その成果を集成した二巻本（Cotran 1967; Cotran 1969）を独立後数年のうちに刊行した。

ただし、それは慣習法典として意図されたものではなかったのだが、他民族出身の判事の頼るべき体系的基盤が不在だったがゆえに、慣習法典の役割を実質上担ってきた。だが、こうしたケニアの未整備な法環境は、下級地裁の慣習法に依拠する判決の大きな振れに帰結した。その一面が極端な形で現れたのが**判例D**である——上記⑥〜⑧参照。

次に、④と⑤の「正義と道徳に反しない」云々の論議は、旧宗主国英国の法体系に各民族の慣習法を接ぎ木した複雑なケニアの法環境[5]ですべての裁判所（控訴院、高裁、地裁）が準拠すべき法律と、複数の法律が相互に抵触し合った場合の優先順位を規定した、裁判審理法第三条第一項に拠っている。この法律は、ウガンダとケニアが（それぞれ一八九四年と一八九五年に）英国保護領となって間もない一八九七年に発効し、ケニアでは今も有効だ。この曖昧で古色蒼然たる条項は、むしろ法解釈の恣意性とそれによる混乱を助長してきたというべきだろう。

次いで、ムワウラの論説の掉尾《ちょうび》部分の補足説明をしよう。「〔司法を所管する〕大臣」云々の文言が示唆しているのは、次の事実である。一九八一年に相続権法条例が発効したとはいえ、「実際には、遺言により慣習法による相続を指定できるし、無遺言の場合は農地、作物、家畜に対して新相続法〔相続権法条令：小馬注〕は適用除外となっているから、従来の男子偏重の相続と大差」ない（松園 一九九二：五三七）状況が、実質上維持されてきたのだ。具体的にいえば、慣習法による相続を指定されているのは、住民が単一の民族で占められる諸地域である。

また、相続権法条例が伝統的な慣習法に圧倒されてしまった事態の背景には、一九八六年から翌一九八七年にかけての五カ月間、ケニア国民を熱狂させた「ケニアの類なき埋葬物語」が一大転機となったという事情がある。その「物語」の主要部を成す法廷劇は、一九八六年一月二〇日に五五歳で首都ナイロビで急逝した、S・M・オティエノという高名な刑事専門弁護士の遺体の引き取りと埋葬地をめぐって、彼の妻ワンブイと彼の弟オチエン・オウゴや彼の出身父系氏族ウミラ・カゲルとの間で争われた。妻と子供たちは都市の市民としてナイロビ郊外の農園に、オウゴとウミラ・カゲル氏族はルオ民族の慣習法に則って父祖の土地に埋葬するべきだと主張して、互いに譲らなかった。

メディアは最初から国民の熱狂を盛んに煽り続けた。それは、夫婦が独立以前から鋭い対抗関係にあった二つの有力な大民族（ルオ人とギクユ人）の成員で、社会的地位も高い都市住民男女の通婚の好例だったからだ。ケニア独立闘争（マウマウ戦争）にも加わり、独立後も活発に社会活動をしてきた寡婦ワンブイが徹底抗戦の気概を示したので、民族の伝統理念と現実の都市生活の間に横たわる諸々の制度的な不整合が大きく浮上する結果になった。(6)

松園万亀雄によれば、慣習法による民事裁判は、必ず最初に下級地裁で審理され、必要があれば高裁・控訴院へと上訴される。そのどの段階でも、「慣習法の適用が退けられ、近代的な正義と道徳の概念に基づく判決が下される、というのが従来の一般的な傾向」だったが、問題の「控訴院判決は、従来の植民地的な法の判断から離脱して、ケニアの法体系における慣習法の明確な位置づけを試み、コモン・ローとアフリカ慣習法の優劣関係を対等関係に改め」、さらに「確固たる姿勢で慣習法を擁護した点で、まさに画期的な判決であった」（松園 一九九二：五五一）。

むろん、妻（と子供）に夫の遺体の引き取りと埋葬の自由を認めなかったこと、また慣習法には社会の動きに即応して変化する特質があり、生活慣行も極めて多様化してきたにもかかわらず一枚岩的な慣習法を想定している点ははなはだしい時代錯誤だという批判があった。だが、逆に「慣習法の地位を高めることで、ケニア法のアフリカ化を一段と推進させた、として高い評価をあたえる知識人たち」も多かったのである（松園 一九九二：五五三―五五五）。

ここで、「ゼムベタ型の判例は普通ではない」とムワウラが慨嘆していた事実を思い出そう（判例B参照）。すなわち、「五カ月間にわたってケニアを震撼させた類稀な法廷劇であり、慣習法を含むあらゆる国内法の将来の運命に対して大きな一石を投じた裁判」（松園 一九九二：五四〇）として、ムワウラが嘆く先の事態が生まれる画期となるのが、まさにこのオティエノ裁判だったのである。

もっとも、二〇〇四年の**判例D**のようにまったく逆の判決が出る場合もある。ランズレイ判事は慣習法に依拠したというが、その解釈はコトランが記録したギクユ慣習法を完全に無視し、英国コモン・ローに依拠したとしか思えない。要するに、前節の⑧で指摘したとおり、オティエノ裁判後も法廷の判決には依然定見がなく、実際には振れ幅も実に大きいのだ。

次節では、カレンジンのエリートたちが「ランドマーク」的だとしてしばしば参照する一つの判例を、(キプシギス民族がその最大の分枝である) カレンジン民族群の事情に則して検討する。

5 カレンジン民族群版ランドマーク的判決

オティエノ裁判は、ムワウラが慨嘆するような各民族の慣習法と民法に関連するコモン・ローの対等性を前提とし、かつ前者優位の趨勢を導いた点で、まさに特筆に値する。一方、キプシギス民族や他のカレンジン民族群の娘の相続権に関する認識を改めさせたのは、次に見る二〇〇五年四月のエルドレット控訴院の判決 (Kenya Law Reports 2008: 803-817) である。ムワウラは触れていないが、この「ロノ対ロノ」裁判の判決は、慣習法の適用を退け、父親からの相続権を性と婚姻上の地位に関係なく子供に等しく認める点で画期的な判決だった。いや、それにとどまらず、慣習法優位の状況を二〇一〇年新憲法の成立で再度逆転させることになる、新たな潮流の一つの確かな兆しだったといえるだろう。

一九八八年七月、ウアスィンギシュ県 (当時) に住む (カレンジン民族群中の) ケイヨ民族の農業者スティーブン・ロノが六四歳で亡くなった。初妻ジェーンには、息子三人と娘二人が、次妻マリーには四人の娘がいた。すぐに二つの「妻の家」(以下、単に家と表記) の間に遺産の分割と借財支払いの分担をめぐる悶着が持ち上がり、エルドレット高裁に提訴された。だが、ナムブイェ判事 (アフリカ人女性) が一九九七年六月にようやく言いわたした判決を不服として、次妻が娘たちと連名でエルドレット控訴院に上訴した。息子と平等な娘の相続権の認否が係争の焦点なので、一九九四年時点での娘たちの婚姻上の地位を最初に述べておこう。

初妻の長女マリー・キスィロ（四二歳）は、離婚して夫との間に生まれた四人の子供を連れて出戻った。次女リナ（四〇歳）は未婚だが、曖昧な同棲関係にある男との間に二児がある。次妻マリーの長女（三二歳）は、婚資は未払いだが慣習婚をして四人の子供を設けた。次女チェロティッチ（三〇歳）は未婚で子供もいない。三女グレース（二九歳）は、未婚だが子供が一人いる。四女ジョアン・ジェプケムボイ（二〇歳）も未婚で、子供もいない。

争われた別格の大きな遺産である一九二エーカーの広大な農地に的を絞り、他の軽微な案件は割愛する。初妻家の最初の提案は、各息子が二二エーカー、妻と娘が各々一四エーカーずつ（都合、初妻家が一〇八エーカー、次妻家が七〇エーカー）相続し、一一エーカーは家族一一人が各々一エーカーの権利を持つマーケットの敷地に、残る二エーカーは共用の牛用浸薬液施設に、一エーカーを宅地に充てるというものだった。初妻家と息子の取り分が多い根拠は、①次妻が婚入する以前に土地を買って開拓したこと、②娘は婚出すること、そして何よりも、③ケイヨ慣習法が父親の農地の相続権を娘に認めないことにあった。次妻家はこの案を差別的と見て、（慣習法に則ったのだろう）両家が土地を単純に九六エーカーに二分してから自由に処分することを主張した。初妻家がより勤勉に土地作りをした確証はない。また、亡夫が生前何事でも息子・娘の区別なく子供を平等に扱い、次妻家に初妻家の末息子を与えもしたのは、事実として合意を見た。

高裁は、自らの自由裁量に慣習法と成文法の両方を取り入れた。（いずれもカレンジン民族群の）ケイヨ民族をマラクウェット、トゥゲン両民族と同じ章にまとめたコトラン（Cotran 1969）を引いて、ケイヨ民族の相続が父系的で、複婚なら各妻の家は子供（息子）の数に関係なく遺産を等分し、娘の取り分はないとした。(7) 同高裁は、「相続権法」にも言及し、家のほかに、妻も遺産分与単位として認定されるという。そのうえで、ナムブイェ判事は、関係者と成文法条文に共通の、娘にも相続にさせよという同じ要請を汲んだ。ただ、娘が婚出して婚家でもさらに相続し、他の家族員にまさる過分な特典を得る可能性も考慮した。さらに、息子のない次妻が不利になる処遇を避け、初妻を上回る取り分を認めている。結局、初妻ジェーンに二〇エーカー、次妻マリーに五〇エーカー、各息子に二〇エーカー、各娘に五エーカー、つまり初妻家には都合一二二エーカー、(8) 次妻家には七〇エーカーを配分したのである。

二〇〇二年五月に控訴した次妻家側は、主な訴因として次の諸項を挙げる。①子供の性差別を排する相続権法と

（旧）憲法の規定に反して、マラクウェット慣習法が援用されている、②相続権法（第四〇項）がすべての寡婦と子供を平等な相続単位とするにもかかわらず、娘には将来の結婚で不公平な特典を得る可能性があると見るのは、一九九四年に既に両家の娘がもう少しも若くなかった事実を勘案すれば不当だ。③次妻が初妻より三〇エーカー多い土地を得たが、この取り扱い自体もまた相続権法の平等原則に反する。ゆえに、同法を遵守する別の判決を求めるというのだ。

エルドレット控訴院（ワキ、オモロ、オクバスの三判事担当）は、ムワウラの評論やオティエノ裁判でキーとなった諸点だけでなく、国際法やケニアが批准した差別と人権に関する諸々の国際条約と国内法の関連性も検討して、次の判決を下した。遺書を欠く相続案件には普遍的に相続権法が適用され、慣習法は明確に排除される。また、係争地が属するウアスィンギシュ県（当時）は相続権法の適用除外区域に指定されていない。ナムブィエ判事の自由裁量は、婚出の可能性を斟酌して、娘に最小限の土地を与えたが、自由裁量は健全に合法的であり、かつ事実に基づくべきだ。娘の婚出の如何は決定的要因ではないし、一九九四年の時点で一人を除いて全員が未婚か離婚した年増であり、また一一年後も婚姻上の地位に変化はない。また、故人が子供全員を性差別せず平等に遇したのも明かだ。これは、ケニア国憲法や国際法が謳う高貴な観念に適う事実だが、十分考慮されてこなかった。被告（初妻）側がもともと故人の娘全員に各々一四エーカーを割り振ったのは、遺志を熟知していたからだ。高裁が娘にわずか五エーカーを与えたのは首肯できない。これらのすべてを勘案して、①二人の妻に各々三〇エーカー、②息子・娘を問わず子供九人に各々一四・四四エーカー与え、③二エーカーを共同の宅地とする。

この結果、初妻家は約一〇二エーカー、次妻家が約八八エーカーを得、両家の取り分はかなり平準化されたといえる。これは、既婚の娘にも他の子供たちと平等の相続権を明快に認めた、画期的な判例である。特に注目に値するのは、二〇〇五年一一月末の最初の改憲国民投票を目前にした同年四月のこの判決文では、新憲法草案が「ケニアに適用可能な慣習国際法や国際協定」とケニアの諸法を同軌させるべしと謳っている事実に、ことさらに注意を促していることである。

写真2　穀倉の床下の山羊囲い。「貧者の牛」と呼ばれる山羊の乳は大切な栄養源

6　土地を分与された単身の母たち

キプシギスの知識人のあいだでは、前節で取りあげたロノ家の裁判に関して、次の見方が有力だった。①次妻家は、妻のあいだでの（子供の性と数を問わない）等分という形式的平等（equality）を求めて上訴した。これは実質上、慣習法に則った主張と寸分違わない。②控訴院は自由裁量権によって、平等よりも衡平（equity）を重視してその次妻家を支持した。ただし、③高裁判決よりも初妻家の最初の遺産分割案のほうがいっそう平等に近いのは皮肉な事実だ。

さて、その後の二〇一〇年八月の新憲法交付を契機として、キプシギスの人々の意識や（特に田舎の）娘たちの境遇に急激な変化が見られるようになったわけではない。ただし、筆者の一九七九年以来のフィールド、ボメット州では、未婚の母が父親の土地を相続するという新奇な事象が、二〇〇〇年前後からぽつぽつ現れている。まず、その具体例を簡潔に見てみよう。なお、すべて仮名を用いる。

【事例1】Nd村工芸学校教師のアンは、一九九〇年代の末、まだ故郷Kt村にいた中学生時代に娘を産んだが、父親ルグートはその少し前に、アンの姉で結婚以来夫の暴力に苦しんでいたエスタを家に連れ戻した。彼は家族を集めて、妻とこの二人の娘に自分の六〇エーカーの土地から各々二エーカーを与えるが、そのうち一エーカーは茶畑でなければならないと宣言した。それから間もない二〇〇〇年に彼が七〇年余の生涯を閉じると、五人の兄弟のうち四人が父親の遺言を反故にして、エスタには婚家に戻れ、アンには責任がある男の元へ去れと迫った。だが、母親と三男は遺言の遵守を求めた。特に母親の反対は頑強で、他の息子たちも最後には折れた。まず、二人の娘に一エーカーずつの土地が与えられ、次いで、家族が地元の製茶会社に出荷した茶葉から得た利益配当金を元手に近所に茶畑を買い求めることにし、二〇〇三年にはエスタに一エーカー、二〇〇五年にはアンにも一エーカーを与えた。

アンとエスタの何よりの幸運は、同情的な父親が適切な時期に遺志を表明してくれたことである。同じKt村の次の事例ではそうではなく、娘の苦境はもっと厳しいものになった。

【事例2】 ジョセフィンの父親マイユワが二〇〇四年に没すると、息子たちが父親の土地を自分たちだけで分配して、彼女には一切何も与えなかった。彼女が未婚のまま出産した二〇〇五年、兄弟たちはいっそう強く厄介者扱いにし始めた。幸い、ジョセフィンはKs茶園の事務員で、どうにか自活できた。さらに、茶葉の買い上げに付随する利益配当金を使って、母親が余所に密かに茶畑を買い求め、二〇〇七年と二〇〇八年に各々一エーカーを彼女に与えてくれた。

Kt村はボメット州の最北端にあり、高い標高と火山性の赤土が茶の栽培に好適で、キプシギスでも最も豊かな地方に属する。事例1、事例2でも、家族の茶栽培による収益と母親の庇護が娘たちの自立の礎となった。同州でも標高が低く、乾燥して土質も劣り、茶栽培に適しない南部地方では、娘たちははるかに困難な境遇に置かれている。

【事例3】 Ng村のサモロルには息子二人と娘六人がいて、五女以外の娘は婚出した。五女は知恵遅れで、男児と女児を二人ずつ産んだが父親は判らない。行く末を案じた老サモロルは、二〇〇九年、遺言として自分の一六エーカーの土地から一エーカーを五女に与えると宣言した。息子たちは、彼女の権利ではない「特別の恩典」なのだと断ってから、しぶしぶ容認した。小学校副校長の長男は、知恵遅れだから致し方ないと言う。その後、牛仲買人の次男は、この妹に避妊手術を受けさせただけでなく、未婚の母になる前に施術すべきだったと、しきりに悔やんだ。

【事例4】 同じNg村のタブティッチは、二〇〇七年、未婚の母である足萎えの娘アンジェリナにも、三人の息子たちと平等に三エーカーの土地を分け与えた。彼は、さもなければ娘が息子たちに蔑まれると言い、(自分の死後)息子たちが娘の土地を奪えばその行為が呪いとなり、彼らの妻たちが足萎えの子供を産むだろうと警告した(「父親の呪詛」)。彼女によると、それ以来兄弟たちと絶交状態になり、今は父親が唯一の支えだという。

未婚の娘たちの行く末を案じ、たとえ慣習法に違背しても、娘に土地を分け与えようとする進歩的な親は、他にもまま見いだせる。次に紹介するのは、二人の娘が南部地方では例外的に大きな土地を得た稀な例だが、やはり他の家族と息子との関係が完全に破綻した。

写真3　青空市で自家生産の野菜を売る農家の主婦

【事例5】 Ck村のエズラ・タイタ（七八歳）の四女ナンシーは、Ndマーケット裏の借間に住み、活発に野菜を商う。Ck村居住の初妻は娘六人と一人息子ジョエルを産み、ナンシーと末娘レイチョの他の娘は婚出した。エズラは、二〇〇七年、初妻分の三八エーカーの土地から、各五エーカーずつを未婚の母である二人の娘に与え、初妻とともに余所に転出した。この二人の娘は、ジョエルの反撃を恐れて父親が与えた元の土地を即座に売り払い、数キロメートルほど離れた別々の所に三エーカーほどの土地を二カ所ずつ買って移り住んだ。ナンシーは、遺産贈与は父親の大権だと言い、米ミッション系プロテスタント（African Gospet Church）の同地最古参の信者で、かつ元中学校教師だったエズラが格別に開明的だった事実を強調する。だが、自分の過分な相続には強い負い目も抱き、今でも不安で、土地が完全に自分の物になった確信がもてない。彼女は、十分な教育を受けた三人の姉は自分がもらった土地に匹敵する費用を両親からすでに得ているのだから（既婚者でもあり）土地相続の権利がないが、現在別居している五女には、自分や六女と同等の権利があるとも言う。なお、ジョエルは早い段階で学校教育から落伍したので、かかった教育費は三人の姉に比してずっと少なかった。

以上の五つ事例から、未婚の母の福祉は両親の経済状態と父親の意向に決定的に左右されることがわかる。特に興味深いのは、松園が相続権法が男女平等の相続を保証しても「実際には、遺言により慣習法による相続を指定できる〔……〕から、従来の男子偏重の相続と大差はない」（松園 一九九二：五三七）と述べたのに反して、父親が生前の言質や遺言によって保護するのは、相続を自明視される息子ではなく、すべて娘だという逆説的な状況が実際には現出したことだろう。また、事例5のナンシーの発言にうかがえるとおり、娘に施した高度の教育を生前の遺産贈与の一形態と見なす新しい傾向が、社会の中・上層に生まれている。ただし、最上層では、高度に教育された娘がそれでもなお息子と同等の相続権を約束される、次の例があった。

【事例6】 Eb村のジョン・マイナ（故人、当時八四歳）は、次妻の長女レア（四一歳）の二〇一〇年八月の結婚計画を、小児麻痺の後遺症で跛行するレアは必ず夫に虐待されると言って拒んだ。それを知った兄弟たちが是非結婚せよとレアに迫ると、ジョンは彼らを叱り飛ばし、レアを息子の一人と見なして次妻家の財産のすべてを息子たちと対等に相続させるし、万一他に未婚の娘が出ても同様に扱うと告げた。彼は、Eb村（約三〇〇エーカー）のほかに二つの大農園（約二〇〇エーカーと一〇〇エーカー）を余所に持ち、初妻と第三妻が子供たちとともにそこに住んでいる。レアには、婚家から出戻ったレベッカと、まだ独身のエンダ（エルドレットのある大学の講師）の二人の妹がある。なお、初妻の娘は既に全員婚出し、第三妻の娘たちはまだ適齢期に達していない。ジョンの息子は総勢二〇人以上を数える。

　息子たちへのジョンの宣言は、エンダが突出した最高水準の教育を授かったうえに、なお息子（や他の未婚の母である姉）たちと平等な遺産相続権を与えられることを約束するものである。

写真４　田舎の庶民の足である乗合いの小型自動車の中継地に小さな屋台を出した農家の主婦

7　未婚の母ローザの叛乱

　前節で取り上げたのは、まことに稀な幸運な娘たちの事例である。他の子持ちの未婚の娘たちは、子供を母親に預け、他家の農作業を手伝うなど、雑業によってかろうじて生きている。次に一例を挙げてみよう。

【事例7】 Nd村のジェネス（四四歳）は、Ndマーケットで男たちに体を売って金を稼ぎ、数年前に漸くKg村に一エーカーの土地を買った。許されるはずもないから、兄弟に土地を乞おうとは毛頭考えなかったという。彼女は、土地を「人々が極めつけと信じている物」と呼び、自らの努力で土地を買い取るまでの艱難辛苦を縷々語った。

次の例は、未婚の母が村の長老たちに徹底抗戦を挑んだ前代未聞の大騒動である。

【事例8】 Gs村、ゼイン・キプレルの四女（末子）ローザは、一九七三年生まれで中背痩身、活力に満ちているが、中学卒の「高学歴」の娘ゆえに容易に伴侶を得られなかった。三人の姉はすでに婚出、他に兄レモン（第四子）がいる。二〇〇一年に父親が死ぬ。二〇〇三年に男児を産んで未婚の母になると、それゆえに結婚は絶望的になった。二〇〇四年にはトウモロコシと鶏卵の小商いを試みたが、金策が尽きて挫折する。父親の一二エーカーの土地は東西に走る踏み分け道を境に南北（各々七エーカーと五エーカー）に別れている。彼女は、南側の一角の一エーカーを耕作し、そこに小屋を立て、雌牛一頭を飼養して自活した。紛争の発端は、二〇〇六年一〇月、兄が、自分の息子が成年儀礼修了後に住み始める若者小屋を南側の土地に建て始めたことだった。彼女は、南側の七エーカーは自分が相続した土地だと突如言いだし、あらゆる手段で兄の作業の妨害を試みた。プロテスタント（African Gospel Church）の牧師であるレモンは、何とか心を鎮めて、村の裁判の開催を求めた。

写真5　キプシギスの「村の裁判」の一場面

二〇〇七年一月、第一回目の村の裁判で母親エスタは、ローザは「特別の恩典」として仮住まいを認められたが、振る舞いが良ければ一エーカーの分与も考えていたと証言した。ローザは、ミニスカート姿で現れ、しかも慣習法に反して起立し、父親が南側の土地を自分に与えると生前語ったと証言した。また、自分の権利を否認するための裁判は馬鹿げていると、老人たちを愚弄して冷笑し続けた。ローザ側の証人となるはずだった（彼女に買収されたと噂されていた）隣人男性は、恐れをなして翻意し、兄以上の土地を求めるのは不当だと述べた。ローザに、あくまでも「特別の恩典」として一エーカーを与えて解決をはかる妥協策も、母親が急に態度を硬化させて、有史以来女性の土地相続の例はないし、ローザも例外たり得ないと主張したので、費えた。結局、ローザに兄への妨害を禁じて閉廷となった。

ローザは改悛の情を示すどころか、これから悪名高い予言者（邪術者）に会いに行くが、やがて誰もが自分の側に付くことになると宣言した。つまり、兄と母がちかぢか死に、自分が父親の土地のすべてを掌中に収めると示唆したのだ。彼女は村から出奔し、二ヶ月間帰宅しなかった。人々は驚いて、手段を選ばない危険な女だ、「特別の恩典」を無にした馬鹿者だと囁き合った。ローザは、二〇〇七年三月に村に舞い戻ってくると、村の裁判の継続を強く求めた。

父親が約束の証に譲ったというIDカードを新証拠として示し、自分が要求する取り分を九エーカーに増やした。しかも、もし拒めば兄が報いを見るのみならず「共謀者たち」（村の長老たち）も「結果」をともにすることになると、予言者の邪術を仄《ほの》めかして脅迫した。長老たちは、「お前が高学歴でも、最後に有罪判決を下すのは我々だ」と応じた。ローザは、またそのまま出奔したが、二〇〇八年、ローザが未婚でいるつもりなら一〜二エーカー与えると遺言して母親が亡くなった。その二年後、ついに前代未聞、驚天動地の社会劇が幕を上げた。

二〇〇九年二月、Ndマーケットの屯所から来た警官の一隊が「ローザの土地」の強制収容に突然着手した。人びとに示された行政首長の手紙は、恐れて誰も内容を確認しなかった。長老たちは、①レモンはおとなし過ぎて最初に妹を打ち懲らさなかった結果すべてを失った、②罪を犯した彼女の死は遠くない、③女性の反逆だが女性は村の裁判に挑めない、と言い合った。一方、若い男性たちは、①法廷裁判に訴えよ、②費用の一〇万シリングは土地を一エーカー売って作れ、③事は即座に、しかも内密に運べ、とレモンに忠告した。ボメット地裁での第一回（二〇〇九年四月）・第二回（同年五月）の公判のどちらにも被告ローザは出廷せず、その結果、原告レモンの全面勝訴の判決が下った。その後、ローザは駆け落ちして村から姿を消した。

この事件は、平等な相続権を掲げた一女性の歴史的な叛乱として人びとの記憶に今も新しい。男たちのあいだに、次のような声が聞かれた。①ローザが出廷すれば、証拠の如何にかかわらず微妙な雲行きになった、②彼女の法廷に対する怖じ気と短気が敗因だった、③女性たちがローザの轍を踏めば男性が将来負けるかも知れない、④女性との戦いに怯めばすべてを失う。

8　法環境の弛緩状態と今後

ローザ事件が決着を見た一年余り後に二〇一〇年新憲法が公布され、性別と婚姻上の地位を問わず、子供たちに平等な相続権が堂々と認められた。だが、ボメット州では相続権に関する空気に特段の変化が見られない。ローザが反面教師となったものか、娘たちは兄弟たちとの良好な関係の維持に、実に慎重に意を用いている。他方、レモンが突如窮地に陥り、法廷闘争にもちこんでそれを脱するために一エーカーの土地を売却せざるを得ず、その土地が未婚の姉妹の取り分にちょうど相当する広さのものだった事実が、男たちを現実的にし、分別ある妥協の意味を学ばせたようである。

【事例9】ローザ事件の進行とほぼ平行する時期に、Km村のビセ・マイナが、未婚のまま六人の子供を産んだ長女フィリスタ（四四歳）に自分の二六エーカーの土地の内から一エーカーを与えると公言した。フィリスタは、この土地を父親のみならず、彼の決断を受け入れた兄弟二人の愛情の印として受け取って感謝している。彼女はNdマーケットにあるPTA連合地区事務所の事務員の職を得ているので、この前倒しの遺贈は優遇だと認め、「身を置く拠点が提供されれば、父と兄弟が与えるどんな取り分でも甘受するべきだ」と言う。彼女は、「すべてを望む者は一切を失う」という諺《ことわざ》を引いてローザを批判した。ビセは、娘を道端に追い出す愚は犯さずに、生活の資を手に入れる努力に小さな足場を与えるべきだという信念をもつ。また、息子が全権を譲られるのだから、ローザの父親ゼインは、一方では娘の身の上を思いやって、遺言でレモンがローザに一定の土地を与えるように指示しておくべきだったのだ、と述べている。

二〇一一年にKy大学を卒業したCl村のビビアン・ゴスケ（二九歳）は、女性の相続を心から歓迎しない民族社会で兄弟と土地を分け合うのは苦痛だから、権利を放棄して、万一結婚しなくても、自分の財産は自分の力で稼いでみせるという。D大学卒業後Km村で小学校教諭を務めているアグネスも、同じ意見だ。彼女たちのようなとびきりのエリートでなくても、多くの若い女性がこの意見に共感する。単身の未婚女性の息子にも、往々同様にたくましい気概が見られる。

【事例10】Ng村のチェボスの娘ルシアは、一九八〇年に婚出したが、一九八二年、婚家を追われて実家に戻った。その後両家を幾度も行き来した挙げ句、二〇〇〇年頃、ついに夫婦和解の可能性が失せたと見極めた彼女は、父親に縋って一エーカーの土地を貰い、そこに腰を据える覚悟をした。ところが、彼女の息子たちが、母方の土地に居座るのは恥だと諫《いさ》め、ついに思い止まらせた。息子たちの一人ウィリアムは、中学校を二年で中退した後、鶏の小商人から身を起こし、次に牛仲買人に転じて小金を溜め、二〇〇八年、ついに一エーカーの土地を購入した。

この事例10や事例5にもうかがえるように、未婚の母とその子供たちはマーケット縁辺に間借りして野菜・果物、家禽・小家畜、日曜雑貨等の小商人となって力行し、自活の道を確保するのが常だ。二〇〇九年七月、Ndマーケットでは売笑婦を含む女性小商人たちと牛仲買人たちが手を組み、行政首長とも通じ合って、二四年間もマーケットの運営を担ってきた老議長を選挙で打ち敗る「クーデター」をやってのけた（小馬 二〇一〇：一二六―一三二）。未婚の母たちの一部は、今やこうした公共の場へと日々の生活を賭けた戦いの舞台を転じ始めているといえよう。

以上、ここ一〇年前後、相続をめぐる慣習法が公式・非公式に変容を迫られてきた事情を素描した。一九八一年に相続権法条例が発効し、二〇一〇年には待望久しい新憲法が公布された。とはいえ、民族の慣習法の力は今もなお、なかなかに根強く、一朝一夕に劇的な変革が起きるとはとても思えない。慣習法は、氏族、親族、近隣集団の権威など、今も日常生活に直に強く関わる人間関係と密接不離だからである。貧しく、教育にも恵まれていない庶民である未婚の母たちにとって、本章第5節の「ロノ対ロノ」訴訟のように、現代の巨大な識字的な制度であり、また途方もない時間と費用と労力を要する裁判に訴えようとすることは、ほとんど夢想だにできないだろう。また、彼女たちには、ローザのように自立した個人である女性としての自画像を描いて直接行動に出ることも決して現実的とはいえまい。そのローザでさえ、法廷を忌避したのだ。いまだに、近代福祉国家のような安定したネットワークが存在しないのだから、親の死後も続く兄弟たちと縁を敢えて切って孤立することは賢明ではあり得ないことを、彼女たち自身が誰よりも知悉しているのである。

とはいえ、キプシギス民族の法環境は、近年一種の強い弛緩状態にある。二〇一〇年新憲法の公布は、少なくともそれに一層拍車を掛けたとはいえる。

本章は、諸々の判例や事例を記述・分析しながら、それらの背景にある種々の事情の分析に努めた。その過程で言及し、検討したいくつかの具体的な動きの中に、未婚の母が自立できる生活基盤を現実的に確保する手だての構築に向けて、家庭的、社会的な合意が徐々にではあれ形成されつつある兆しを見出せることは間違いあるまい。キプシギスの伝統的で強固な父系社会の枠組みが、女性たち、なかんづく、未婚の母とその子供たちによって今確かに組み換えられようとし始めているのである。

注

（1）ここでは原因に詳しく触れられないが、①一〇代半ばから後半の未婚の娘が妊娠・出産することが少しも珍しくなくなった事態や、②若い世代の複婚率が急激に低下したことが主因である。

（2）ちなみに、キプシギス民族の人口爆発は、一九四八年の国勢調査では一五万七二一一人だった人口が二〇〇九年には約一九七万二〇〇〇人に達するという、実に激しいものである。元来牛牧の民だったキプシギス人はかつて広大な放牧地を総有していたのだが、単純に計算すれば、約六〇年間のうちに一人当たりの土地が約一二・五分の一に減ったことになる。

（3）こうした事情は、第二次世界大戦敗戦後、日本国憲法が施行された後も、農村部では娘に相続権の放棄を迫ることが相当長い期間当然視されていた事実を想起すれば、類推的にそれなりの合点がいくはずだ。

（4）この第3節の引用文は、いちいち断らないが、すべてMwaura（2007）からのものである。

（5）大雑把にいっても、ケニアの成文法、旧宗主国英国から招来された成文法、英国のコモン・ロー、衡平法、それにケニア各民族の慣習法が考慮されなければならない。

（6）それゆえに、この事件にはケニアの現代を読み解く様々な端緒があるのだが、詳細は他の重要な論文（松園 一九九二）に譲り、本章にじかに関係する諸点に触れるにとどめたい。同論文は、丹念に経過を追い、審理に援用された法理にも鋭く肉薄しながら、この裁判のもたらし得る様々な影響を多面的に、かつ説得的に分析している。

（7）この事実は、キプシギスを初め、他のカレンジン群にも等しく当てはまる。一方、ナムブイェ判事のケイヨ民族とマラクウェット民族の同一視を控訴院は注視している。

（8）息子たちには、三人分の合計九〇エーカーのほかに二エーカーが付加された。

参考文献

Cohen, D. W. and E. S. A. Odhiambo, eds. 1992. *Burying SM: The Politics of Knowledge and the Sociology of Power in Africa.* Nairobi: East African Educational Publishers, London: James Currey, & Portmouth, NH: Heinemann.

Cotran, Eugene 1968. *Restatement of African Law: Kenya,* volume I: *The Law of Marriage and Divorce.* London: Sweet and Maxwell.

———. 1969. *Restatement of African Law: Kenya,* volume II: *The Law of Succession.* London: Sweet and Maxwell.

———, ed. 1987. *Casebook on Kenya Customary Law.* Abingdon, Oxon: Professional Books & Nairobi: Nairobi University Press.

Egan, Sean, ed. 1987. *S. M. Otieno: Kenya's Unique Burial Saga.* Nairobi:Nation Newspapers.

Mwaura, Peter. 2007. "Why Married Daughters Hardly Inherit Family Wealth." *Saturday Nation,* 1st September.

Ojwang, J. B. and J. N. K. Mungambi, eds. 1989. *S. M. Otieno Case: Death and Burial in Modern Kenya.* Nairobi: Nirobi University Press.

小馬　徹　一九九六「父系の逆説と『女の知恵』としての私的領域――キプシギスの『家財産制』と近代化」、和田正平編『アフリカ女性の民族誌――伝統と近代のはざまで』二八一―三三二頁、明石書店。

———　二〇〇〇「キプシギスの女性自助組合運動と女性婚――文化人類学は開発研究に資することができるのか」、青柳まちこ編『開発の文化人類学』一六一―一八二頁、古今書院。

———　二〇〇五「小さな田舎町という場の論理から見た国家と民族――キプシギス社会の事例から」、松園万亀雄編『東アフリカにおけるグローバル化過程と国民形成に関する地域民族誌的研究』三九―五八頁、国立民族学博物館。

———　二〇〇七「タプタニがやって来る――女性同士の結婚の『夫』というやもめ」、椎野若菜編『やもめぐらし――寡婦の文化人類学』九四―一一九頁、明石書店。

———　二〇一〇「キプシギスの共同体と二つの『エクリチュール』」、小田亮編『グローカリゼーションと共同性』九九―一四五頁、成城大学民族学研究所グローカル研究センター。

松園万亀雄　一九九二「S・M・オティエノ事件――ケニアにおける法の抵触をめぐって」『現代法社会学の諸問題』下、五四三―五五六頁、民事法研究会

——　一九八三「ケニアの法体系とグシイ族の離婚裁判（一九五〇年代）」『民族学研究』四八巻二号：一九九—二一〇。
Kenya Law Reports. 2008. Rono v Rono & another, Civil Appeal No 66 of 2002. Delivered on April 29, 2005 at Court of Appeal at Eldoret. 1 Kenya Law Reports (Geder & Family): 803-817. Family Law Online Portal, Kenya Law Reports. <http://www.kenyalaw.org/family/> Downloaded 24 Oct. 2013

おわりに

本書は、東京外国語大学アジア・アフリカ言語文化研究所（ＡＡ研）の共同利用・共同研究課題／共同研究プロジェクト「『シングル』と社会――人類学的研究」（二〇〇七年四月〜二〇一〇年三月）の成果である。つづいて二〇一〇年四月〜二〇一三年三月にわたり、あらたにイスラーム地域のフィールドワーカーを入れるなどメンバーも少々変え「『シングル』と家族――縁の人類学」と題し、研究プロジェクトを実施した。

本研究プロジェクト発足までの私自身の研究背景は序論で述べたが、オーガナイズするにあたり考慮したのは、人類学者それぞれのフィールドのバラエティと年齢層が偏らないことであった。地域による特徴、また世代が異なると、フィールドにおいて、また日本での実生活においても、見えてくるものが異なるからだ。そうした異なる背景をもつ人類学者たちが、六年間にわたり「シングル」についての議論をかわしてきた。いま二〇〇七年から二〇一三年までの六年間を思い返してみても、この期間はまさに日本ではつぎつぎと「シングル」にかかわる造語が生まれた最盛期であった。メンバーたちにとっても、フィールドで、また日本において、公私ともにそれぞれが「シングル」について考えつづけ、状況が大きく変わった。もちろん、二〇一一年に東日本大震災が起こったことで、「シングル」の意味あい、とらえられ方も大きく変わったのも事実だ。

プロジェクトの成果として、はじめにＡＡ研の広報誌『フィールドプラス』の創刊巻頭特集で『「シングル」で生きる』を組み、その企画をひろげ一冊にまとめた（御茶の水書房、二〇一〇年）。その際の「シングル」は、ごく一般に解されているように「シングル」＝「結婚していない人」という前提で本を編んだ。世界における、そうしたいわゆる「シングル」の多様性を知ってもらいたいこと、さらに重きをおいたのはフィールドに身をよせる外から来た「ひとり」

のフィールドワーカーが、当該社会より多くの人びとにどのように受け入れられ、見られ、自分自身はどのような経験をし、またふるまっていたか、という論文にでないフェーズを表したいという思いがあった。後者をうまく出してくれた執筆者は一部ではあったが、なにより「シングル」を「結婚していない人」と定義したとしても、社会文化的背景や歴史的背景が大きく異なると、定義すること自体がさして意味がなかったり、単純に比較ができないこともある意味示された。

「シングル」をどう定義するか——これは本研究プロジェクトを始めて以来の重要なトピックであり、私たちはずっと「シングル」についての定義を何度か試みてきた。法的結婚の有無、居住環境、家族・親族・友人関係のありかた、「ひとりであること」の地域の文脈にそった意味、セクシュアリティの問題など、問題系を横断しながら議論してきた。結論からいえば、結婚の定義が人類学創始期以来の重要課題だったにもかかわらず確たるものがなく、現在に至るまで結論がでていないように(1)、結婚にかかわる「シングル」についてもそれに呼応するように確固たる定義はできない。しかし、その視点は非常に重要で、社会をみる視角として有効であることは事実だ。結婚についてもその状況があまりに変化するため、定義を試みれば別の事象が生まれる、といった追いかけっこが続いてきた。「シングル」についても、それと連動したところもあるが、ただ興味深い特徴は、社会によっては必ずしも結婚とセットもしくは対となる存在でもない、その流動性をもった面である。

もちろん、「シングル」を結婚していない人、と定義するほうがすっきりとわかりやすいことは多々ある。だが、結婚していない、という点だけでは整理しきれない、カテゴライズしきれない多くの状況があるのが「シングル」なのである。法的結婚はしていても出稼ぎ、単身赴任、留学等の理由による別居状態の人、離婚はしていないが別居状態の既婚者/厭世者、死別したが既婚のまま、離婚したが同居のまま、また逆に法的結婚はしていないが事実婚の状態、多くの家族と同じ屋根の下に暮らしているが「ひとり」である人……。当該社会における独りであること、また配偶関係とはなにか、という意味あいによってももちろん解釈は変わってくる。

こうした背景から、「『シングル』と社会——人類学的研究」の共同研究プロジェクトにおいても、さまざまな社会において「ひとりでいること」の意味を考えることから始め、総称的に「シングル」とよび、各フィールドの事例をみてきた。それが私たちの「シングル」研究の第一弾の成果である、「ひとり」としての「シングル」の意味を問う本書である。正直なところをいえば、まだ議論できていない領域も多々あるが、「シングル」にせまる、後編である『シングルの人類学2　シングルのつなぐ縁』をご期待いただきたい。

最後に、これまでのプロジェクト運営と本書の刊行が可能になったのは、私の勤務先である東京外国語大学ＡＡ研のバックアップによるものであることを記しておきたい。そして、本書がこうして世にでることができたのは、ひとえに人文書院の編集者、伊藤桃子さんのおかげである。彼女のリーダーシップなしに出版は不可能であった。細かなチェックと鋭いコメントには執筆者の多くが勉強させられた。忙しさを理由に仕事が遅くなる私に辛抱強くお付きあいくださった伊藤さんに、この場をかりて御礼申し上げたい。

そして、本の顔である、すてきな装丁をしてくださった、私にとって初めての本『やもめぐらし』の装丁を手掛けてくださって以来のおつきあいであるデザイナーの山形まりさん、アートディレクターの西ノ宮範昭さんにも、心から御礼申し上げたい。

二〇一四年一月二十三日　　　春が待ち遠しい東京にて

椎野若菜

（1）エドモンド＝リーチの「結婚は権利の束である」というまとめから、まだ脱していない（Ｅ・リーチ『社会人類学案内』長島信弘訳、岩波同時代ライブラリー、一九九一年。）

上杉 妙子（うえすぎ　たえこ）
1960年生。お茶の水女子大学大学院人間文化研究科博士課程単位取得退学。博士（学術）。専修大学兼任講師。移民や市民権，軍隊などに関心。『位牌分け――長野県佐久地方における祖先祭祀の変動』（第一書房，2001年），「英国陸軍グルカ兵のダサイン――外国人兵士の軍隊文化と集団的アイデンティティの自己表象」，（『アジア・アフリカ言語文化研究』60号，2000年），「越領土的国民国家と労働移民の生活戦略――英国陸軍における香港返還後のグルカ兵雇用政策の変更」（『人文学報』90号，2004年），「移民の軍務と市民権――1997年以前グルカ兵の英国定住権獲得をめぐる電子版新聞紙上の論争と対立」（『国立民族学博物館研究報告』38巻2号，2014年）など。

花渕 馨也（はなぶち　けいや）
1967年生。一橋大学大学院社会学研究科博士課程修了。博士（社会学）。北海道医療大学看護福祉学部教授。文化人類学・コモロ諸島の民族誌学，マルセイユのコモロ人移民研究。『精霊の子供――コモロ諸島における憑依の民族誌』（春風社，2005年），『宗教の人類学』（共編著，春風社，2010年），『文化人類学のレッスン――フィールドからの出発』（共編著，学陽書房，2011年）。

小馬 徹（こんま　とおる）
1948年生。一橋大学大学院博士課程修了，博士（社会人類学）。文化人類学，アフリカ（ケニア）研究。神奈川大学人間科学部教授。『ユーミンとマクベス――日照り雨＝狐の嫁入りの文化人類学』（世織書房，1996年），『贈り物と交換の文化人類学』（御茶の水書房，2000年），『カネと人生』くらしの文化人類学5（編著，雄山閣，2002年），『放屁という覚醒』人類学的放屁論のフィールド１（世織書房，2007年，O・呂陵の筆名で）など。

田所 聖志（たどころ　きよし）
1972年生。東京都立大学大学院社会科学研究科博士課程単位取得退学。博士（社会人類学）。2014年4月より秋田大学国際資源学部准教授。文化人類学，医療人類学，オセアニア地域研究。「夫を亡くした女が困らないわけ――ニューギニア・テワーダ社会」（椎野若菜編『やもめぐらし――寡婦の文化人類学』明石書店，2007年），「セックスをめぐる男性の『不安』――パプアニューギニア・テワーダ社会から」（奥野克巳他編『セックスの人類学』春風社，2009年），「ニューギニアの『もてない男』」（椎野若菜編『シングルを生きる――人類学者のフィールドから』御茶の水書房，2010年）など。

辻上 奈美江（つじがみ　なみえ）
1975年生。神戸大学大学院国際協力研究科博士後期課程修了。博士（学術）。東京大学大学院総合文化研究科特任准教授。中東地域の比較ジェンダー論。『現代サウディアラビアのジェンダーと権力』（福村出版，2011年），『グローバル政治理論』（共著，人文書院，2011年），『中東政治学』（共著，有斐閣，2012年），『中東イスラーム諸国民主化ハンドブック』（共著，明石書店，2011年）など。

岡田 あおい（おかだ　あおい）
慶應義塾大学大学院社会学研究科博士課程単位取得退学。博士（社会学）。慶應義塾大学文学部教授。家族社会学，歴史人口学と家族史の学際的研究。『近世村落社会の家と世帯継承――家族類型の変動と回帰』（知泉書館，2006年），『家族・都市・村落生活の近現代』（共著，慶應義塾大学出版会，2009年），『歴史人口学と比較家族史』（共著，早稲田大学出版部，2009年），『歴史人口学からみた結婚・離婚・再婚』（共著，麗沢大学出版会，2012年）など。

阪井 裕一郎（さかい　ゆういちろう）
1981年生。慶應義塾大学大学院社会学研究科後期博士課程修了。博士（社会学）。慶應義塾大学，津田塾大学，国際基督教大学，神奈川工科大学，明星大学等で非常勤講師。家族社会学，歴史社会学。『勉強と居場所――学校と家族の日韓比較』（共著，勁草書房，2013年），「家族主義という自画像の形成とその意味――明治・大正期における知識人の言説から」（『家族研究年報』38号，2013年），「家族の民主化――戦後家族社会学の〈未完のプロジェクト〉」（『社会学評論』249号，2012年），「明治期『媒酌結婚』の制度化過程」（『ソシオロジ』166号，2009年）など。

田中 雅一（たなか　まさかず）
1955年生。ロンドン大学経済政治学院(LSE)修了。PhD（Anthropology）。京都大学人文科学研究所教授。文化人類学，ジェンダー・セクシュアリティ研究。『癒しとイヤラシ――エロスの文化人類学』（筑摩書房双書 Zero，2010年），『ジェンダーで学ぶ文化人類学』（共編著，世界思想社，2005年），『ジェンダーで学ぶ宗教学』（共編著，世界思想社，2007年），『フェティシズム研究』全三巻（編著，京都大学学術出版会，2009-14年），『コンタクト・ゾーンの人文学』全四巻（共編著，晃洋書房，2011-12年）など。

執筆者紹介

（執筆順。★印は編者）

椎野 若菜（しいの　わかな）★

1972年生。東京都立大学大学院社会科学研究科博士課程単位取得退学。東京外国語大学アジア・アフリカ言語文化研究所准教授。博士（社会人類学）。社会人類学，東アフリカ民族誌学。『結婚と死をめぐる女の民族誌—ケニア・ルオ社会の寡婦が男を選ぶとき』（世界思想社，2008年），『やもめぐらし——寡婦の文化人類学』（編著，明石書店，2007年），『セックスの人類学』（共編著，春風社，2009年），『「シングル」で生きる——人類学者のフィールドから』（編著，お茶の水書房，2010年）など。

宇田川 妙子（うだがわ　たえこ）

1960年生。東京大学大学院総合文化研究科単位取得退学。国立民族学博物館民族社会研究部・総合研究大学院大学文化科学研究科准教授。文化人類学，南ヨーロッパ研究，ジェンダー・セクシュアリティ研究。『ヨーロッパ人類学——近代再編の現場（フィールド）から』（共著，新曜社，2004年），『ジェンダー人類学を読む』（共編著，世界思想社，2007年），『家族と生命継承——文化人類学的研究の現在』（共著，時潮社，2012年）など。

髙橋 絵里香（たかはし　えりか）

1976年生。東京大学大学院総合文化研究科博士課程単位取得退学。博士（学術）。千葉大学文学部准教授。医療人類学，老年人類学，社会福祉研究。『老いを歩む人びと——高齢者の日常からみた福祉国家フィンランドの民族誌』（勁草書房，2013年），「「在宅」の思想—フィンランド西南部の地域福祉にみる市民社会の範域とエイジング」（『国立民族学博物館研究報告』36巻1号，2011年），「自立のストラテジー——フィンランドの独居高齢者と在宅介護システムにみる個人・社会・福祉」（『文化人類学』73巻2号，2008年）など。

新ヶ江 章友（しんがえ　あきとも）

1975年生。筑波大学大学院人文社会科学研究科修了。博士（学術）。名古屋市立大学男女共同参画室プロジェクト推進員。医療人類学，ジェンダー・セクシュアリティ研究。『日本の「ゲイ」とエイズ—コミュニティ・国家・アイデンティティ』（青弓社，2013年），「男性ジェンダーとセクシュアリティを架橋する——「クィア人類学」の可能性を探る」（『社会人類学年報』37号，2011年），「HIV/エイズ研究におけるスティグマと差別概念」（『解放社会学研究』23号，2009年）など。

馬場 淳（ばば　じゅん）

1975年生。東京都立大学大学院社会科学研究科修了。博士（社会人類学）。東京外国語大学アジア・アフリカ言語文化研究所ジュニアフェロー。社会人類学，オセアニア民族誌学，パプアニューギニア地域研究。『結婚と扶養の民族誌——現代パプアニューギニアの伝統とジェンダー』（彩流社，2012年），「法に生きる女性たち—パプアニューギニアにおける法と権力作用」（塩田光喜編『知の大洋へ，大洋の知へ』彩流社，2010年），「植民地主義の逆説，女たちの逆襲——パプアニューギニアにおける扶養の紛争処理とジェンダーの政治学」（『アジア経済』50巻8号，2009年）など。

〈これまでのシングルのプロジェクトにかかわる出版物〉

- 『民博通信』113号（2006年）特集：寡婦の現在
- 『やもめぐらし――寡婦の文化人類学』（椎野若菜編，明石書店，2007年）⇒さまざまな社会の「寡婦」の存在について注目。寡婦が可視化する社会，そうでない社会，離婚者などと同様のカテゴリーに入る社会などを比較。
- 『Field +』no. 1（2009年）巻頭特集：「シングル」で生きる（http://www.aa.tufs.ac.jp/ja/publications/field-plus/1）⇒シングルマザー，非婚者，寡婦，現世放棄者などさまざまなシングルを描いた。
- 『「シングル」で生きる――人類学者のフィールドから』（椎野若菜編，お茶の水書房2010年）⇒結節点になることとして結婚していない人，としての「シングル」を描いた。

〈プロジェクトサイト〉

- 「シングル」と社会――人類学的研究　URL：http://single-ken.aacore.jp/
- 「シングル」と家族―縁の人類学　URL：http://single-ken2.aacore.jp/

シングルの人類学1　境界を生きるシングルたち

2014年2月25日　初版第1刷印刷
2014年3月10日　初版第1刷発行

編　者　椎野若菜
発行者　渡辺博史
発行所　人文書院

〒612-8447　京都市伏見区竹田西内畑町9
電話　075-603-1344　振替　01000-8-1103
アートディレクター　西ノ宮範昭
装幀者　山形まり
印刷所　創栄図書印刷株式会社
製本所　坂井製本所

落丁・乱丁本は小社送料負担にてお取替えいたします

ISBN978-4-409-53045-0　C3039